MORE THAN REAL

CryptoGiungla

KANTFISH, EMANUELE GIUSTO, (Catania, 1976) è un giornalista e autore multidisciplinare italiano, con inclinazione naturale e intenzioni da *change agent*, che decodifica la realtà e la propone attraverso immagini, film documentari, video, tecniche digitali e concetti della cultura umanista.

Iscritto all'Ordine dei Giornalisti Italiani dal 2001 Kantfish è un reporter internazionale di politica, economia, tendenze e società, tra gli altri temi. I suoi reportage, testi, fotografie e video sono stati pubblicati sui principali media in Italia, Spagna, Stati Uniti, Regno Unito e Portogallo. Media come l'Espresso, Venerdì di Repubblica, Il Messaggero in Italia. In Spagna ha pubblicato su El País Semanal, ha collaborato continuativamente con Xl Semanal e con la rivista Rolling Stones con uno spazio fisso "Manuale di Sopravvivenza". Ha pubblicato su Foreign Policy negli Stati Uniti, Guardian nel Regno Unito ed Exame in Portogallo, tra gli altri.

Kantfish è un autore pubblicato dalla casa editrice Feltrinelli, con il libro *Il Giro d'Europa con 30€* sui cambiamenti nei sistemi economici e sociali del fenomeno delle compagnie aeree *low cost*.

Ospite di TV e Radio internazionali in Italia, Spagna e Svizzera. In trasmissioni come Rai 1 Unomattina, Rai 3 Cominciamo Bene, La 7 Effettodomino, SkyTg24, Radio 24 Il Sole24Ore Salvadanaio, Cuore e Denari, Destini Incrociati, Radio3 Rai Farenheit, Radio 2 Nudo e Crudo, La Economía Canal24h RTVE, RNE Radiocinco Todonoticias, Radio Nacional de España, RSI Radio Nazionale Svizzera.

Le sue fotografie sono state distribuite dalle agenzie Contacto, Associated Press, Notimex. La casa editrice Lunwerg del Grupo Planeta ha pubblicato le sue immagini nel libro *Angola*. Ha diretto e realizzato il video ufficiale per il World Water Day della FAO, l'Organizzazione delle Nazioni Unite per l'alimentazione e l'agricoltura, sezione UN-water. Ha collaborato con le agenzie Peninsula Press e The Report.

Come regista ha diretto e prodotto un lungometraggio documentario *El Dulce Sabor del Éxito* (2021) con il tenore Plácido Domingo, l'attrice Rossy De Palma, il filosofo Fernando Savater, lo psicologo Martin Seligman, il monaco buddista Matthieu Ricard, l'attore Leo Bassi tra gli altri, sul tema del successo, come concetto dalle mille sfumature. Il film ha ricevuto il premio "Award of Merit" per "la sua caratteristica artistica e di impatto sociale" ed è stato selezionato in diversi festival negli Stati Uniti e in Grecia.

Ha inoltre diretto e prodotto due cortometraggi, il documentario *Nessuno come Atene* (2013), realizzato con il giornalista dell'Espresso Gianni Perrelli, scelto da Luca Zingaretti (commissario Montalbano) come finalista al festival Hvm di Roma Cortona e selezionato in sette festival da tre continenti. Ha prodotto e co-diretto il cortometraggio, ispirato a eventi reali, *ALMAmATER* (2014), selezionato in dieci festival internazionali e premiato con un premio del pubblico.

Kantfish è attivo nel mondo dell'arte e nel suo concetto trasforma la realtà e la rende una esperienza "più che reale".

Sulla continua scoperta dello spirito umano e dei suoi fenomeni sociali si concentrano le opere artistiche, giornalistiche e gli studi di Kantfish.

L'arte secondo Kantfish "Ha la capacità di cambiare la vita quotidiana di ognuno. Rappresenta una visione. Una ispirazione. Una canalizzazione. Un modo per unire e sentire. Un dettaglio diventa il *trigger* per una nuova ispirazione. Per iniziare un nuovo viaggio".

Il giornalismo fornisce gli strumenti per trovare un senso, un filo conduttore, nelle innumerevoli variabili che compongono la realtà e li riassume in storie fruibili a un amplio spettro della società. Il mondo della comunicazione legata al mercato offre strumenti per la fruizione immediata e incisiva. L'unione di questi linguaggi, tecniche, esperienze e studi, viene utilizzata da Kantfish per trasmettere informazioni o ispirazioni che propizino il cambiamento.

La sua collezione di arte plastica collection.artkantfish.com è presentata dalla joint venture Leg Up in Spagna, da Tricera in Giappone, Saatchiart.com negli Stati Uniti. Le sue opere nft (no fungible token) sono distribuite dalle piattaforme foundation.app/kantfish e opensea.io/kantfish. Le sue opere

sono state selezionate in prestigiose esposizioni o premi come il Premio
Internazionale di Arte Plastica Obra Abierta in Spagna, la National Gallery
Bangalore India, Il Circolo di Belle Arti di Madrid, tra gli altri.
Laureato in Giurisprudenza presso l'Università degli Studi di Perugia, Italia.
Master in "Fotografia e tecnica dell'immagine" presso Efti Madrid.

kantfish.com
artkantfish.com
kantfishproduction.com
Instagram: @kantfish_

Collezione:
collection.artkantfish.com
Foundation.app/kantfish
Opensea.io/kantfish

KANTFISH

CRYPTOGIUNGLA

IL SORPRENDENTE VIAGGIO
PER CAPIRE LA RIVOLUZIONE

IL LOW COST ARRIVA ALLA FINANZA

a Arantza.
Senza di lei questo libro non esisterebbe.

INDICE

LA TEORIA
È STATA INVENTATA LA "RUOTA".
NON SI TORNA INDIETRO.
La filosofia decentralizzata, il punto di vista umanista

LA PRATICA
How to do it, come comprare, come difendersi nella CryptoGiungla, conoscere gli strumenti principali per entrare, le offerte di finanza decentralizzata, opportunità di investimento

PREMESSA
Leggere attentamente

Questo libro è una fotografia. È una mappa. È il report di un *corrispondente* dalla CryptoGiungla. È una finestra dalla quale informarsi e vivere un'avventura sorprendente ed emozionante che rivela molti aspetti utili, analisi, notizie imprescindibili per decodificare il fenomeno bitcoin con tutti i suoi corollari. È un viaggio al centro di una giungla ancora vergine dove è nata una rivoluzione che sta cambiando la nostra società.

Si tratta di una investigazione frutto dell'esperienza diretta, vissuta in prima persona, una profonda immersione, piena di ispirazioni e anche rischiosa, grazie alla quale ho potuto vedere da vicino cosa succede nella CryptoGiungla e scoprire le dinamiche che rendono importante e critico questo fenomeno nel momento storico che viviamo.

Il mondo crypto ha avuto la sua consacrazione nel 2021. Malgrado la esplosione e la crescita continua, le logiche di questo fenomeno sono incomprensibili all'opinione pubblica. Come è ragionevole che sia, vista la complessità teorica e pratica del mondo crypto. E visto il livello ancora precario dell'informazione generalista sul tema.

Il mondo crypto sta crescendo al punto che anche le banche tradizionali puntano sul cavallo vincente.

Qual è il motivo di tanto successo?

Questo libro ti darà "le chiavi in mano" per interpretare la rivoluzione crypto. Una occasione solida per non farsi conquistare dalla confusione, per non rimanere in superficie e credere che la CryptoGiungla nasconda solo la speculazione.

Capiremo così la rivoluzione copernicana delle Dao, dei Dex. Il nuovo record del prezzo di bitcoin e del mercato crypto. Il primo Paese ad adottare bitcoin come moneta a corso legale, El Salvador. I giochi che mantengono le famiglie di tutto il mondo, la centralità degli nft nell'esplosione del Metaverso. Vedremo come comprendere in modo corretto e definitivo i token non fungibili. E l'importante, enorme, differenza tra il Metaverso di Decentraland e quello appena inventato da Facebook.

Il nuovo mondo genera una rivoluzione umanista, nuove relazioni e modelli di business, redistribuzione, moltiplicazione del valore. Un cambiamento dettato dalla necessità di un nuovo modo di convivere.

Attraverso questa visione ravvicinata del mondo bitcoin, blockchain, altcoin, nft, etc. è possibile comprendere i concetti chiave e decidere se entrare a fare parte di questo cambiamento o semplicemente restare a guardare. Una cosa è certa, prima di avere una opinione bisogna informarsi in modo solido.

In questo libro ho raccolto tutti quegli strumenti che ho imparato a utilizzare per vivere e difendermi nel sottobosco. Le esperienze personali si accompagnano alle testimonianze di chi ha già abbracciato questo nuovo orizzonte tecnologico e ha cambiato la sua vita o di chi non vuole assolutamente che si entri nel mondo bitcoin e tenta di creare confusione o cerca di confezionare ostacoli subdoli e mimetici per impedirlo.

Questo libro facilita la comprensione della mappa del fenomeno ed è anche un "Manuale di CryptoSopravvivenza" per capire il contesto, per capire in cosa consiste davvero la rivoluzione e vedere da vicino come si può entrare nelle reti blockchain e interagire con il mercato delle cryptomonete e del Metaverso tokenizzato. Durante questo viaggio si offrono anche una serie di considerazioni sulle dinamiche sociali, antropologiche e di politica monetaria, per capire a fondo perché è nata questa rivoluzione.

Dopo avere affrontato questo viaggio risulterà chiaro che bitcoin è nato come un anticorpo, non come un virus.

La CryptoGiungla è una base per essere indipendenti. Ma bisogna difendersi dai rischi, sia acquistando cryptovalute - come trader e come *hodler*[1] -, sia entrando nel mondo tokenizzato degli nft o iniziando a ottenere benefici dalla DeFi la finanza decentralizzata, lo *staking*, lo *yield farming*. In questo libro si analizza con attenzione la guerra in atto con le banche, la loro relazione con il cryptomercato e le nuove opportunità di investimento. Si sottolineano i rischi e le possibilità di un nuovo mondo finanziario alla portata di chi ha un computer e una connessione internet.

Un punto fondamentale è la comprensione del concetto rivoluzionario della

---

[1] *Hodl* è una parola molto usata nel mondo delle cryptovalute per descrivere l'atto di acquistare e custodire le cryptomonete per non spenderle (academy.bit2me.com). Il vocabolo tradizionale è hold e nella CryptoGiungla entrambi sono usati in modo indistinto.

decentralizzazione.

Le informazioni fornite in dettaglio sono reali ed è una sorprendente esplorazione nella quotidianità di un nuovo mondo occulto e in espansione, ma in nessun caso le situazioni e le storie mostrate devono essere interpretate come consigli finanziari. Il mio obiettivo è informare su quello che accade nella realtà, ma non sono un trader professionista e sto imparando *sobre la marcha*[2]. L'obiettivo è informare e in questo libro si trovano molte informazioni utili.

Vista la confusione che genera il mondo Bitcoin, la maniera più opportuna per capirlo è viverlo, perché non è la stessa cosa farsi una idea basandosi solamente su notizie frammentarie e spesso false o fuorvianti, invece di sperimentarlo in prima persona.

Sono entrato nella CryptoGiungla per osservare da vicino e capire cosa nasconde di positivo e di negativo questo fenomeno, ma non dispenso consigli di investimento e questo libro non è finalizzato a dare consigli di investimento, pur essendo molto utile per avere una mappa organica e farsi una idea concreta di cosa succede nel sottobosco crypto, di come funziona questo strano ingranaggio che nasconde innumerevoli prospettive molto seducenti e imprevedibili.

L'auspicio è che grazie a queste informazioni il lettore possa decidere liberamente di continuare a studiare e addentrarsi da solo nella CryptoGiungla.

Una cosa è certa dopo avere vissuto intensamente questa esperienza, sento che in qualche modo la mia vita è cambiata e sento che anche la vita collettiva sta cambiando.

Il lettore attento una volta compreso l'ingranaggio, i perché e l'*how to do it*, prima di avere una opinione chiara, prima di comprare delle cryptomonete o, ancor di più, prima di fare trading deve tenere presente che è imprescindibile studiare, allenarsi e solo dopo avere acquisito una certa sicurezza fare il passo in avanti e lanciarsi nell'arena o nel dibattito. È sempre bene ricordare che oltre alla sventura delle opinioni basate sul "sentito dire", su informazioni precarie e frammentarie, luccica continuamente sui media il caleidoscopio delle storie superficiali di successi fantastici che nascondono le frequenti nefaste disavventure della maggior parte dei neofiti allo sbaraglio che hanno regalato al mercato i loro averi. Ancora più sciagurata è l'ostinazione dei negazionisti che per paura di aprire la propria mente stanno perdendo un treno che sta cambiando la storia.

---

[2] In italiano: "Sto imparando lungo il cammino".

Andiamo a osservare e analizzare i motivi della rivoluzione crypto. Nei capitoli dedicati alla logica *low cost* e al "panorama" si comprende perché è nato questo movimento digitale e perché è rivoluzionario, per ogni settore della nostra convivenza collettiva e mondiale. È importante capire perché nasce e cosa risolve la decentralizzazione rispetto alla struttura centralizzata tipica del nostro sistema attuale. Comprendere questo punto significa fare un grande passo in avanti e permette utilizzare al meglio questa nuova tecnologia, questa nuova forma di convivenza.

Il libro segue la mia esperienza diretta sin dai primi passi nella CryptoGiungla attraverso le storie vissute si indicano gli strumenti concreti che ho utilizzato per iniziarmi al mondo crypto. Un vero e proprio *how to do it*.

Non si tratta di un manuale convenzionale, è un libro scritto con inclinazione antropologica, artistica, umanista. Non si trattano freddamente o accademicamente gli strumenti e gli argomenti, ma si guarda soprattutto attraverso l'importantissimo prisma dei concetti chiave, dei perché, delle emozioni e la relativa maniera di pensare, per offrire spunti costruttivi utili a interpretare quello che sta succedendo e comprendere perché il fenomeno crypto non è una occasione per immergersi nella finanza speculativa, ma va molto oltre.

I molti riferimenti a fonti importanti, documentari, libri, canali web, *tips*, etc. sono motivi di ispirazione e approfondimento, molto consigliati per continuare nell'esplorazione.

È necessario capire perché il popolo crypto lavora per la costruzione di questo nuovo mondo, che non è un *El Dorado* dove fare soldi facilmente, ma è un universo di progetti molto interessanti, che muovono milioni di persone e tonnellate di capitali. Quando compri una moneta compri un progetto. Ogni token è l'espressione di un progetto. Quando entri nel mondo crypto entri da protagonista, collabori, dai e ricevi.

Questa esperienza mette in guardia anche sui possibili problemi e sui pericoli della CryptoGiungla. Spero possa essere un primo passo per riuscire a entrare e partecipare a questo enorme cambiamento che si sta producendo nella nostra comunità internazionale.

Aiuta e contribuisci attivamente all'informazione decentralizzata, compra una o più copie di questo libro per regalarle.
Raccomanda questo libro tra le persone che conosci o sui tuoi social.

Promuovi l'importanza del punto di vista umanista nel progresso di questa rivoluzione e aiutarmi a creare una Dao dell'informazione. Collabora inviando i bitcoin ed ether che ritieni appropriati a questi indirizzi.
Puoi segnalare l'invio su crypto@kantfish.com.
Stiamo in contatto anche per qualunque altro buon motivo.

TRADE I[3]
Overture Thriller

---

3 "Una operazione di investimento è quella che, dopo aver condotto un'analisi approfondita, promette la sicurezza del capitale e un rendimento adeguato. Le operazioni che non soddisfano questi requisiti sono speculative". Dice la Bibbia degli investitori, The Smart Investor di Benjamin Graham.

Click. Tutto è iniziato come un grande errore. In piena notte del 23 di febbraio 2021 entrai nell'arena quasi senza volerlo per iniziare una avventura piena di emozioni forti.

A marzo dell'anno precedente la grande voglia di studiare il fenomeno crypto crebbe dentro di me. Volevo conoscere da vicino quello che dieci anni fa era qualcosa di cui sentivo parlare solo in modo tangente, incidentale, come il lontano mormorio dell'oceano. Lo sentivo, ma non potevo distinguere il suono di ogni onda.

Volevo andare più vicino e osservare, immergermi, perché quando entro nel mare mi sento parte di questo mondo parallelo e la sensazione è di forza. Una energia che mi riconcilia con me stesso.

Non sapevo se quell'Oceano virtuale mi avrebbe riportato a delle emozioni simili, ma volevo in ogni caso provarlo. Ero certo che si trattasse di qualcosa da conoscere in questo momento storico.

Anche se bitcoin e tutto il corollario crypto non si basa esclusivamente sul trading, la maggior parte delle persone che ho conosciuto più o meno inizia sempre da lì, dal trading, dall'holding, dal comprare per rivendere, per speculare. Per diventare ricchi, *vamos*. Anche io ho iniziato con una idea vaga di cosa fosse tutto questo mondo famoso e oscuro del bitcoin e ho iniziato dall'acquisto di questa famosa cryptomoneta. Poi, con calma, ho messo un piede nel trading e mi sono avvicinato anche all'acquisto delle altcoin. Solo in una terza fase ho capito la rivoluzione e ho iniziato a partecipare alla DeFi, la finanza decentralizzata. Devo ammettere che la parte più interessante, profonda, incoraggiante è venuta successivamente, quando ho capito che il mondo crypto è una rivoluzione di pensiero, un nuovo modo di risolvere la nostra convivenza. In pratica è un fenomeno nato per risolvere problemi concreti.

Ed è anche una rivoluzione generazionale.

Solo dopo avere compreso l'essenza di questa rivoluzione, solo dopo avere compreso perché il mondo crypto sta crescendo cosí tanto, solo dopo avere compreso le ragioni di tanto entusiasmo globale che ha portato circa 300 milioni di persone nell'ultimo anno a operare con cryptomonete, solo allora sarà molto più chiaro come muoversi e come trarre beneficio umano ed economico da questo fenomeno.

In futuro essere proprietario delle cryptomonete potrebbe essere una salvezza dal paventato tracollo del sistema monetario tradizionale.

Potrebbe essere l'occasione per diventare straricchi. Potrebbe essere l'opportunità di fare parte di una rivoluzione epocale.

Dall'altro lato, come pensano i detrattori, potrebbe essere una enorme delusione collettiva che porterà alla disperazione e al crack economico di chi ha creduto troppo in questo cambiamento.

Nel 2011 avevo pensato seriamente, ma alla fine non troppo efficacemente[4], di entrare in prima persona in questo nuovo mondo, ma fu il *lockdown* del 2020 a far scattare la scintilla decisiva. Lo shock di una nuova quotidianità mi ha dato il tempo di riflettere e mi ha portato fino a questo punto.

Le notizie sulla peste moderna rimbalzavano impazzite e calava il coprifuoco sulle nostre vite, quando lanciai con determinazione una idea che fu raccolta con entusiasmo da Rapanui, la mia imprescindibile *partner in crime* in questa avventura.

"Da anni voglio comprare bitcoin, ma non ho mai capito come si fa" dissi una mattina di marzo. Tra pani caldi caserecci appena sfornati, le strade deserte e una nuova normalità, Rapanui ha scatenato la sua curiosità e quella dei suoi amici ingegneri, una rete di cervelli al servizio della logica. Bingo!

Noi studiavamo da una parte e loro dall'altra, condividendo ogni novità utile. Tra diffidenze, entusiasmi e timori abbiamo intrapreso un viaggio che con il passare del tempo abbiamo capito essere di sola andata.

Il cocktail di informazioni raccolte ci portò finalmente al grande passo.

In poco tempo siamo stati pronti a mettere piede con coscienza in quella che molti definiscono la più grande rivoluzione moderna. Non senza dubbi. Ma con grande decisione.

Sono entrato facendomi strada con il macete in una nebulosa di fronde, una fitta boscaglia senza sentieri tracciati. Sarei stato risucchiato senza saperlo da questo tsunami in un modo per me fino ad ora inimmaginabile.

---

[4] In un prossimo capitolo spiegherò perché.

Giorno 20 marzo 2020, alle 15:48, comprai i primi satoshi[5], frazioni di bitcoin. Un piccolo passo per me, ma un grande passo per iniziare capire la strana rivoluzione.

Questa storia necessita di alcune premesse e concetti importanti per evitare di cadere nelle solite banalità che ascoltiamo continuamente, da anni.

È ovvio che come qualunque altro fenomeno o manifestazione umana non è tutto bianco o nero. Non tutto è positivo o negativo. Ci sono aspetti di questa rivoluzione che sono pericolosi e potenzialmente ambigui o negativi. Ma la realtà, a uno sguardo *entendido*, rivela un portale d'entrata a un futuro inimmaginabile. E migliore. Siamo a un passo dal vivere una decade di euforia tecnologica e finanziaria. Dei nuovi anni '20[6]. Una era nuova. E conviene per definizione essere preparati.

Sono felice che proprio in questi giorni rimbalzi l'idea concreta di impartire nelle scuole una nuova istruzione finanziaria[7], perché è fondamentale per sopravvivere in un mondo che cambia e si trasforma, un mondo completamente differente da quello che hanno tentato di insegnarci i nostri genitori o le nostre scuole.

Personalmente ho sempre sentito la mancanza di rudimenti di cultura finanziaria. Dopo essermi laureato in giurisprudenza e avere percorso le vie del giornalismo in differenti contesti, differenti Paesi, dopo avere fondato o collaborato con diverse startup, o essere stato spinto dalla marea moderna alla vita da imprenditore (una mossa inopinata e contro natura), ed essere finito nel fantastico mondo dell'arte, ho compreso che senza una cultura finanziaria sarai sempre in balìa di quello che vogliono gli altri. Sballottato di qua e di là da chi comprende questi meccanismi.

Avere dei rudimenti minimi di cultura finanziaria migliora la tua relazione con la società, anche se sei per natura allergico a questa cultura. Che tu lo voglia o no, devi imparare a investire. Prima lo impari meglio è. Prima scopri come essere la banca di te stesso, meno probabilità avrai di affogare nel nuovo mondo. Per questo è importante sapere quali sono i nuovi prodotti finanziari, come non lasciare incoscientemente i tuoi soldi in mano alle banche che finiscono per erodere il tuo capitale in modo inaccettabile, come difendersi nella giungla moderna, come trovare nuove opportunità per moltiplicare i tuoi fondi e soprattutto come evitare di fare l'agnello

---

[5] Qui utilizzo il termine in modo atecnico, semplicemente metaforico. Un satoshi è una frazione di bitcoin, concretamente ogni bitcoin si può dividere in 100,000,000 di "centesimi" chiamati satoshi.

[6] *¿Caminamos hacia unos locos años veinte?*, El País, 25 aprile 2021.

[7] *Scuola, l'ora di educazione finanziaria*, La Repubblica, 25 marzo 2021.

sacrificale e perdere i tuoi averi da sprovveduto.

Il sottobosco della CryptoGiungla per ora non è semplicissimo da raggiungere. Per iniziare la spedizione bisogna studiare bene il contesto.

La frattura generazionale è arrivata al culmine. La generazione che ha *surfato* allegramente sugli anni '80 ha perso il treno tecnologico e ha commesso un errore madornale nel lasciare troppo poco spazio, del suo vecchio mondo, alle nuove generazioni. Contratti precari, diminuzione del potere d'acquisto, debito pubblico terribile, diminuzione drastica dei diritti dei lavoratori, aumento esponenziale dell'autoritarismo, del controllo, della depressione, polarizzazione estrema del denaro. Aumento dell'antisocialità, dell'egoismo e della competizione. I suicidi sono la seconda causa di morte negli Stati Uniti. Il 20% dei giovani soffre di ansia. La nostra mente "crea" il mondo e se il mondo che vedo è orribile, vivrò in un mondo dove dovrò essere aggressivo, diffidente, competitivo e essere il più grande e forte per non essere mangiato. Devo essere grandioso e astuto perché questa è la gente con cui devo convivere. Questa è la mesta situazione. L'oligarchia che ci rappresenta, o dovrebbe dirigere il futuro della civilizzazione, è costituita spesso da soggetti che hanno subìto dei traumi nella loro infanzia e sono premiati dalla società con il potere[8].

L'era che stiamo vivendo è votata completamente alla produzione. E ha perso il controllo. Il produttivismo adesso detta la metrica della nostra vita collettiva in modo coercitivo, obbligatorio. Ampi settori dell'economia sopravvivono perché le persone comprano quelle cose che danno loro un sollievo momentaneo, mentre a lungo termine possono essere perfino dannose. Stiamo vivendo così sconsideratamente che stiamo distruggendo la Terra per colpa della nostra dinamica inconscia di compensare i nostri traumi con la dipendenza. Più si vive distanti dalla propria natura, più si sta male. Più aumenta la competizione e l'ansia, più aumentano le malattie mentali. Più la nostra visione della vita è negativa più aumenta l'aggressività e l'egoismo. La collettività si sta facendo vincere dalla dipendenza. La società non sa quello di cui ha bisogno, ha perso la visione e ripete in *loop* le stesse dinamiche.

La nuova generazione battezzata da internet ha dimostrato che, non trovando spazio nel vecchio mondo, è stata in grado di costruirne uno tutto suo, su misura, virtuale, *low cost*, globale, pieno di opportunità e apparente confusione. Un mondo nuovo che sta dimostrando di funzionare, dato non compreso fino in fondo dai burocrati ancorati al feudo. Questo nuovo

---

[8] *The Wisdom of Trauma*, (Maurizio Benazzo, Zaya Benazzo, 2021). Documentario.

mondo si è dimostrato potente, così potente da essere capace di cambiare il futuro della nostra civilizzazione.

Mentre gli anziani "che contano" continuano a occupare i loro posti di comando, con le loro idee *vintage,* supportati da una organizzazione feudale, la massa ha girato altrove l'attenzione e sta creando un mondo nuovo e parallelo. Non è secondario il fatto che questa generazione ne sa più dei suoi genitori, prima accadeva il contrario, gli anziani erano i detentori del *know how.* Adesso i ventenni vanno per la loro strada senza avere trovato spazio nel mondo antico e andando a gonfie vele nel nuovo che stanno costruendo a colpi di click. Non a caso la rivista Time ha dedicato una copertina al *Kid of the Year,* Gitanjali Rao, la quindicenne que ha inventato uno strumento capace di rintracciare in un instante il piombo nell'acqua. O Malala Yousafzai la più giovane vincitrice del Nobel per la pace. O Greta Thunberg che con il suo cartello di cartone e una solida base di social network ha sensibilizzato il mondo su qualcosa di fondamentale. Non dimentichiamo i giovani *changemakers* Larry Page (Google), Mark Zuckerberg (Facebook), Jan Koum (Whatsapp), per citarne solo alcuni.

I giovani hanno creato una rete parallela che muove una grande massa di consensi. Spostano enormi capitali, non seguono le regole indicate dai genitori e rappresentano la società etnicamente più eterogenea della storia umana. Secondo una indagine Deloitte, i giovani sono più diffidenti nei confronti delle imprese, il 76% degli *under 35* è consapevole che la corporazione fa i propri interessi, piuttosto che l'interesse collettivo. E il famoso lavoro a tempo indeterminato non è più una ambizione, secondo lo studio firmato Pwc[9]. La reperibilità lavorativa 24 ore su 24 è diventata un dato di fatto e l'importante è non perdere tempo rinchiusi in un luogo specifico, l'importante è contribuire e consegnare alla fine un lavoro ben fatto, nel momento in cui serve.

Un panorama decisamente intrigante che mostra le premesse per un grande viaggio.

Quando l'aereo virtuale ha aperto il portellone stavamo navigando a 4 mila metri di altezza. Mi lanciai e dopo un volo notturno senza intoppi atterrai su un terreno per me completamente nuovo, totalmente sconosciuto. Il trading.

---

[9] *Nativi digitali: ecco come i nostri figli stanno prendendo il potere,* La Repubblica, 28 aprile 2021.

Quasi un anno dopo avere comprato i primi satoshi, a fine febbraio, esattamente il 23, non so ancora bene perché, qualcosa di sovrannaturale mi spinse a iniziarmi al trading.

La prima notte di passione si sarebbe rivelata letteralmente storica.

Mentre studiavo liberamente su internet, un semplice gesto automatico quasi incosciente mi portò ad accendere lo *smartphone* e a cercare il nuovo logo verde della app che avevo installato pochi giorni prima per fare qualche simulazione di trading e prepararmi a entrare in questo mondo per me totalmente misterioso.

Da tempo guardavo "da lontano" come si operava, osservando, leggendo, seguendo i video su Youtube, svaligiando la libreria di Amazon, ascoltando da lontano Rapanui con i suoi amici cervelloni.

Il suo comportamento aveva iniziato a insospettirmi. Da qualche mese stava incollata al telefono come mai prima. Respirava un'aria differente rispetto alla mia, stava tutto il giorno in un mondo parallelo. Non lo capivo fino in fondo, però sarebbe arrivata molto presto l'ora di viverlo sulla mia pelle.

Come spesso avviene, più studi, più vince lo *scio me nihil scire*[10]. Sapevo che non ero per nulla pronto, ma qualcosa di non razionale mi stava spingendo quella notte a iniziare.

Nel mondo del trading definiscono queste decisioni irrazionali come "emozioni" e le emozioni nel trading sono cattivissime consigliere.

---

[10] So di non sapere, in latino.

Non sapevo, quando feci click su quella icona verde, che sarei finito tra le onde, come un guscio di noce sballottato tragicamente, senza capire cosa stesse succedendo.

Malgrado la teoria la conoscessi, più o meno, mi stavo preparando a vivere una nuova dimensione dove i sentimenti di rabbia e *miedo*[11] appaiono *ex abrupto*, crescono dentro l'anima e si impossessano di te. A dire il vero anche la pace e l'euforia avrebbero accompagnato la paura in modo molto intimo. Davvero, non avevo la più pallida idea di dove sarei finito.

23 febbraio

La notte del 23 di febbraio entrai, senza una grande preparazione e senza una strategia, per iniziare una nuova operazione e fare per puro istinto quello che avrei scoperto esistere con il nome di *scalping*, un genere di trading che si effettua stando attenti al grafico di un minuto, di pochi minuti o al massimo di una ora[12], dove compri e vendi in operazioni molto brevi, approfittando di ogni minima fluttuazione del prezzo. Entrare per seguire l'istinto e senza una strategia chiara e sicura è un atto di incoscienza che ti può condurre, con grande probabilità, a essere tu l'agnello sacrificale.

Fino a quel momento avevo realizzato solo delle prove con piccole cifre per vedere come funzionasse questo *marketplace* che avevo scelto su consiglio di Rapanui e di qualche youtuber.

Gli ingegneri hanno una testa formattata per capire certe logiche create dai propri simili (ingegneri e programmatori a loro volta) e hanno gli strumenti per potere calcolare matematicamente tutto quello che si deve fare per buttarsi nell'arena. E in più sanno utilizzare l'*excel*.

Questo utilissimo e orribile *software* divide la popolazione a metà, tra quelli che lo sanno utilizzare e quelli che non hanno la minima idea. Mio malgrado qualche rudimento l'ho dovuto imparare in una startup che operava su Amazon che ho fondato e che mi ha accompagnato per qualche anno. Senza *excel* fare trading con un broker come Quantfury diventa molto rischioso. Avrei capito questo qualche settimana dopo il mio inizio kamikaze.

Con Rapanui avevo provato solo qualche decina di minuti per prendere dimestichezza con gli strumenti, i bottoni, qualche *setting* basico.

Ho una preparazione tecnologica professionale di lunga data e ho una predisposizione alla tecnologia, ma non è sufficiente per iniziare a fare

---

[11] Paura, in spagnolo

[12] Ogni grafico dei prezzi di una moneta può essere osservato con differenti temporalidades. Ogni temporalità serve per un tipo di trading distinto.

trading. In più sono un umanista. In questo mondo parallelo, basato su un nuovo ordine di cose rispetto al mondo attuale, essere umanisti complica le cose.

Secondo me in questi ambienti può essere un punto di forza ancora non pienamente compreso.

Leggendo uno dei più grandi guru di tutti i tempi, autore del libro *The Intelligent Investor*, considerato la Bibbia del trading, ho trovato qualcosa di fondamentale, corroborato dall'osservazione di caotici youtuber che predicano le strategie più disparate.

Benjamin Graham[13] assicura che "Il futuro dei prezzi dei valori è imprevedibile". È una realtà che va accettata e visto che non è possibile controllare il prezzo, l'unica cosa che ci rimane da controllare è la nostra psicologia. Non è necessario essere dei matematici o avere fatto degli studi specifici, secondo l'autore, la competenza essenziale è avere i nervi saldi e sapere cosa si sta facendo in ogni momento, oltre ad avere un bagaglio di esperienza-conoscenza delle situazioni e scenari possibili, oltre a un forte intuito.

Sangue freddo

Quella notte il pollo da spennare ero io. Avevo tutte le carte in regola per perdere. Senza una strategia, senza conoscere i trucchi da trader, senza attitudine matematica. Senza un vero guru da seguire. Senza conoscere le analisi minuziose del prezzo di una settimana fa, di un mese fa. Di ieri. Ma soprattutto di domani. Perché i trader veri guardano quasi esclusivamente al futuro con il binocolo delle probabilità.

Per due ore guardai avidamente una lineetta rossa o verde che si formava sullo schermo dello *smartphone*, in piena notte, con gli occhi pieni di voglia di dormire. Il "gioco" era diventato un gesto compulsivo e una tremenda voglia di rivalsa per non perdere neanche un euro. Devo ammettere che questo aspetto per istinto l'avevo azzeccato, investire per non perdere è già un grandioso obiettivo.

Non avevo nessuna intenzione di chiudere la mia prima sessione con una perdita. Così tra alti e bassi completai due ore di trading incosciente. In piena notte dalle 12:27 alle successive due ore chiusi ventitré operazioni. Fino

---

[13] Benjamin Graham (Londra, 8 maggio 1894 - 21 settembre 1976) è stato un investitore, autore e professore. Conosciuto come il decano di Wall Street, Graham è considerato il padre di Value Investing, una strategia di investimento che ha iniziato a insegnare alla Columbia Business School nel 1928 e che successivamente ha perfezionato nelle edizioni del suo famoso libro *Security Analysis*, scritto insieme a David Dodd. (Wikipedia).

a quando il bitcoin raggiunse i 52.546 dollari. Volevo entrare una ultima volta, la ventiquattresima, per chiudere in positivo e andare a dormire.

Erano le ore due, diciannove minuti e ventotto secondi, quando schiacciai di nuovo il bottone "Buy".

Ipso facto sul grafico iniziarono a formarsi delle candele[14] rosse una dopo l'altra.

Il bitcoin veniva da settimane *alcistas*[15] dove era passato dagli 11 mila dollari di ottobre ai 58 mila dollari del 21 febbraio. Il bitcoin arrivava a quella notte dopo una marcia trionfale.

Proprio nel momento in cui ho iniziato a fare il mio primo passo nel tempestoso mare del cryptotrading, ho vissuto l'emozione thriller di una operazione aperta in quella che sarà ricordata come la caduta più veloce nella storia del bitcoin.

Davvero, non era mai successo fino a quel momento in tutta la storia di questa cryptomoneta che crollasse di 10 mila dollari in cosí poco tempo.

Assistevo attonito a questo crollo senza avere la più pallida idea di cosa fare. In poco tempo vidi i numeri rossi che indicavano le mie perdite. Aumentavano, aumentavano. Erano enormi, molto più di quanto avessi potuto preventivare. Cifre inaccettabili.

La confusione si impossessò di me. I sensi di colpa iniziarono a danzare in circolo. Il sudore freddo. L'attesa. La sensazione di avere fatto una clamorosa sciocchezza. La bussola mentale che gira in tondo senza prendere una direzione. E la cifra corre, i caratteri si susseguono come impazziti verso un conto alla rovescia drammatico. Il mondo intero sta incollato al grafico, seguendo chi, vestendosi con la pelle dell'orso[16], sta mandando a picco il bitcoin.

Anche l'app graziosamente si tinge di rosso in questi momenti.

Avevo la terribile sensazione che avrei ricordato quel momento come una sconfitta clamorosa.

In molto poco tempo mi sono trovato in mezzo all'Oceano sballottato dalle

---

[14] Nel grafico si formano ogni minuto delle "candele" che possono essere rosse o verdi. Se sono verdi il prezzo sta crescendo, se sono rosse il prezzo sta scendendo. Queste candele hanno delle "micce", che indicano pericolosissime impennate repentine in su o in giù e sono molto utili per interpretare il sentimento del mercato, se è votato al vendere o al comprare. O all'incertezza.

[15] In italiano "al rialzo". La "tendenza rialzista" si riferisce a un movimento sostenuto di rialzo dei prezzi in un determinato periodo di tempo. Questa tendenza è conosciuta anche con l'anglicismo *bull market* ed è caratterizzata da una diffusa sensazione di fiducia perché la pressione della domanda supera quella dell'offerta, quindi riflette un aumento dei prezzi.

[16] Nell'iconografia del trading se il prezzo sale si associa al toro, se scende all'orso.

onde come un guscio di noce. Una ora dopo perdevo delle cifre inimmaginabili. E in più era notte fonda, non potevo chiamare nessuno.

Non riuscivo a immaginare la chiamata "Hola, perdonami se ti sveglio, mi sto dissanguando e non so che fare, mi aiuti?". Improponibile.

Una ora e mezza dopo con gli occhi vitrei incollati al telefono e al computer vidi una bolla di ossigeno in arrivo, una lenta risalita che mi riportò quasi al prezzo d'entrata con una perdita minima. Ero quasi al prezzo d'entrata. Forse era la fine della tragedia.

Proprio in quel momento è apparsa la figura fantasmagorica dell'avidità. Ballando con i suoi veli scuri mi ha convinto a tenere aperta la posizione. "Il prezzo sta salendo, non perdere l'occasione", mi ha detto la dea dell'avidità.

In un momento così sale in cattedra la poca esperienza e preparazione psicologica, assolutamente necessaria, oltre all'assenza di uno studio del rischio. Quando il prezzo risale e non hai parametri ai quali afferrarti pensi che tutto sia stato uno spavento e che la marcia trionfale continuerà. Sulla base di cosa lo pensavo? Su nessuna base. E lì risiede l'errore. Lasciarsi guidare dalle emozioni è la cosa peggiore che può fare un trader. In una fase di volatilità, quando sei entrato *in long*[17], se risale il prezzo è una fortuna, un regalo divino, ed è il momento perfetto per guadagnare qualcosa e chiudere l'operazione in positivo.

Nel mio caso la voglia di vincere molto di più e di non perdere neanche un centesimo mi ha fatto prendere la decisione di non vendere ed è stato il secondo grande errore della notte.

In pochi minuti sono stato trascinato via, come da una forte risacca che mi ha allontanato dalla riva. Un grave errore. Nelle ore successive ho perso di vista la costa e mi sono ritrovato in mare aperto senza salvagente. Perdevo quattro volte di più che qualche ora prima. Perdevo davvero troppo.

Sudore freddo, confusione e rabbia erano entrate a far parte di me.

Testa alta e soprattutto fredda

Per fortuna nelle settimane di preparazione qualcosa lo avevo imparato e sapevo che l'unica cosa che mi poteva salvare era l'informazione, non l'emozione. Dopo avere ripreso possesso di me iniziai sfogliare i ricordi per andare a scovare uno di quei guru che seguiva Rapanui, ma non ero sicuro dei loro *nickname*, così provai a cercarli su Twitter.

Anche questa fu una idea poco felice.

---

[17] Su queste piattaforme dove si punta sulla salita o discesa del prezzo, nel primo caso viene definito *long*, altrimenti se punti sulla caduta del prezzo è uno *short*.

Twitter è una fonte perversa di informazione sul bitcoin se non hai esperienza, perché si concede preferibilmente ai sapori forti e ai titoli ad effetto. I tweet parlavano già dell'estinzione del bitcoin. Era una fine senza speranza. Una tragedia cosmica. Bitcoin sarebbe finito a zero e con lui tutto il mio budget e il mio futuro da trader esploratore. Che maniera paradossale di iniziare a fare trading, un solo passo e si è scatenata l'Apocalisse.

Twitter è un covo di informazioni contrastanti, dove si dice tutto e il suo contrario. Un caos di sadici che giocano con la paura.

Passai a Youtube, sperando di incrociare gli "esperti" che avevo sentito nominare nelle settimane precedenti.

Iniziarono a postare all'alba le analisi sui loro canali abituali. Delle vere e proprie "breaking news" offerte da questi tipi molto strani.

La caduta libera era grave, meritava tutta l'attenzione del mondo.

Dopo le prime analisi iniziai a capire un po' di più della situazione reale e tornai poco a poco alla tranquillità. Il valore del bitcoin sarebbe di nuovo salito, in pochi giorni, dicevano. Ma nessuno sapeva fino a dove sarebbe sceso. Quando il valore va giù in modo repentino, taglia via e riscuote molta liquidità che i trader più sprovveduti lasciano in balìa degli squali. È un gioco spietato. I polli da un lato e i professionisti dall'altro.

Sapevo di essere io il pollo, però non avevo nessuna voglia di chiudere in perdita.

L'alternativa, per cercare di riassumerla in poche variabili, si trovava tra vendere subito e perdere una buona percentuale del mio budget totale o aspettare e rischiare tutto. Se la discesa del prezzo fosse arrivata alla improbabile cifra di 35 mila dollari, cosa improbabile ma sempre possibile vista la volatilità e la storia del bitcoin, avrei perso davvero tutto. Seguendo un youtuber dietro l'altro e con gli occhi incollati sulle candele del grafico che si susseguivano, arrivai alla mattina seguente. Senza dormire continuavo a studiare, leggere e ascoltare. Fino a quando crollai, con una certezza. Mi aggrappai a una frase di un youtuber "Se non vendi, non perdi".

Non avrei mollato la presa. Non mi sarei fatto sopraffare dalla paura e dunque non avrei venduto, con l'obiettivo di "non continuare a perdere".

L'ottima notizia era che avevo finalmente una micro-strategia. Avrei resistito, rischiando tutto, fino alla risalita del prezzo.

Alle primi luci dell'alba ci incontrammo con Rapanui che stravolta mi raccontò della sua lunga notte, molto simile alla mia. Mal comune mezzo gaudio.

Su due piedi iniziammo a studiare la situazione per portare avanti una strategia comune.

Dentro di me non potevo credere di essere entrato nel peggiore momento di tutti i tempi, ma avevo capito che l'unica maniera per uscirne era studiare e mantenere i nervi saldi.

L'agonia durò giorni e giorni[18]. I grafici aggiungevano candele verdi e rosse senza grandi oscillazioni. Seguiva la tensione, senza pronunciare un verdetto. Scoprii che gli ottimisti incalliti cominciavano a ritoccare le previsioni al ribasso, loro che fino a oggi vedevano il bitcoin diretto ai 100 mila euro. I pessimisti lo "inviavano" a zero. Come sempre.

Da questo si deduce una cosa fondamentale. Ogni volta che si registra una caduta la paura pervade tutti i canali di comunicazione e il mercato. Cosí come quando l'euforia si impossessa del prezzo e la vita diventa rosa per l'esercito degli investitori. Mi domando spesso se siamo venuti a questo mondo per essere felici quando la fiducia globale ci fa comprare qualcosa ed essere depressi quando questa fiducia cade. Siamo venuti al mondo per essere felici quando abbiamo successo e azzecchiamo una puntata. E questo è tutto. Siamo convinti del nostro successo quando siamo allineati con gli altri su una idea di successo.

Mi domando spesso cosa sia il successo.

Ho riflettuto molto negli ultimi anni sul successo. Probabilmente tornerò in questo libro sul tema del successo, ma adesso in questo momento l'unico successo che vedo nell'orizzonte quotidiano è quello di riuscire tirarmi fuori da questa angustiosa situazione e non perdere tutto.

Quello che successe dopo quella notte fu imprevedibile.

Prima di raccontarlo facciamo due lunghi passi indietro.

Il trade è emozionante ed è un modo per avere un reddito molto valido o per diventare ricchi. Conosco qualcuno che sta riuscendo a compiere una vera impresa titanica e più avanti lo racconterò spiegando come ha fatto, in concreto, a raggiungere cifre astronomiche in meno di un anno.

Prima di riprendere è anche importante spiegare perché ho scritto questo libro. E non è certo per la speculazione.

---

[18] Su Quantfury se mantieni una operazione aperta non paghi, ma nella maggioranza dei broker si paga. In quelli professionali si paga molto.

LA TEORIA

È STATA INVENTATA LA "RUOTA".
NON SI TORNA INDIETRO.
La filosofia decentralizzata, il punto di vista umanista.

Il LOW COST ARRIVA ALLA FINANZA
Viaggio di sola andata

Mi fanno sorridere tutti
quelli che continuano a credere,
malgrado gli sforzi e le evidenze
che *low cost* sia qualcosa per squattrinati
e significhi "pagare poco".

Il parallelo tra il fenomeno *low cost* e quello crypto mi è parso subito evidente. Per certi aspetti è un *déjà vu*. Comprendere questa affinità ci avvicina a una migliore comprensione del nuovo fenomeno blockchain e i suoi molti corollari, tra i quali le cryptomonete, *in primis* il bitcoin.

Anni fa mi sono imbarcato in una grande avventura legata al fenomeno *low cost* con l'obiettivo di fare chiarezza a favore dei lettori d'Italia e Spagna confusi da una distonia d'informazione che aumentava la nebbia e la confusione sul tema.

Ero deciso a offrire un punto di riferimento certo che aiutasse a capire che le compagnie *low cost* non erano pericolose, che viaggiare con loro era estremamente facile e che rappresentavano - e questa era la parte importante, con risvolti sociali rilevanti - una strategia imprenditoriale più efficiente a quella monopolista vista fino ad allora. Il motivo che mi ha spinto ad analizzare questo fenomeno era soprattutto sociale. Avere la possibilità di viaggiare liberamente e conoscere nuove prospettive è un ottimo primo passo in avanti per la collettività. Migliora la propria vita e se gli individui progrediscono nel loro benessere questa dinamica virtuosa si riflette anche sulla collettività.

A parte questo impulso fondamentale, mi affascinava un fenomeno rivoluzionario come il *low cost,* capace di cambiarci la vita e di stravolgere il mercato dell'aviazione civile grazie a una differente e innovativa visione strategica.

Nella decade tra fine secolo e il 2010 si profilava un enorme progresso. Fino a quel momento viaggiare in aereo era stato un vero e proprio lusso, per volare da Roma a Madrid ci volevano l'equivalente, come potere d'acquisto, di 300-400 euro.

Negli anni '90 in coincidenza con l'inizio del fenomeno *low cost* in Europa (negli States la logica *low cost* è nata negli anni '60) ho iniziato a registrare una grande confusione nelle informazioni. Quando andavo all'estero spesso prendevo il bus, venti ore di romantico viaggio *on the road*. Quando iniziarono ad apparire le *low cost*, mi sembrava impossibile che si potesse viaggiare in aereo con i costi di un bus.

Mi domandavo, sono aerei pericolosi? Dove sta il trucco che mi permette di viaggiare con poche decine di euro, mentre le compagnie di bandiera continuano a sfoggiare tariffe a doppio zero per voli di due o tre ore? Sono solo menzogne? Investigando per il Messaggero, in Umbria, in prima battuta e poi per anni per l'Espresso, XL Semanal in Spagna, Il Venerdí di Repubblica, Rolling Stone, tra le altre testate, capii a fondo la portata della rivoluzione *low cost* che sottende una maniera più efficiente di concepire il business. Così tra i molti reportage nacque il libro *Il Giro d'Europa con 30€* edito da Feltrinelli che ha destato interesse mediatico per la portata dell'impatto del fenomeno *low cost* nell'economia e nella società. Le compagnie a basso costo cambiarono le regole del mercato, i monopolisti dovettero inchinarsi alle nuove logiche, rivoluzionando profondamente il proprio business.

I cittadini europei non sono mai stati così vicini come con l'avvento delle compagnie aeree a basso costo.

Sembra strano alle nuove generazioni, ma prima delle *low cost* viaggiare in aereo era un vero e proprio lusso, mentre adesso andare a trovare la propria famiglia in un altro Paese, visitare gli amici, gli amanti, viaggiare per business, per turismo, è diventato un gesto quotidiano alla portata di tutti. Dagli studenti alla regina Elisabetta di Inghilterra tutti hanno finito per volare *low cost*. Alcuni con entusiasmo, altri a denti stretti.

Roberto Colaninno, in quel momento presidente di Alitalia, mi rispose in un faccia a faccia televisivo sul canale "La 7" sotto la direzione d'orchestra di Myrta Merlino, che lui in *low cost* non avrebbe viaggiato neanche morto, dimostrando una enorme "fame" di efficienza e di innovazione. Quando incalzai per chiedere come mai Ryanair stesse superando Alitalia sui voli nazionali, la Merlino buttò acqua sul fuoco e non mi diede più la parola.

Un giorno mi incontrai, sul ponte aereo della T4 di Madrid Barajas, con Alex Cruz, che iniziò la sua carriera alla guida della *low cost* Clickair, e mi raccontò che per comprendere bene il fenomeno viaggiò per il mondo con compagnie ambasciatrici di questa filosofia. Alex Cruz divenne ceo di British Airways.

Mentre Colaninno si rifiutava di accettare e comprendere la logica *low cost*, in quel periodo Ryanair superò Alitalia anche come voli interni nel Bel Paese. Alitalia, nella decade del 2000-2010 perdeva un milione di euro al giorno e ha continuato fino al suo ovvio epilogo arrivato nel 2021. Il suo declino, causato da inefficienza, è stato pagato con i soldi dei contribuenti italiani. È un bene di Stato e va preservato, è la logica. È un covo di privilegi e burocrazie, è la realtà.

Le aberrazioni che seguivano erano tremende, oltre che dolorose economicamente. A causa dell'inefficienza della compagnia i cittadini italiani non dovevano - secondo le logiche oscure di "chi comanda" - capire nulla delle *low cost*. Il discredito gratuito serviva solo a proteggere il feudo in rovina della compagnia di bandiera, a scapito dell'informazione degli italiani. Vi faccio un esempio.

Dopo l'uscita del libro la prima televisione che mi chiamò per una intervista fu la Rai, la tv nazionale. Per arrivare da Madrid accettarono di buon grado la mia offerta di organizzare io stesso l'acquisto del biglietto aereo, visto che supponeva un costo inferiore a un tragitto in taxi, malgrado loro avessero convenzioni con Alitalia. Con Alitalia il volo sarebbe costato come un Madrid - New York. Io proposi in modo assolutamente controcorrente di pagare solo 45 euro viaggiando con una *low cost*. Andata e ritorno.

Un *chauffeur* dagli occhiali enormi di gran marca mi raccolse a Fiumicino per portarmi agli studi di Roma. Nel tragitto mi parlò di un famoso attore che era stato poco prima in quell'auto e "si stava baciando con un altro uomo". L'autista che parlava in romanesco lanciò qualche oscenità omofoba fuori luogo cercando complicità, che ovviamente non ricambiai, invitandolo a ricomporsi. Turbato, arrivai agli studi.

La prima sorpresa fu l'edificio che mi ricordava un vecchio liceo cadente. Mi accolse una giovane ragazza. Chiesi dove lasciare il bagaglio e si stupì, dicendo che potevo lasciarlo in una stanza fatiscente "a mio rischio e pericolo". Potevano rubarlo.

Iniziamo bene, pensai.

Dopo, andammo nel *backstage* dove la scena era tremenda. Un tipo con la testa reclinata all'indietro dormiva profondamente. Altri, in romano stretto, scherzavano. Due invitati erano incravattati e microfonati, pronti a entrare in scena. Avevamo preparato la mia intervista da due settimane. O meglio, me l'ero preparata da solo, avevo già scritto le domande e anche le risposte. Avevamo provato l'intervista per telefono ed era tutto calcolato al millimetro. Da parte mia l'obiettivo chiaro e deciso era informare. Quando arrivò il mio turno le luci si abbassarono, degli enormi schermi si accesero e due fari puntarono gli unici due sgabelli dello studio. Uno per me, uno per la presentatrice. Il presentatore che da sempre avevo visto sul piccolo schermo di casa aveva lasciato il campo a noi due.

La giornalista iniziò con le domande, sui grandi schermi apparve a caratteri cubitali i titoli de La Repubblica e il Corriere della Sera che recitavano più o meno così: "Cade una *low cost* a Madrid". Lanciai lo scoop in diretta nazionale, visto che la Spanair, reduce del tragico incidente mortale sulla pista dell'aeroporto Adolfo Suarez di Madrid Barajas, non era una *low cost*. Non c'entrava proprio nulla con le *low cost*. La giornalista si stupì.

Continuammo a chiacchierare amenamente sulla linea dell'intervista pattuita, quando verso la fine in modo sorprendente dall'oscurità saltò fuori il presentatore famoso. "State confezionando uno spot fantastico delle *low cost*" disse mentre con le mani disegnò un enorme cerchio immaginario. Rimasi basito. Non capivo da dove arrivasse quel colpo e perché. Oltretutto era andata esattamente come nelle prove portate avanti per due settimane. Risposi smarrito: "Sono un giornalista e non sto facendo nessuna promozione, tento di informare e dalle *low cost* non ho preso neanche un aereo di plastica" risposi e continuai "ho anche scritto un intero capitolo sui punti neri, i nodi problematici, delle compagnie a basso costo, non so dunque di cosa stia parlando".

Il presentatore farfugliò qualcosa e in pochissimi secondi siamo andati fuori onda, si accesero le luci e lì capii cosa era successo. Chiesi spiegazioni e il presentatore mi disse testuali parole "Domani Alitalia *mi fa un culo così*, avete detto troppe volte Ryanair e Easyjet". Accompagnò la frase con un gesto inequivocabile delle mani. In quel momento mi si gelò il sangue. Era evidente che la sua preoccupazione non era quella di informare, anzi l'obiettivo era disinformare per non avere presunte pressioni dalla compagnia di bandiera. E poi pensai, avete avuto due settimane, ve ne siete accorti solo adesso che avremmo parlato di *low cost* in diretta nazionale?

Questa storia è un ottimo paradigma, come anche quello precedente con Colaninno. Bisognava informare, ma non troppo. Probabilmente si aspettavano un giovanotto che vuole solo pagare poco, ma non hanno capito nulla del fenomeno e della rivoluzione in atto.

Per molti è normale creare confusione su qualcosa che può aiutare la collettività a stare meglio. Come se fosse normale creare confusione negli spettatori. Non lo comprendo e mi sembra orribile.

Negli anni ho ricevuto molte mail di lettori che mi ringraziavano per avere fatto chiarezza su qualcosa che serviva un po' a tutti. Nelle redazioni dove ho collaborato molti colleghi e colleghe mi hanno chiesto la cortesia di comprare per loro i biglietti delle *low cost* quando erano una novità e mi hanno chiesto per anni consigli utili per viaggiare con queste compagnie.

Molti amici hanno viaggiato per tutta Europa con il mio aiuto. Dalla Calabria, in Italia, un lettore mi raccontò di avere aperto un blog sul *low cost* dopo avere letto il mio libro e questo era diventato il suo lavoro. Una ragazza dalla Svizzera mi scrisse che aveva riso molto con il mio libro. Anche questo mi rese molto felice.

La rivoluzione dell'efficienza non è stata ben accolta dagli Stati e soprattutto dalle compagnie di bandiera, fino a quel momento monopoliste del settore con il sostegno del Governo centrale e fiere portatrici dell'orgoglio nazionale, perché ammettere la propria inefficienza non è previsto nel contratto collettivo.

Le *low cost* hanno messo sotto gli occhi di tutti le deficienze dell'antico sistema e hanno rivoluzionato il settore con innovazioni epocali, come l'utilizzo di internet per vendere i biglietti e la conseguente invenzione del biglietto elettronico alla fine degli anni '90 - in concreto fu una idea di Stelios Haji-Ioannou nel '98 -, poi adottato da tutte le compagnie mondiali.

Quando Stelios fondò Easyjet l'unica maniera per comprare i biglietti era attraverso un numero gigante che campeggiava sulle fusoliere degli aerei. I clienti chiamavano e prenotavano il volo. Stelios sentiva che l'avvento di internet era qualcosa di grande e, fedele alla ricerca continua e all'innovazione tipica delle compagnie a basso costo, decise di fare una prova. La pagina web di Easyjet era statica con una enorme insegna colorata, delle lucine orribili le giravano intorno e segnalavano un numero di telefono nuovo che era stato dedicato esclusivamente ai clienti di internet. Quando la vidi la prima volta rabbrividii per l'estetica, ma a quanto pare funzionò.

L'esperimento andò così. Misero gli unici due telefoni che esistevano nel loro ufficio, nell'aeroporto di Luton, uno accanto all'altro. Uno era associato al grande numero scritto sulla fusoliera degli Airbus di Easyjet. L'altro era associato al numero che appariva sulla pagina web della compagnia. Quest'ultimo si incendiò, non la smetteva di suonare. Internet attirava molti più passeggeri, l'esperimento aveva funzionato. Da lì nacque l'idea, concretizzata grazie alle novità tecnologiche del tempo, di creare un biglietto elettronico comprato interamente online. Come sappiamo fu la rivoluzione. Dopo pochi anni tutte le compagnie mondiali copiarono Easyjet.

Se si presta una sufficiente attenzione il concetto *low cost* non significa "pagare poco"[19] ma è una strategia di efficienza, significa nuova tecnologia, nuova utilizzazione del web, nuove strategie di marketing, nuove idee, nuova organizzazione e nel caso delle compagnie aeree anche nuove flotte con aerei moderni.

---

[19] Questo è *low fare* non *low cost*.

Non sono mai stato pienamente convinto che il capitalismo senza correzioni, *tout court* e spietato, sia una buona scelta per la collettività e il progresso della specie umana. Le *low cost* rappresentano il *non plus ultra* del capitalismo. E in questo senso sono sicuro che dovremmo migliorare l'attuale modello di società. Però dentro al capitalismo il modello *low cost* significa, che piaccia o no, una strategia migliore.

Le *low cost* hanno provocato la riduzione dei diritti dei lavoratori, il sovraffollamento dei turisti negli aeroporti operati dalle compagnie a basso costo, la discesa a picco del *customer service*, per citare solo alcuni esempi dei punti neri, i lati oscuri, del successo di queste compagnie. Dal lato positivo hanno permesso a milioni di persone di aprire il proprio orizzonte personale o lavorativo.

Anche se le potenti forze nazionali ce l'hanno messa tutta per metterle in cattiva luce, alla fine ha vinto *la verdad* agli occhi dei consumatori. Funzionano meglio e per i passeggeri costano meno.

Cosa c'entrano gli aerei a basso costo con il Bitcoin[20]?

In questi anni, il fenomeno *low cost* è arrivato alla finanza dopo avere investito quasi tutti i settori.

Assistiamo proprio in questo periodo all'attacco definitivo.

Il *low cost*, ossia la logica dell'efficienza - come abbiamo ricordato brevemente in questo contesto -, della tecnologia, dell'innovazione ha già sferrato l'attacco alla vecchia maniera di gestire la finanza proponendo una rivoluzione copernicana che ci sta facendo traghettare dal centralismo a un sistema diffuso o decentralizzato.

La nostra vita filtrata esclusivamente dalle banche sembra essere arrivata alla fine del suo ciclo e si apre l'era dove possiamo essere noi stessi la banca e, dunque, protagonisti delle nostre finanze. Ognuno avrà la possibilità di gestire senza intermediazioni il proprio patrimonio e potrà utilizzare le proprie finanze in modo libero. Anche i progetti trarranno beneficio da questo sistema, dato che non saranno solo compressi nelle logiche bancarie del profitto. Con questo nuovo metodo può prosperare qualunque progetto smuova gli animi collettivi.

Con questo nuovo sistema basato sulla blockchain si può scegliere che moneta scambiare con un altro individuo, senza intermediazioni, rapidamente, 24/7 e senza censure. In futuro si estenderà forse la possibilità

---

[20] La differenza tra maiuscola e minuscola nel mondo crypto si riferisce al blockchain o alla moneta. In concreto "Bitcoin" è la blockchain, mentre "bitcoin" è la moneta.

di avere tutti una nostra moneta personale. Inoltre la blockchain per gli scambi tra persone, *peer to peer*, ha costi molto più bassi rispetto al sistema tradizionale.

Fino ad ora il modello finanziario mondiale è stato imposto da un megafiltro centralizzato che decide tutto. Le banche decidono chi può avere soldi e chi no. Chi è meritevole di un prestito e chi no. Decidono se e come puoi spendere i tuoi soldi. Cambiano i contratti unilateralmente in barba ai dettami del codice civile. Le banche decidono, liberamente, se applicare nuove commissioni e lo fanno spesso come sotterfugio, sorpresa sgradita e silenziosa di ogni nostro conto in banca. Nel sondaggio di Ocu, una organizzazione di consumatori in Spagna, tra il 30 e il 50% dei clienti bancari afferma di aver sofferto queste commissioni nascoste[21]. Le banche e il Governo possono bloccare il tuo conto, montare un *corralito*[22] da un giorno all'altro. Tutti i tuoi risparmi di colpo diventano cenere. Paypal può bloccare il tuo account solo perché è inattivo per un po' di tempo. Con dentro i tuoi fondi.

Accanto alla mancanza di libertà, come corollario esiste anche un deficit organizzativo e tecnologico tremendo. Edifici enormi, spese enormi, filiali costose e sparse capillarmente sul territorio ed eserciti di persone che svolgono funzioni ormai praticamente inutili. Una struttura che rende cara e difficile anche una operazione semplice come inviare dei soldi.

Se fai un bonifico è caro e lento. Passano dei giorni. Dopo una certa ora le banche non inviano dati. I fine settimana nemmeno. E la loro funzione di garanzia si è vista in tutto la sua efficacia nel crack dei famosi derivati del 2008.

Se chiedi un prestito per far partire un business, un ristorante per esempio, dopo tutti i sacrifici per avere un capitale minimo per partire, arrivi con il cappello in mano per avere un aiuto dalla banca. E la banca ti dice no. Un'altra ti dice no. E la logica su cosa mandare avanti in questa società e cosa no, cosa far fiorire e cosa no, è troppo sbilanciata verso la produzione materiale.

Gli ultimi dieci anni hanno portato la popolazione mondiale a maturare una nuova idea della relazione con le banche.

Qualcosa non torna nell'equazione. Quando fallisce una banca tutti paghiamo i debiti della banca. Ma i benefici non si distribuiscono nella

---

[21] *Dinero y derechos*, rivista Ocu, maggio 2021.

[22] In Argentina, venne chiamato "corralito" la restrizione alla libera disposizione di contanti a tempo determinato, conti correnti e casse di risparmio imposta dal governo di Fernando de la Rúa il 3 dicembre 2001. (Wikipedia).

collettività. Una logica che è evidentemente poco efficace. Se questo sia il frutto di una strategia orchestrata o no è indifferente. La maggior parte dei cittadini vuole vivere la sua breve esistenza con maggiore equilibrio e quando si propone un modello di convivenza più efficace, senza dubbio lo segue.

In uno scenario simile il Bitcoin, come tecnologia, non come moneta, è un cerino in un lago di benzina.

La trasparenza del sistema blockchain e il cambiamento nella struttura indipendente diffusa delle connessioni lasciano intravedere un progresso molto attraente per la collettività.

Difficilmente rinunceremo a questa nuova tecnologia. Così come abbiamo dimostrato nelle decadi passate di non volere rinunciare malgrado tutto alla logica *low cost*.

IL PANORAMA
In context, veritas

Il bitcoin è definito il piano "B"
dai detrattori delle fiat, le valute tradizionali.
Lo slogan è: "Abbiamo un piano B
perché il piano A non funziona".

Il mondo crypto non si basa solo e unicamente sulla speculazione finanziaria. Chi crede che sia solo interessante perché il prezzo delle cryptomonete sale o scende è completamente fuori strada. Il mondo crypto è rivoluzionario perché ha inventato "la ruota" e una volta che la ruota è stata inventata nessuno sceglierà di trascinare il proprio bagaglio, nessuno sceglierà un trolley senza ruote.

La ruota migliora la società e per questo tutti stanno salendo sul carro crypto, banche comprese. L'invenzione tecnologica è stata quella della blockchain, la rete che permette di scambiare valore, "cose digitali", ossia i token, in modo rapido, diretto, trasparente e *low cost*, senza bisogno di intermediari. Tutti sono capaci adesso di sostenere e promuovere un progetto o di fare fruttare i propri fondi con un click dal proprio telefono. Questo è il primo livello di questa rivoluzione. Ed è stato introdotto da Bitcoin, come blockchain e anche da bitcoin come cryptomoneta.

Bitcoin è il re della foresta. È il motore. È l'invenzione originale. L'intero mondo delle cryptovalute è nato con la blockchain di Bitcoin. Inizialmente è stata progettata per consentire la facile circolazione della moneta bitcoin. È stato così sviluppato il suo algoritmo, basato sulla rete di blocchi mondiale, originariamente chiamata "timechain"[23], e sulla decentralizzazione.

Dall'esperienza di Bitcoin è nato anni dopo Ethereum, che ha voluto creare una blockchain 2.0, per così dire, e che ha rappresentato un progresso enorme, una invenzione simile a Internet o alla stampa. Senza esagerare.

---

[23] Nel *withepaper* che ha dato vita a Bitcoin la rete viene chiamata timechain, non blockchain.

Con Ethereum si perfeziona l'invenzione della "ruota" fornendo un miglioramento tecnico e concettuale che ha posto le basi reali per un cambiamento repentino del modello di organizzazione sociale, politica, economica.

Negli ultimi anni, soprattutto nel 2021, oltre alla valuta digitale è aumentata esponenzialmente la crescita di nuove applicazioni di questa tecnologia.

Con Ethereum è stata creata una nuova Internet basata su contratti intelligenti che portano le caratteristiche di decentralizzazione, democratizzazione, trasparenza, irrevocabilità e incorruttibilità a qualsiasi settore che si possa immaginare. Con questo meccanismo il valore si moltiplica e la ricchezza si distribuisce. Una grande rivoluzione sociale globale. La cryptomoneta bitcoin con l'avvento di Ethereum è diventata sempre più forte. Il popolo crypto - e con lui tutti quelli che si stanno unendo a questo progresso - hanno potuto visualizzare un orizzonte pieno di possibilità. Il grande ecosistema sviluppatosi nel mondo crypto ha attratto la grande massa sociale, che non sarebbe entrata così facilmente probabilmente solo per l'esistenza di bitcoin.

Una volta dentro ci si rende conto che bitcoin rimane, per ora, l'indiscutibile Re della CryptoGiungla.

Il secondo livello è stato lanciato da Ethereum e ha rappresentato la vera rivoluzione, perché oltre allo scambio di valore delle cryptomonete si è aggiunta la possibilità di scambiare token programmabili di tutti i tipi e ha messo a disposizione del mondo un modo nuovo ed efficace di fare girare l'economia, di fare crescere progetti digitali di ogni tipo e di tutto il mondo.

Il token programmabile permette di automatizzare i processi di interscambio e contrattuali. Un cambiamento di paradigma, decentralizzato, nel quale non è necessaria alcuna gerarchia e non sono necessari gli intermediari. Tutto è stabilito all'origine e automatizzato e senza il freno dei mille intermediari tipici del mondo attuale. Gli scambi tra individui e i progetti collettivi nascono e si sviluppano più velocemente e con costi infinitamente più bassi.

L'immediatezza e la libertà di investire dove meglio si crede sta creando una nuova industria che si dimostra florida di idee e di denaro.

L'euforia non è il frutto solo della novità, della moda. Il vero punto di attrazione è il sistema in sé. Gli ingegneri considerano il software crypto, di bitcoin un vero e proprio "gioiello". Su questo punto i profani possono giudicarlo solo dagli effetti. Vediamo che effetti produce il sistema di contratti automatici e la rete di nodi inscalfibile e totalmente trasparente. Senza dubbio è una novità assoluta nel genere umano.

Il fenomeno crypto è andato avanti spinto direttamente o indirettamente da investitori di tutto il mondo, piccoli, grandi, istituzioni, perfino Stati. Nel sottobosco crypto si dibatte su temi centrali per la nostra convivenza futura.

"Siamo pronti per l'autosovranità?" si chiedeva il "Democracy4all Blockchain for Governance" di Barcellona tenutosi a novembre 2021.

Esistono persone di tutti i tipi con obiettivi differenti, progetti di ogni genere e anche una sorta di ideologia che serpeggia tra le fronde della CryptoGiungla. E una idea collettiva è alla base. Creare una mente globale dove contribuire è una scelta, non un obbligo. Il popolo crypto disegna un mondo dove ognuno vive come meglio crede. Dove la moltiplicazione del valore e la sua redistribuzione meno *verticista* permette la scelta e non obbliga tutti a fare la stessa identica cosa.

La Dichiarazione di Interdipendenza del Cyberspazio[24] rende chiaro l'obiettivo di schivare e non rimanere incagliati nella situazione attuale percepita dalla maggioranza come orribile. La vendetta dei Millennial si è concretizzata in una rivolta pacifica che non ha chiesto il permesso a nessuno e che non ha bisogno di nessuno del "vecchio" mondo. Comunque vadano le cose, una grande parte della popolazione mondiale ha chiuso le porte per sempre al produttivismo. Comunque vada sarà impossibile oscurare il codice aperto del mondo crypto.

È nata una alternativa per migliorare in modo radicale l'organizzazione collettiva. Era da almeno 30 anni che si guardava al futuro a senso unico.

I problemi che stiamo affrontando nell'attualità sono acuti, globali e incombenti, vincolati al produttivismo e resi manifesti da un sistema che non è più efficace per farci sopravvivere come specie.

Il mondo attuale è scivolato verso un post-feudalesimo, basato sul controllo, su telecamere ovunque[25], sulla burocrazia ed è concentrato in modo innaturale sulla gerarchia. "Mentre l'economia va a rotoli e la società vive un pericoloso processo di disarticolazione" disse Gian Maria Fara il Presidente dell'Eurispes, "assistiamo al trionfo di un apparato burocratico onnipotente e

---

[24] Dichiariamo che lo spazio sociale globale che stiamo costruendo è indipendente dai monopoli che intendete imporci. Dichiariamo noi stessi e le nostre comunità immuni dal loro dominio. Nel nostro mondo tutto ciò che la mente umana può creare è nostro, da possedere, governare e condividere. La comunione globale non ha più bisogno delle sue piattaforme per raggiungere questo obiettivo. Creeremo una civiltà del Cuore nel Pluriverso!".
A Declaration of the Interdependence of Cyberspace, interdependence.online
Observatorio Blockchain firma la Declaración «Verses», contraria al Metaverso de Facebook, ObservatorioBlockchain.com

[25] *All Light, Everywhere*, (Theo Anthony, 2021). Documentario.

pervasivo in grado di controllare ogni momento e ogni passaggio della nostra vita".

Il cambiamento climatico, l'inflazione, la polarizzazione della ricchezza, la perdita continua dei diritti e del potere d'acquisto, oltre agli effetti diretti come la pandemia di depressione e di obesità. La sovrappopolazione.

Le civilizzazioni che sono arrivate al massimo dell'opulenza sono crollate vittime della cecità, tagliando fino all'ultimo albero di una isola sperduta nell'Oceano. A cosa stava pensando l'essere umano che tagliò l'ultimo albero sancendo lo sterminio della sua civiltà? Anche se sembra un anatema distopico, dovremmo prendere in considerazione certe lezioni del passato.

Come è possibile che civiltà potenti come quella Maya non percepissero il pericolo? La propria estinzione è solo frutto del fato? O di problemi davvero irrisolvibili? L'ecocidio dell'Isola di Pasqua. Il suicidio ecologico, la deforestazione che inaridì la terra rendendola sterile. La conseguente carestia. Il collasso. Ed estinzione della popolazione.

Una cosa è certa, rispetto al passato, la globalizzazione non permetterà a nessuno di cadere da solo, come è avvenuto nell'isola di Pasqua o in Groenlandia. Adesso se cadiamo, cadiamo tutti insieme[26].

Il sistema attuale ci propone uno stile di vita tossico, senza obiettivi, antisociale. Inefficace per i problemi gravi che incombono. In molti se ne sono accorti e stanno cambiando rotta. Soprattutto tra le nuove generazioni.

Quando i figli rifiutano la lingua dei padri si rompe il processo naturale di passaggio tra le generazioni. Con questi problemi in atto e un sistema incapace di risolverli, le nuove generazioni parlano un linguaggio differente, nel senso letterale, e rifiutano quello delle generazioni anteriori.

A Glasgow "La Cop26 celebra la sua impotenza sotto gli occhi del mondo, spettatore distratto davanti al naufragio" scriveva il direttore Ezio Mauro dalle pagine de La Repubblica[27].

Un mondo scollegato dall'oligarchia, che partecipa poco, che non comprende, che non si attiva. Che sembra avere gettato la spugna. La società si trova scollegata dai suoi stessi problemi e lascia come intermediaria una oligarchia che non ha più gli strumenti per incidere.

Per questo la nuova generazione sta utilizzando un nuovo linguaggio, che si diffonde con le dita. Non con la voce.

Cercano soluzioni concrete a problemi reali.

L'intermediario non sembra essere più necessario.

Sono molti gli effetti secondari di un sistema che è al limite dell'esplosione

---

[26] *Collapse - Perché alcune società persistono e altre scompaiono*, libro di Jared Diamond.

[27] *Il bla, bla, bla e la secessione del futuro*, La Repubblica, 14 novembre 2021.

sociale. Nelle scuole si lascia entrare Ronald Macdonald[28], per fare "innocui" spettacoli e inserire nel cervello dei bambini il desiderio dei nuggets, del giochino e della gassosa. Hanno sei anni le *creature*. Il marketing è più forte dell'educazione. Ha più soldi, ha più forza lavoro da assoldare. È una macchina sofisticata. Le pubblicità sono dirette a bambini di pochi anni. Il sistema attuale è diventato crudele.

Nessuno sano di mente vuole portare ancora avanti questa dinamica. Tutti dovremmo poter vivere nello stesso regime di opulenza, senza la necessità di arrivare a questi estremi di crudeltà.

Il buon senso che ognuno di noi può avere individualmente è annullato da una cattiva strategia collettiva. La più famosa gassosa del mondo se fosse una Dao[29] probabilmente cambierebbe attitudine. Se avessi i token che ti danno diritto al voto faresti bombardare tua figlia o tuo figlio di messaggi ipnotici inutili che condizionano per sempre la loro vita?

Gli statunitensi sono letteralmente bombardati dalla pubblicità. E di conseguenza consumano il doppio di energia di un europeo. 9 volte più di un cinese. 50 volte più di un keniano. Se il mondo intero consumasse come il livello medio degli occidentali, avremmo bisogno di decine di pianeti per avere le risorse sufficienti. La crescita continua in senso produttivista è un *boomerang* terribile per la nostra civilizzazione[30].

L'obesità, la depressione. Puoi immaginare anche te stesso, da piccolino, messo in pasto e condizionato, tartassato costantemente per farti comprare qualcosa. Se potessi fermare queste aberrazioni con un voto collettivo voteresti per correggere queste distorsioni?

Spesso si minimizza e si considerano problemi minori, tutti quelli relazionati alla socialità, alla crescita personale. Al benessere. Roba da perditempo. Perché nel produttivismo quello che vale è stare in prima linea, per cercare di produrre il più possibile e scatenarsi in una caccia al tesoro collettiva dai toni inquietanti. A scapito di tutto, anche dei bambini di pochi anni che sviluppano una immaginazione immersa in perline al cioccolato colorate e bollicine. Mai stato cosí alto il tasso di obesità infantile[31].

La produzione deve crescere esponenzialmente e senza criterio secondo il

---

[28] *Global Junk Food* (Camille Le Pomellec, 2016). Documentario.

[29] Decentralized Autonomous Organization, un modello di organizzazione delle corporazioni. Ne parleremo in seguito.

[30] *The Age of Stupid* (Franny Armstrong, 2009). Documentario.

[31] *In Italia un bimbo su tre è in sovrappeso o obeso, record europeo*, Ansa, 8 ottobre 2019. 400 milioni di bambini sono obesi nel mondo secondo il WHO. In generale l'obesità è triplicata nel mondo dal 1975.

sistema attuale. In Ghana le vacche stanno mangiando le montagne di magliette di terza mano inviate inutilmente dall'occidente come aiuto sociale e finite direttamente in giganti discariche. Malgrado le evidenze continuiamo a produrre tonnellate di inutili magliette a 3 euro.

Gli psicologi studiano i nostri comportamenti dalla metà del secolo scorso[32] e adesso le migliori menti formate in seno alla nostra civilizzazione sono concentrate a trovare il modo di obbligare la popolazione a clickare inconsciamente su un quadratino di uno schermo o a comprare qualcosa di non necessario, di totalmente inutile o perfino qualcosa di puramente dannoso. Le menti brillanti del mondo puntano a colpire l'Edonia, la parte del cervello che crea il nostro piacere[33].

Questo è il progresso disegnato da quale mente malata?

L'unica scusante è che il sistema così com'è non ha sviluppato una strategia di freno, ha solo l'acceleratore. Un luogo insalubre dove tutti vogliono essere ricchi, ma la ricchezza controllata e gestita centralmente è fatta di prestiti, come sottolineato da Chris Edges, vincitore del premio Pulitzer[34].

Vogliamo la democrazia, però poi ci guidano interi Stati totalitari chiamati "corporazioni". Centralismo e verticismo dominano nelle corporazioni che sono la manifestazione di una organizzazione paramilitare. Con il potere crescente di questi enormi Stati paramilitari, che sono ormai più grandi degli Stati basati su una Costituzione, i nodi arrivano al pettine.

Cosa si censura e cosa no, non lo decide il Parlamento, ma il consiglio di amministrazione, il *board* totalitario eletto in modo arbitrario dalla corporazione. Chi può parlare e chi no lo decide il Leviatano griffato.

Il sistema si è raggomitolato su sé stesso perdendo la rotta. Molti politici hanno solo paura di perdere il lavoro e quindi il rispetto, oltre al sostentamento del loro alto tenore di vita. Per questo prendono sempre delle decisioni in funzione del loro obiettivo personale. La funzione collettiva con questo sistema si è persa. Dal decidere per il bene comune, si è arrivati a decidere per soddisfare delle lobby[35].

Nell'articolo uno della Costituzione statunitense si costituisce il Congresso come l'istituzione più importante della democrazia. Una istituzione che dipende solamente dal popolo. Newton Leroy Gingrich è il politico

---

[32] *El enemigo conoce el sistema*, 2019. Libro di Marta Peirano.

[33] *Hunting for Hedonia* (Pernille Rose Grønkjær, 2019). Documentario.

[34] *Generation Wealth*, (Lauren Greenfield, 2021). Un documentario in cui la fotografa e cineasta Lauren Greenfield investiga le patologie che ha creato la società con più ricchezza della storia.

[35] *Drain the Swamp: How Washington Corruption is Worse than You Think*. Libro di Ken Buck.

statunitense che trasformó il Congresso in una calamita del denaro collettivo, facendolo diventare il vero obiettivo dei politici. Il presidente grazie alle riforme del signor Newt è diventato una istituzione *poderosa* che è scelta dai centri di potere.

Non dimentichiamo in questo contesto il signor Roger Stone[36], *indultato* nel 2020 dal presidente Donald Trump, e considerato un genio strategico che ha convertito in puro marketing le campagne politiche dei repubblicani.

La scoperta di Newt è stata "la politica dell'odio", riconosciuta come la più efficace strategia per riunire il denaro della gente. L'odio paga. Promuovere la polarizzazione mescolandola con il marketing è la maniera migliore per spremere la società a proprio vantaggio.

I problemi della società che arrivano al Congresso sono pagati con le donazioni. Chi è più ricco ha più spazio. La gerarchia della democrazia numero uno del mondo, così si autodefiniscono continuamente nella loro instancabile retorica propagandista, è formata da gruppi di interesse, *leadership* e membri di base. I problemi da risolvere, gli obiettivi collettivi vengono scelti dalle lobby in base al denaro, sotto forma di donazioni, che accompagna le richieste.

Gli interessi collettivi non sono importanti in questo meccanismo. Le più ricche lobby obbligano tutti gli altri individui a lavorare per loro. Per questo il congressista Kenneth Robert Buck lo definisce il "Pantano". Un repubblicano che definisce il Parlamento statunitense come "il Pantano", fa riflettere[37].

La lotta tra destra e sinistra è conclusa. Annullata da una organizzazione che non lascia più il potere a nessuno[38]. Adesso si lotta per ritrovare la rotta creando una forza collettiva globale che permetta di risolvere i problemi reali della popolazione.

La necessità del cambiamento nasce da questo *humus*.

L'organizzazione attuale sacralizza il lavoro facendolo diventare un valore fondamentale. Anche se il totemico economista John Maynard Keynes immaginò una drastica riduzione delle ore di lavoro. "La tecnologia ci permetterà di lavorare meno" vaticinava, credendo che il lavoro sarebbe stato sostituito dall'ozio. Invece l'ozio l'abbiamo perduto di vista, nel senso latino di *otium* - non nel senso statunitense di *entertainment* - lavoriamo e produciamo senza sosta perché non avendo altri nutrienti a disposizione, il

---

[36] *Get me Roger Stone*, (Dylan Bank, Daniel Di Mauro, Morgan Pehme, 2017). Documentario.

[37] *The Swamp* (Daniel DiMauro, Morgan Pehme, 2020). Documentario.

[38] *The end of power*, 2015. Libro di Moisés Naím.

valore centrale, unico, quasi sacro diventa il lavoro. E la produzione. Se ti fermi sei un *vago*, un *lazy,* uno scansafatiche. Quindi un *looser*, un *perdedor*, un perdente.

Nessuno vuole vivere in un mondo cosí orribile, dove non esiste una alternativa. Dove invece di lavorare meno grazie alla tecnologia si lavora sempre di più in modo enormemente inutile e dannoso.

Sul muro di calle Genova a Madrid, nella sede del Partito Popolare campeggiava, negli oscuri giorni post crisi del 2008, a caratteri cubitali, una frase scritta nero su bianco. Ogni lettera era alta più di due metri. La strada era invasa visivamente da questa parola: "Trabajar.", "Lavorare.", solo questa parola. Il punto finale dava il senso perentorio. Lavorare. Tutti a lavorare. Il premio e l'obbligo che si uniscono nell'immaginario collettivo. Trabajar. Lavorare solo in certe cose, quelle utili secondo il sistema, quelle che generano ricchezza, cioè soldi. Ogni altro aspetto è una perdita di tempo secondo il paradigma del sistema attuale.

La ricchezza è vivere per dimostrare di avere lavorato.

Tutto si concentra su quella che ho battezzato come la "burocrazia del lavoro". Invece di essere una squadra che collabora per un obiettivo utile per la collettività, si premia chi è più bravo a vincere su tutti gli altri colleghi.

I corridoi dei "posti di lavoro" sono dei covi di vipere. Perdendo di vista l'obiettivo primordiale collettivo. Il 90% del tempo è impiegato nella *burocrazia del lavoro.*

Non vi sembra che manchi qualcosa di importante in questa ideologia?

È *innecessario* lavorare solo per mantenere una polarizzazione patetica a livello globale.

Immagina se entrassi in una banca a chiedere dei soldi per un progetto che ha altre finalità che non siano economiche. Ti riderebbero in faccia.

Tutto questo è paradossale, se si pensa anche al nuovo mondo pronto per essere dominato dall'intelligenza artificiale. Il 47% dei lavori scomparirà negli Stati Uniti.

Per l'antropologo di Oxford David Graeber, come vedremo, il 30% dei lavoratori sanno già di essere inutili[39].

Gli studi certificano che molte persone si sono rese conto di quanto fosse assurda la loro vita, grazie al *lockdown,* dovuto al covid19. All'improvviso hanno visto che stavano sprecando il loro tempo. La loro vita. Questo è un fenomeno reale e sono molte, moltissime persone. Sempre più persone, una vera valanga, che aumenta con il passare del tempo. "The Big Quit" lo ha chiamato Anthony C. Klotz della Texas Business School nei suoi studi

---

[39] *Bullshit Jobs*, 2018. Libro di David Graeber.

sull'argomento. Una fuga che inizia a segnare una epoca. L'epoca della grande fuga dal produttivismo. Il Grande Sfinimento, di lavoratori bruciati o spremuti dal sistema. Ogni mese vanno via. Quattro milioni di statunitensi stanno lasciando il proprio lavoro ogni mese[40]. L'epoca della riappropriazione della propria vita. L'epoca in cui i nodi sono venuti al pettine. L'epoca della ribellione che ispira anche le serie pop come *La Casa de Papel*, che cavalca una metafora iperbolica assimilabile alle ragioni del mondo crypto.

L'epoca della necessità di una nuova organizzazione collettiva.

Anche Microsoft in un sondaggio interno ha rilevato che il 46% dei suoi dipendenti è pronto a lasciare il lavoro.

Se l'evoluzione fosse andata come pensava Keynes, vivremmo probabilmente in una società molto più attiva collettivamente, più incline a occupare le energie per una molteplicità di obiettivi comuni molto più soddisfacenti per il nostro benessere, la nostra prosperità. Per la nostra qualità di vita.

È ovvio che ci sia una estrema maggioranza di persone non disposte a continuare con questo sistema, senza avere avuto fino ad ora la possibilità reale di una alternativa. Altri adorano la situazione attuale e continueranno a replicarla nella propria quotidianità.

In ogni caso si rende necessaria per tutti gli altri una alternativa.

Bitcoin, per frenare l'inflazione

Il professore Friedrich August von Hayek nel 1974 ha ricevuto il Premio Nobel per l'Economia "per il suo lavoro pionieristico sulla teoria della moneta e delle fluttuazioni economiche e le sue analisi pionieristiche dell'interdipendenza dei fenomeni economici, sociali e istituzionali".

L'economista austriaco due anni dopo pubblicò *Choice in Currency. A way to stop inflation*, un *paper* dove scrive che nella storia, immancabilmente, il controllo sulla somministrazione del denaro da parte del Governo ha portato sempre all'inflazione.

Il sistema basato sulla corrispondenza in oro toglieva questa prerogativa al governo, ma il presidente statunitense repubblicano Richard Nixon diede il colpo di grazia al nostro sistema monetario stabile mettendo un punto finale alla corrispondenza tra dollaro e oro, prospettando così una strategia di controllo assoluto centralizzato, che ha come conseguenza l'inflazione, la

---

[40] *La rivoluzione che fa sì che quattro milioni di lavoratori lascino il lavoro ogni mese negli Stati Uniti*, El País, 21 novembre 2021.

polarizzazione, la disoccupazione e come corollario un continuo detrimento del benessere della società. L'improvvisa decisione del presidente americano, annunciata in tv la sera del 15 agosto 1971, segnò la fine del sistema monetario internazionale del dopoguerra, creato nella conferenza di Bretton Woods[41]. Questo creò l'ulteriore abbandono della disciplina. Gli States hanno iniziato a stampare soldi senza freno. Mentre Reagan abbassava la pressione fiscale. Questo significava che il denaro in circolazione non era più supportato da niente.

Il controllo e l'inflazione si rivelarono due armi perfette nelle mani del Governo statunitense. E dei Governi in generale.

Il denaro fiat diventa una invenzione del Governo che decide quanto vale quel pezzo di carta, così con quel denaro potrai pagare le tasse.

Un Governo stabile, in questo schema, è la migliore (e l'unica) misura di sicurezza che abbiamo[42]. In questo modo per dirla con concetti semplici, l'unica cosa che dà valore al denaro fiat è la coercizione, l'imposizione dello Stato. Con questo metodo siamo dipendenti dal Governo in tutto. I soldi sono una propaggine del Governo, non un mezzo per fluidificare gli scambi tra persone. Anche se questo sistema ha avuto indubbiamente dei vantaggi, si sta incrinando la fiducia ed è sorta l'impellente necessità di avere anche una alternativa.

Le cryptomonete sono la manifestazione del fatto che in molti credono davvero nel collasso del sistema.

Gli abitanti della CryptoGiungla, dislocati in ogni angolo del mondo, danno fiducia a un sistema informatico automatico, immutabile, trasparente. In più di dieci anni di vita questo sistema automatico non ha mai fornito una occasione per non meritare questa fiducia.

La rete blockchain è continuamente aggiornata e migliorata dall'intelligenza collettiva. Un cervello globale. Una rete di canali che formano l'"apparato circolatorio" basato sul codice *open source,* dove un universo alternativo offre strumenti pratici per essere liberi, per essere utili e dove si viene ricompensati dalla comunità in modo soddisfacente. Tutto il contrario del mondo attuale dove il fondamento è la coercizione e la gente è obbligata a fare della propria vita una fotocopia in bianco e nero, in cambio di una ricompensa cronicamente deludente.

È il paradosso di una popolazione appesa al contagocce, mentre vive in mezzo a un lago di acqua potabile sempre più grande.

"Arriverà il momento" diceva il professore Hayek, "che sarà rimosso questo

---

[41] *Cinquant'anni fa lo stop di Nixon al dollaro convertibile in oro*, il Sole24Ore, 15 agosto 2021.

[42] *The global economy this giant beast*, (Lee Farber, David Laven 2019). Docuserie.

potere del governo di controllare ogni transazione dei cittadini. La risposta deve essere lasciare liberi cittadini di utilizzare il proprio denaro come meglio crede".

Il liberismo, interpretato modernamente, assomiglia al lupo vestito da nonna nella famosa fiaba. Per dirla con il fino e sagace giornalista basco Iñaki Gabilondo, "Dovremmo smetterla con questa storia del lupo comunista che ci sta mangiando, quando in realtà ci sta sbranando la tigre. Stiamo osservando il pericolo della minaccia del socialcomunismo di cui si parla continuamente e tutte le crisi degli ultimi tempi vengono dall'altra parte. Il crack del 2008, i magnati di Wall Street, il Brexit del partito di Cameron. L'assalto alla Casa Bianca con il caos creato dai repubblicani. Tutti si sentono minacciati dal comunismo, tutti che ripetono un falso 'attenti che arriva lupo', mentre la tigre ci divora", conclude Gabilondo.

Ci dicono che il problema è il comunismo, ma in realtà il governo dei nostri moderni Stati democratici apparentemente non ha fiducia in noi e ci controlla, come mai prima d'ora. Il livello di controllo di ogni operazione, ogni movimento ha superato i confini dell'incredibile. È per il nostro bene, è una giustificazione. Ma in realtà la nostra società è stata militarizzata, le imprese dominano strutturate con un sistema verticistico e antidemocratico in cui i leader sono scelti arbitrariamente, non dal suo popolo, e domina una ferrea gerarchia, che si è tramutata nel dogma estremo della nostra comunità. La gerarchia è diventata in qualche modo l'obiettivo.

E il controllo estremo aumenta, come se servisse a qualcosa. Adesso per entrare negli Stati Uniti è obbligatorio indicare i tuoi account dei social network. Devi dichiarare obbligatoriamente i tuoi profili Facebook, i tuoi Instagram, TikTok, Youtube, etc.

Mentre aumenta la pressione, contemporaneamente esistono dei luoghi nel mondo che sono cresciuti e hanno prosperato grazie al *blanqueo*, al lavaggio del denaro. Come Miami, per esempio[48].

Quindi la logica qual è? Sono sicuro che la sai riconoscere.

Allo stesso tempo diminuisce il benessere, il potere d'acquisto, i diritti sociali, gli investimenti e l'istruzione nelle questioni sociali. È una civiltà di persone molto "moderne", stressate e depresse.

Juan Luis Cebrián, primo editore de El País, in una recente intervista sulla Tve, la tv nazionale spagnola, ha evidenziato un punto di vista interessante. "Viviamo in un periodo con tendenza all'autoritarismo, con la crescita degli estremismi" commenta Cebrián "Si governa con decreto legge e i parlamenti hanno perso potere. Si sono perse la libertà individuale e sociale. E il

---

[48] *Economia globale, questa enorme bestia*, 2018. Docuserie.

corollario conseguente è la disoccupazione. L'altra evidenza è la mancanza di socializzazione. Senza la possibilità di socializzare, devi dare alle persone opzioni alternative. Il risultato attuale è una generazione che vive peggio dei propri genitori. Nicolas Sarkozy e Gordon Brown assicuravano che bisognava riformare il capitalismo perché se non si mette un freno si cannibalizzerà" e conclude Cebrián "Un ulteriore dato preoccupante, si è deteriorata la libertà in nome della sicurezza, ma senza libertà non esiste sicurezza".

Gli Stati una volta sovrani, ora possono fallire, una aberrazione dei giorni dell'epoca moderna. Ogni Stato è frutto di equilibri interni che partono dalla partecipazione popolare, fino alla distribuzione dei poteri istituzionali, legislativi, esecutivi e giudiziari. Nel nostro sistema moderno ci sono Tribunali, Parlamento e Governo. Se lo Stato moderno può fallire, è perché esiste un potere superiore, un potere globale.

Ma a livello globale non ci sono Tribunali effettivi. Non esiste un Parlamento mondiale. Non esiste un Governo globale. Allora, a chi fa capo questo potere superiore? A chi ci riferiamo per decodificare questa gerarchia mondiale? Chi muove i mercati mondiali? Chi gestisce la finanza mondiale?

Da una parte potrebbe essere il piano malvagio degli extraterrestri o di qualche mente subdola. Molto più probabilmente è semplicemente la corrente di qualcosa che non controlliamo più, che ci trascina per inerzia verso un futuro sempre meno attento alle nostre necessità.

L'alternativa è non dover dipendere da questa subdola inerzia mondiale. Non essere soggiogati da qualcosa che non sappiamo più riconoscere, ma forse ha un nome. Produttivismo. Una ossessione perversa dell'uomo moderno.

Il premio Nobel Hayek è un antagonista della dottrina keynesiana, che ha portato a una lunga storia di inflazione. Solo durante duecento anni, tra il 1714 e il 1914 in Gran Bretagna e tra il 1749 e il 1939 negli Stati Uniti, i prezzi sono rimasti stabili. In questo periodo unico nella storia moderna, "la stabilità dell'oro imposta alle autorità ha evitato che potessero abusare del loro potere come hanno sempre fatto".

John Mayanard Keynes è definito da Hayek come un "uomo dal grande intelletto, ma con una conoscenza limitata della teoria economica" che lo ha portato a sottovalutare la tentazione alla quale i politici non sanno resistere, ossia la pressione per avere più liquidità e con prezzi più bassi.

Il professore Hayek nel suo *paper* sottolineava concetti che 45 anni dopo suonano come premonitori. "La speranza di avere una moneta stabile significa trovare un modo per mettere al sicuro la moneta dai politici" e continuava "con l'eccezione dei 200 anni di *gold standard* praticamente tutti i governi della storia hanno utilizzato il loro potere esclusivo per saccheggiare e defraudare le persone. Tutta la storia contraddice la credenza che i governanti ci hanno messo a disposizione una moneta più sicura rispetto a quella che avremmo avuto senza il loro intervento".

Perché non si devono lasciare liberi i cittadini di utilizzare la moneta che più desiderano?

"I politici reclamano un monopolio - scrive il professore austriaco - e limitano l'uso di una certa moneta per le transazioni nel proprio territorio e determinano le percentuali alle quali la moneta deve essere scambiata". I benefici di una moneta libera sono evidenti, secondo Hayek, e la riprova sta nel fatto che "Se rendi legale la libertà di scelta sulle monete da utilizzare, i cittadini immediatamente e velocemente cominceranno a operare con la moneta che gli offrirà più fiducia. Questo libererà gli Stati dall'inflazione e dalla disoccupazione" assicura Hayek.

Ad aprile 2021 Recep Tayyip Erdoğan presidente della Turchia, ha vietato l'uso delle cryptomonete. Il motivo sembra chiaro. La lira turca stava perdendo il 17% del suo valore. Ed è arrivata a valere il 70% meno del suo valore totale. La moneta turca si trova in grossa difficoltà per il motivo segnalato dal premio Nobel Hayek. L'inflazione. Il Sole 24 Ore, il principale giornale economico e finanziario d'Italia, titolava *Il sovranismo e la moneta ferita: la lezione turca*. E si legge "Nell'agosto del 2018 l'inflazione aveva raggiunto il livello record del 25 per cento. L'analisi economica e storica ci dice che la politica monetaria è efficace solo se è credibile. A sua volta la credibilità ha come sua condizione necessaria la separazione tra politica e moneta".

La questione non è di poco conto. Non a caso tra gli esperti di economia è sempre più citato il termine ibrido di stagflazione, coniato nel 1965 da Iain Macleod, che indica il periodo in cui, come nell'attualità che viviamo, la stagnazione dell'economia si affianca a un'alta inflazione[44]. Il peggiore degli scenari possibili, già assaporato in tutta la sua amarezza negli anni 70[45], quando i principali paesi occidentali si ritrovarono in modo inedito - con la

---

[44] *Stagflazione: tre economisti spiegano che cos'è e perché fa così paura*, la Repubblica, 18 ottobre 2021.

[45] Il Sole 24 Ore indica che "I periodi di stagnazione dell'attività economica erano, infatti, tradizionalmente caratterizzati dalla caduta dei prezzi (deflazione), per il calo della domanda rispetto all'offerta. In seguito il fenomeno dell'inflazione è, per contro, diventato sempre più indipendente dal ciclo dell'economia, data la rilevanza assunta dai mercati oligopolistici dell'energia e delle materie prime, insieme ai settori dei servizi scarsamente concorrenziali".

teoria della curva di Phillips[46] non confermata dagli eventi - in una situazione di inflazione, ossia aumento dei prezzi, disoccupazione e bassa crescita a causa della crisi petrolifera. Lo stesso cocktail esplosivo che sta covando nell'economia globale in questo periodo.

A fine giugno dalla Banca Centrale Europea si intimava che i prezzi devono salire per tenere l'economia su di giri. La fine dell'ortodossia iniziata alla fine degli anni '70, quando Volcker si scagliò contro il "dragone inflazionistico" statunitense. Adesso, per correggere le storture economiche generate dal covid, i Governi tornano al fascino discreto dell'inflazione, come spiegato dal premio Nobel Hayek. Praticamente un'ammissione di colpa. La Fed statunitense e la Banca Centrale Europea promuovono l'inflazione[47].

"La crisi del 2008 è stata una crisi della teoria economica"[48] un fracasso totale del mercato come disse Joseph Stiglitz, professore della Columbia University e premio Nobel per l'economia. Alan Greespan, *chairman* della Federal Reserve dal 1987 fino al 2006, ha dichiarato che il sistema ha un punto critico, "un errore critico nel modello, un errore critico nella struttura che definisce come funziona il mondo". Greespan era convinto che il sistema fosse capace di equilibrarsi da solo. Negli anni '70 l'ipotesi dell'efficienza del mercato entrò come dottrina nelle università. Il prezzo si aggiusta da solo nel mercato, secondo l'opinione della collettività che giudica se è troppo alto o troppo basso. Quindi tutti i prezzi del mercato finanziario sono corretti. Non sarebbe possibile, secondo questa ipotesi, avere una bolla di prezzi. Perché è scoppiata una bolla legata alla Borsa negli anni '90 e una bolla immobiliare nel 2000? Secondo Robert Shiller, professore di economia a Yale, la risposta risiede nell'esplosione del capitalismo. La rivoluzione di Margaret Tatcher e dell'attore Ronald Reagan. La Cina che adotta il capitalismo. L'Unione Sovietica che si dissolve. Si scatena una rivoluzione intellettuale a causa della quale la popolazione mondiale ha iniziato a guardare al mercato come al santo Graal. Un sole capace di illuminare le vite di tutti. Sotto l'egida confortante della proprietà privata, il mercato diventa imprescindibile nei pensieri di tutti noi, capitalisti e non, di ogni credo politico. Tutti siamo nati in un mondo basato sul mercato. Negli ultimi anni questa ideologia ha preso una direzione iperbolica radicale bruciando qualunque altra maniera di pensare.

---

[46] In macroeconomia, la curva di Phillips è una relazione inversa tra il tasso di inflazione e il tasso di disoccupazione. Essa afferma che un aumento della disoccupazione risulta correlato a un relativo decremento della domanda aggregata. (Wikipedia).

[47] *Il fascino dell'inflazione*, La Repubblica, 9 agosto 2021.

[48] *The Flaw*, (David Sington, 2011). Documentario.

Quando nomini il denaro devi stare attento, è un dato di fatto nella vita quotidiana. Si evita il discorso. Il denaro si nasconde. E soprattutto non si denigra per nessun motivo. Parlare male dei soldi, sul lavoro che serve per raggiungerli, è visto come una sonora bestemmia. È imprecare contro un essere superiore che ci illumina e ci nutre. Un sole.

Alla luce delle molteplici evidenze è dunque auspicabile un dibattito propositivo e inclusivo, sempre più forte, sulla nuova tecnologia portata nel mondo dal popolo crypto, piuttosto che una stigmatizzazione controproducente che porterà solo a una frattura sociale tra popolazione *tech friendly* con un orizzonte aperto di possibilità e un differente tenore di vita e una parte lenta e condannata alla polarizzazione.

La regolamentazione del mercato crypto è una necessità e una opportunità, chiesta sempre a gran voce dal mondo devoto al bitcoin, per potere lavorare parallelamente rispetto al sistema attuale però con delle garanzie di sicurezza, di stabilità e di usabilità che avvicineranno sempre più la cittadinanza mondiale a questa nuova maniera di intendere la convivenza collettiva.

Lo scenario improbabile dei veti e delle censure non fermeranno la rivoluzione crypto che continuerà a prescindere dalle proibizioni, della Turchia, del Venezuela, dell'India, della Cina che nel 2021 ha proibito il commercio di cryptomonete (non il possesso) anche se nel suo territorio si minava la percentuale più alta del mondo. Poi, sulla miniera ha cercato di fare un passo indietro. Gli unici a soffrire le conseguenze saranno i cittadini dei relativi Paesi e nel sottobosco di quelle zone ci sarà in costante ebollizione il mercato nero.

Bitcoin è un risposta contro l'inflazione perché non è controllato da nessuno, non è di nessuno o meglio è di tutti e il suo algoritmo già ha previsto il numero di bitcoin massimo in circolazione. Questo vuol dire che da qui alla fine dei tempi nessuno potrà manipolare questa cryptomoneta. Chi la compra sa cosa compra e sa le regole che la reggono. Per questo in molti stanno acquistando bitcoin, perché il denaro fiat avrà un lento tracollo, come vaticinato dal popolo crypto, e chi avrà bitcoin o altre cryptomonete solide, probabilmente o possibilmente, proteggerà il suo patrimonio da mani indiscrete e dalle manipolazioni. Perché oltretutto quando hai dei bitcoin, li hai davvero tu, in tasca, non esiste nessuno che li debba gestire per te. Non esiste nessun filtro tra te e il tuo denaro.

Il mercato delle cryptovalute ha superato i 3 mila miliardi di dollari e la comunità crypto riunisce le menti più brillanti del mondo informatico per costruire quella che nel gergo del sottobosco viene chiamata CryptoUtopia. È impossibile negare che, osservando ogni angolo di questo fenomeno, non si sta avendo a che fare solo e unicamente con un fenomeno speculativo. L'impressione è che si avvicini di più a una rivoluzione che investe l'intera società frutto di una tendenza che da anni sta contagiando anche la politica.

La necessità più comune è la ricerca di un nuovo modo di vivere. Questo genere di utopia si mescola con fanatismo, populismo e qualunque altro "ismo" che significhi una presa di distanza da un modello di comunità che è evidentemente inefficace. Un imbuto intellettuale.

Sia da un punto di vista finanziario, che sociale, si levano dalla CryptoGiungla delle feroci accuse e il bitcoin rappresenta una proposta irrevocabile di fronte all'organizzazione collettiva attuale. Chi compra bitcoin sta pagando un *crowfunding* globale per finanziare un nuovo mega progetto partecipativo, libero, *open source,* che proietta già da più di trece anni un nuovo modello di organizzazione. Nel mondo crypto lo stendardo di bitcoin rappresenta qualcosa di più, fotografato dal tweet del trader youtuber David Battaglia, "La gente non vuole capirlo ma c'è una guerra contro gli esseri umani e #Bitcoin è una delle poche armi che ci difendono". Questa è la sensazione generalizzata del popolo crypto.

Sembra più un racconto o una vera favola. Così almeno lo dipingono i burocrati dell'informazione e chi ha perso il treno del progresso tecnologico. Insomma, per dirla in modo diretto, la negazione è solitamente l'argomento di chi non ha capito nulla di questo movimento mondiale. Ma visto dal centro della CryptoGiungla sta succedendo davvero, sta succedendo in questi anni, in questi mesi e in questi giorni e anche con un tremendo entusiasmo, a volte con vero e proprio fanatismo, da parte degli investitori minuscoli, ma anche delle grandi macchine finanziarie protagoniste fino a oggi, che cercano il modo di entrare nel cryptomercato e manipolarlo a loro piacimento. Un cambiamento che muove l'intera società e si diffonde nei computer e negli *smartphone* del mondo. Un linguaggio informatico che cambia la maniera di pensare e che ha già messo piede nel 2021 nel Nasdaq.

L'informazione dovrebbe essere alla base, ma le nozioni su questo nuovo mondo sono alla portata di tutti in modo frammentato, atomico e costellato di banalità fuorvianti. Proprio come successe con le *low cost.*

Per ora c'è grande confusione. La stessa confusione che si generò venti anni fa con il fenomeno del modello a basso costo in Europa. Non si capiva se fosse una truffa o se semplicemente fossero compagnie aeree pericolose per l'incolumità umana.

In verità il modello *low cost* ha dimostrato la sua efficacia diventando il modello vincente. Le compagnie di bandiera hanno dimostrato tutti i loro difetti e hanno sofferto per cercare di sanarli. Malgrado il tentativo fallito di dotarle di una cattiva reputazione e i media contro, i governi contro, i passeggeri hanno continuato a comprare e moltiplicare i viaggi *low cost* in modo esponenziale.

L'Europa con le *low cost* si è mossa e si è mescolata come mai era successo prima nella storia dell'essere umano. Un fenomeno non da poco, ma nei salotti *posh* dire *low cost,* a volte, sembra quasi essere interpretato come segno inequivocabile "del non avere soldi". E quindi una cosa da *looser.*

Adesso arriva il turno della finanza. Lo tsunami *low cost* è entrato dalla porta principale e la società non sembra proprio così preparata a cavalcare questo cambiamento.

La risposta delle istituzioni fino ad ora, è stata deludente. Se vengono interpellate su bitcoin le alte sfere governative tacciono. Eludono. Si parla del fenomeno nel feudo d'Europa prevalentemente in connessione al terrorismo e al riciclaggio di denaro.

L'Unione Europea quando ha iniziato a pronunciarsi ha approvato bitcoin e le cryptomonete "con riserva" e ha indicato l'obbligo degli Stati di includere nel loro ordinamento la figura di "moneta virtuale". Il tema cryptomonete è stato inquadrato dalle istituzioni europee come un sinonimo di riciclaggio e aiuto al terrorismo. La Direttiva Ue 2018/843 del Parlamento Europeo ha riconosciuto ufficialmente le cryptovalute, stabilendo però che tutti i provider di servizi di portafoglio digitale dovranno controllare l'identità dei loro clienti e introducendo le politiche *kyc (know your customer,* conosci il tuo cliente). Il motivo è principalmente quello di prevenire crimini come la frode fiscale, il furto d'identità, il riciclaggio di denaro e il terrorismo finanziario.

La Spagna si è affrettata alle prime apparizioni sui muri di Madrid della famosa "B"[49] - in un mondo generalmente annegato nella pubblicità - a bloccare ogni promozione nelle città. La gente non deve sapere. E poi molti mesi dopo con slancio lungimirante ha presentato il "Rapporto Spagna 2050"[50] del Governo centrale, che disegna la strategia del futuro del Paese. Nelle infinite 678 pagine non si nomina la parola blockchain nemmeno una volta.

I cittadini dovrebbero fidarsi degli intermediari?

O meglio, dovrebbero fidarsi di questo tipo di intermediazione?

È evidente che con questo schema i cittadini assistono a una dinamica che non funziona in modo efficiente. Con questo sistema la partecipazione per risolvere i problemi più importanti è estremamente complicata.

L'oligarchia che, forse, prima funzionava, adesso brancola nel buio più totale.

---

[49] Di bitcoin.

[50] *Estrategia España 2050*, lamoncloa.gob.es.

A fine aprile 2021, in un decreto, il Governo *español* ha preso una decisione sul mondo crypto assimilandolo ancora una volta a uno strumento pericoloso, che va controllato. D'ora in poi, secondo il decreto "Le piattaforme e i wallet di cryptovalute saranno obbligati a denunciare il riciclaggio di denaro"[51].

La possibilità di tenere presente questo fenomeno come una grande occasione collettiva?! Questo assolutamente no!

È contrario alla burocrazia e al feudo, quindi *nada de nada*. Adesso che la banca Bbva, Santander e perfino il Banco di Spagna si sono sbottonati per accettare il bitcoin e il mercato crypto, sicuramente avremo segni di una legislazione pro-positiva. Assisteremo a un tentativo di trarre beneficio dal mondo crypto. Ma per ora solo in chiave speculativa. La parte più interessante e positiva, la decentralizzazione, ancora non è un tema di dibattito generalista.

---

[51] CincoDías, 27 abril 2021.

LA REDISTRIBUZIONE E LA MOLTIPLICAZIONE DEL VALORE
Una nuova maniera di convivere

Il mondo crypto apre lo scenario a una prospettiva completamente nuova di organizzazione collettiva.

La diffusione del concetto di "valore" è il cardine fondamentale. Il valore adesso è identificabile, è quantificabile.

Bitcoin ed Ethereum hanno creato le basi per un mondo tokenizzato dove tutto è *parcellizabile*, tutto può essere quantificato con token[52]. Tutto può avere un valore.

Il "valore" non è più stabilito, quantificato solamente in riferimento al dollaro statunitense. Il "valore" non è solo denaro. Anzi, il valore di un token può avere multipli sviluppi rispetto agli scambi con altri token. La sacralità, la devozione tributata al denaro, unico totem da adorare come è avvenuto fino ad ora, non è più necessario.

La moneta delle banche centrali rimane il punto di riferimento per la questione pubblica, però nella vita reale le persone possono scambiare velocemente di tutto. Valori materiali o morali. Idee tokenizzate, opere d'arte, *real estate* tokenizzato, figurine di pinguini che valgono milioni. Davvero di tutto. Questo libro, nella sua versione spagnola e questo stesso libro in italiano, è stato il primo a essere tokenizzato per capitoli. I capitoli

---

[52] Il token come vedremo in seguito è la base degli scambi sulla rete blockchain. Questo essere minuscolo è come una capsula che viaggia facilmente sulla rete. Il token può essere programmato perché esegua delle istruzioni, dei contratti. Il token può essere una cryptomoneta, ma anche una opera d'arte, un documento d'identità, può rappresentare un terreno o un abbonamento a una rivista, etc. Anche se può non essere facile comprenderlo immediatamente, per ora basta sapere che l'oggetto di scambio su tutte le blockchain è il token. E il token può avere differenti caratteristiche.

sono dei vessilli eterni digitali e come tali hanno un valore collezionabile. E possono essere utilizzati anche come riserva di valore. Negli ultimi tempi gli nft, token non fungibili[53], sono diventati la contropartita di garanzia dei prestiti in cryptomonete.

Bisogna avere pazienza per comprendere a fondo tutte le potenzialità di questa nuova maniera di organizzarsi, è indubitabile che la nuova cryptoideologia non idolatra solo il mercato, ma aggiunge possibilità importanti in altri ambiti dove l'interesse collettivo potrebbe trarne un vantaggio enorme.

La facilità di scambio porterà a una maggiore distribuzione del valore a livello collettivo. Questo sta avvenendo in modo naturale e senza una frattura con il modello classico, che con ogni probabilità si estinguerà con il tempo per inadeguatezza.

Credo che sia un errore persistente credere che l'*aut aut* sia l'unica maniera di interpretare la realtà. O questo o qualcos'altro. O dollaro o bitcoin. Non è il modo corretto di pensare in questo contesto. Bitcoin e l'euro, o il dollaro o lo yen, non hanno la stessa natura e non nascono per gli stessi scopi. Le monete nazionali servono per pagare i tributi. E basano il loro valore sulla coercizione. Normalmente scarseggiano, sono volute da tutti e vengono gestite liberamente dai governi centrali che decidono arbitrariamente il loro valore, creando le basi per l'inflazione e conseguentemente la disoccupazione.

La polarizzazione della ricchezza dove costantemente meno individui hanno sempre di più è una dinamica feudale. Come ci ha insegnato la storia arriva sempre il momento di trovare un equilibrio più sano per la società.

Con il sistema crypto i cittadini sono liberi di scambiare gli infiniti "valori" in modi e contesti distinti.

Molto di questo valore ha dietro un progetto concreto che serve a risolvere un problema reale.

Nella logica decentralizzata questi progetti sono gestiti dalla collettività con il sistema Dao.

Le imprese sono state gestite fino ad ora in modo verticistico, gerarchico, competitivo e antidemocratico, mentre il modello Dao prevede una gestione decentralizzata. I proprietari del token di *governance*[54] dell'impresa possono votare per risolvere i problemi e per definire gli obiettivi concreti di ogni progetto. La comunità è proprietaria e partecipa attivamente allo sviluppo

---

[53] I token possono essere fungibili, non fungibili o semifungibili, come vedremo.

[54] Quando possiedi dei token di *governance,* puoi votare per le questioni rilevanti di un progetto, di una impresa.

del progetto. Oltre alla responsabilità si condivide anche il beneficio con tutti i partecipanti alla *governance*. Essere parte di una comunità è una implicazione che porta a stare attenti, a partecipare, per non perdere grandi opportunità e per fare crescere il progetto.

Se il progetto andrà bene il vantaggio sarà di tutti. Non solo di alcuni, come nel modello attuale.

Attualmente il sistema crea un tappo. La banca decide a chi dare il denaro, a quali progetti offrire la linfa, il nutrimento. La banca decide sul futuro e lo sviluppo della società. È un errore madornale e questa che vediamo è la reazione laboriosa di un esercito di persone che ha concepito un mondo nuovo dove qualunque tipo di progetto può prosperare in modo semplice, non burocratico, con molto sforzo cerebrale e solo qualche click.

Il valore è diffuso, in questo modo ogni genere di progetto può essere appoggiato da chiunque, dislocato in qualunque posto del mondo e senza intermediari. Una linfa continua che va a irrorare zone ormai atrofizzate della nostra società capace nella sua scellerata corsa verso *la nada* di chiudere la facoltà di filosofia nella università Complutense di Madrid[55] perché è inutile per il produttivismo.

Come si fa a chiudere la facoltà di filosofia?

Che segno nefasto è per il nostro progresso?

Chi vuole vivere in una società dove nessuno sa verso dove stiamo andando?

Nel 1900 molti uomini dovevano lavorare 10 ore al giorno, sei giorni a settimana, per potere fare sopravvivere i propri cari. Le scene degli anni '50 con la famiglia perfetta sono impensabili oggi con il sistema attuale dove spremere le persone è più vantaggioso rispetto a investire in una impresa o in un progetto. Il capitalismo ha migliorato la qualità della vita negli ultimi 500 anni. Ma negli ultimi 30 ha peggiorato la qualità della vita di tutti, a salvo dell'1% della popolazione che vive sull'Olimpo a banchetto con gli dei.

Chi avrà la capacità di scrivere e interpretare la mappa del nostro cammino collettivo? Forse l'uomo che ha prodotto più biscotti degli ultimi 20 anni? Sarà lui a portarci verso il cielo per fare un tour turistico? Questi sono gli obiettivi degli uomini più intelligenti del mondo? E questi obiettivi meritano il soggiogamento collettivo?

Perché dobbiamo puntare solo su progetti considerati produttivi?

Un mondo dove ci possiamo occupare di obiettivi multipli grazie all'aiuto dei cittadini stessi è un mondo più florido, sia materialmente, che intellettualmente e spiritualmente. Non un mondo arido ridotto a un

---

[55] È stata assorbita da filologia, che ancora un minimo di appiglio produttivista dovrebbe avere.

semplice *mall*[56], *kitch*, violento e senza carattere, dove sei abusato continuamente per obbligarti a compiere quotidianamente operazioni inutili. In più un *mall*[57] che spesso è solo un tempio del riciclaggio. Un *loop* di barbarie.

Fragile Controllo

È strano perché nella CryptoGiungla senza troppe regole[58], i guru youtuber, le pagine web, le comunicazioni nei forum web, le conferenze su Telegram, i *marketplace*, i messaggi su Telegram, su Twitter, etc. ripetono sempre "Attenzione, non operare con *apalancamiento*[59]", "Fai attenzione agli investimenti", "Calcola bene i rischi", "Non fare click se non conosci esattamente su cosa stai investendo i tuoi fondi".
È come la pubblicità dell'alcol che ti mette in guardia sul consumo responsabile, non in caratteri piccoli, ma in caratteri cubitali. Sempre e ovunque ci sono avvisi di questo tipo. Non si può certo dire di non essere stati avvertiti, perché l'avviso è in un rosso acceso su tutti i muri della CryptoJungla.
Nella finanza tradizionale questi avvertimenti adesso sono contenuti nei prospetti informativi delle banche che in pratica sono dei lunghi documenti illeggibili con caratteri minuscoli che si firmano digitalmente. Pagine, incomprensibili ai più, che ti avvertono dei rischi. Ed è una novità introdotta dopo il disastro cucinato dalla finanza sicura e istituzionale nel 2008.
Il crack del 2008 è stato covato sin dagli anni novanta quando il modello bancario statunitense ha invaso l'Europa con dei prodotti salvifici e forieri di una opulenza inopinata. Sono venuti i signori incravattati d'oltreoceano a vendere dei prodotti pessimi alle nostre banche che, nel loro rigore proverbiale, hanno visto una grande occasione. Il resto della storia lo conosciamo. Le conseguenze di un comportamento assolutamente

---

[56] Centro Commerciale.

[57] *Il Procuratore Gratteri spiega i meccanismi del riciclaggio della 'Ndrangheta* - youtu.be/8HCX0KVjSOI

[58] La regolamentazione costantemente in aumento è benvenuta dal mondo crypto. Il motivo è semplice. Il sistema crypto funziona, lo ha dimostrato in questi anni. Però essendo nato in modo più o meno spontaneo, ha ancora molto da ordinare e molto da ripulire per ridurre l'incidenza dei pirati che scorrazzano nei suoi sentieri intricati. La regolamentazione come è già successo nei primi dieci anni di vita ha creato un ambiente più vivibile e prospero.

[59] Con "leva", in italiano.

irresponsabile sono ricadute su cittadini. Sui *desahuciados*[60], sbattuti fuori dalle proprie case ormai proprietà di fondi di investimento *buitres*[61].

In un panorama del genere non si vede come si possa discriminare la libertà finanziaria versus il controllo assoluto. Il controllo assoluto è "fragile". Il controllo assoluto è un grave errore della nostra civilizzazione, primo perché è impossibile per definizione e secondo perché il controllo assoluto è in verità un sintomo di grande fragilità. La recente storia ha dimostrato che non è la risposta e non garantisce protezione, anzi è un boa che poco a poco strangola tutti.

Sono i finiti i tempi dei prodotti vantaggiosi o degli interessi sui conti in banca. Adesso i conti in banca si pagano. Le commissioni sono sempre più occulte e costanti. Gli abusi pure. Perché parlo di abusi? Lo vedremo presto.

Nel mondo crypto i conti di risparmio offrono l'8%, il 20% e anche molto di più a seconda delle piattaforme e del momento. Con le nuove forme di contribuzione alla comunità, esistono nella finanza decentralizzata opportunità di rendimento che possono superare il 100%, come vedremo in seguito.

La risposta istituzionale, che mostra alla moltitudine il mondo crypto come un luogo di riciclaggio del denaro o una fonte di terrorismo, dimostra di non avere compreso fino in fondo le ragioni di questo fenomeno, la reazione e l'opportunità che rappresenta per i cittadini e per lo Stato stesso. E dimostra il grave errore di voler controllare tutto.

Abbiamo bisogno di trasparenza, non di controllo. Abbiamo bisogno di un sistema di convivenza "antifragile". Abbiamo bisogno di una organizzazione collettiva che interpreti la natura del controllo assoluto come un errore.

Anche se tutto ciò sembrare puramente teorico si pensi al famoso imprenditore Michael Saylor. Perché per proteggere i suoi azionisti avrebbe comprato bitcoin per un valore di 500 milioni di dollari? Perché il presidente Nayib Bukele avrebbe investito i soldi pubblici nel bitcoin? Sono pazzi? Forse il pazzo è chi ancora aspetta di sentire sulla tv nazionale in prima serata un mezzobusto che ti invita a comprare tutti i bitcoin che puoi?

Bitcoin nel 2021 è diventato la sesta realtà più grande del mondo come capitalizzazione, superando Facebook e Tesla. Ha superato il suo valore record sfiorando i 70 mila dollari. La capitalizzazione del mercato crypto ha superato i 3 mila miliardi di dollari e supera già il Pil di grandi economie come Italia o Canada.

---

[60] Gli sfrattatati soprattutto dai fondi *buitres,* i fondi avvoltoi.

[61] Avvoltoi in spagnolo.

Nonostante questo, la logica di questo fenomeno, gli aspetti che cambiano il paradigma della nostra società sono incomprensibili all'opinione pubblica. Il motivo è evidente. Il mondo crypto, creato a immagine e somiglianza degli ingegneri non è facile da capire. E quindi la maggior parte delle redazioni, delle sale confabulanti del Parlamento, semplicemente non capiscono cosa stia succedendo. E quindi attendono la stella cometa che li illumini.

Il 2021 è stato l'anno in cui le cryptovalute hanno raggiunto il massimo storico.

Grandi istituzioni, banche, Stati e un numero molto elevato di investitori individuali sono entrati nel mercato. Ma perché? Bitcoin è un bene per sua natura che non è inflazionistico e non può essere manipolato ed è completamente trasparente dove tutto può essere tracciato e consultato. Quindi di fronte alle oscure prospettive della situazione economica globale in termini di inflazione e del valore del dollaro tra gli altri, il bitcoin è stato visto da grandi e piccoli investitori come un bene rifugio di valore.

La società e l'organizzazione collettiva di oggi sono sull'orlo della rottura.

È anche una ribellione generazionale, dal momento che sono i giovani tra i 18 e i 40 anni a scommettere di più su questo nuovo percorso. I *baby boomer* che hanno generato questa situazione critica adesso, per la prima volta, vengono spogliati del loro ruolo centrale.

Il 2021 è stato anche l'anno dell'esplosione della DeFi, la finanza decentralizzata. Ma anche di tante altre applicazioni, usi diversificati della tecnologia blockchain che favoriscono il progresso in settori come l'arte, il collezionismo, i giochi, lo sport, il giornalismo o l'intrattenimento, solo per citarne alcuni. Il fenomeno delle cryptovalute non è solo investimento o speculazione. È un cambiamento di mentalità, è un cambiamento di strumenti per creare un nuovo modo di vivere collettivamente e individualmente.

La creazione di prodotti finanziari altamente redditizi rispetto al mondo finanziario tradizionale. I conti di risparmio che ti permettono di avere interessi impensabili fino a oggi. I piccoli investitori e risparmiatori che hanno avuto accesso a un nuovo futuro per i loro fondi.

La democratizzazione dell'accesso alla redditività e al risparmio, per parti della popolazione, è un aspetto molto importante. Anche nella geografia mondiale il mondo crypto, per la sua facilità, ha aperto la finanza a chi fino ad ora non aveva avuto mai accesso a un conto in banca.

Il successo del mercato si accompagna all'entrata delle istituzioni che hanno anche il peso di accelerare la tanto necessaria regolamentazione di questo mercato, nel loro interesse e in quello dell'intero settore crypto. E questo dà una crescente fiducia e contribuisce all'educazione della società su questa nuova tecnologia.

Esistono 13 mila cryptomonete. Milioni di persone sono concentrate nel creare l'infrastruttura digitale del nuovo mondo. Con crypto la moltiplicazione del valore è una realtà. E, nella logica decentralizzata, questo valore si ridistribuisce tra tutti i partecipanti creando un circolo virtuoso dove i benefici sono individuali e collettivi. Per questo chi riesce a comprendere il funzionamento vuole entrare a farne parte.

Questa ricchezza che aumenta e diventa variopinta genera anche una discesa brutale della sacralizzazione del denaro. L'hacker che ruba 600 milioni di euro, qualche settimana dopo li restituisce, perché il valore di quel denaro è ininfluente di fronte alla capacità di trovare un errore nel sistema.

Se la ricchezza si moltiplica avrai la possibilità di scambiare come succede adesso, davvero di tutto. Un quadratino in versione digitale di un pinguino può costare milioni di euro. Un videogioco può garantire il sostentamento della tua famiglia. Un simbolo fallico (*sic!*) può diventare una fonte speculativa. Tutto ha valore. Non solo quello che vuole la banca o i rappresentanti dell'oligarchia di governo. Non esiste solo un modello di vita in cui devi dimostrare che sprechi tutto il tuo tempo per avere in cambio lo stipendio. Adesso se sai fare qualcosa il lavoro ti viene dato in automatico da uno *smart contract*. Se contribuisci con i tuoi fondi puoi avere in cambio percentuali di beneficio molto soddisfacente.

Fino a oggi l'attuale modello di organizzazione collettiva si è dimostrato in un certo senso efficace, su questo non esiste alcun dubbio, per le necessità del passato. Adesso le necessità, il *know how*, la tecnologia, sono cambiati. Siamo in un mondo che è andato avanti con un progresso ottimo in molti aspetti e che si manterrà cosí, ma in alcuni punti bisogna migliorare e già esistono gli strumenti per migliorare.

La tecnologia sta cambiando ancora una volta la storia dell'uomo. Se oggi sapessi che hai già denaro sufficiente per coprire le tue necessità e per stare tranquillo nel futuro che faresti? Quello che è più vicino alla tua natura, alla tua abilità e sicuramente utilizzeresti il tuo tempo in un senso molto più sociale. Con la tua famiglia, con i tuoi amici. Adesso siamo una società in carcere. Un carcere autoimposto non si sa bene per quale ragione.

Vi immaginate Facebook se domani decidesse di pagare decine di migliaia di euro a chiunque abbia un account? Nel mondo crypto sta succedendo. Come racconterò dopo in dettaglio, un giorno il sistema di domini della blockchain Ethereum ha deciso di convertirsi in Dao, una organizzazione decentralizzata, e per farlo ha remunerato tutti quelli che avevano un dominio Eth con decine di migliaia di euro. Non è fantascienza è realtà. Gli *airdrop* ridistribuiscono cryptomonete con valori rispettabili, ricompensando i suoi seguaci. Ma non solo. Si redistribuisce non solo la "ricchezza" ma anche la responsabilità. Tutti quelli che fanno parte della comunità partecipano e prendono le decisioni per il progetto in questione. Voti, sí o no, su questioni importanti per l'evoluzione del progetto. I token che hai ricevuto per essere parte di questa comunità si rivalutano se le cose vanno bene. Dunque tutti hanno interesse a prendere le decisioni migliori per fare andare bene la cosa. E se la cosa va bene, non succede come nel mondo reale che guadagnano solo alcuni, vedi Facebook o Google, per fare solo due esempi mastodontici di grandi realtà centralizzate, qui la comunità cresce e tutti si beneficiano del progresso. "Uy, che utopia!", o come disse un amico "Il Paese dei balocchi".

Molto meglio studiare perché il treno continuerà a correre con te o senza di te.

Nessuno sano di mente dovrebbe promuovere un mondo egoista, inefficiente e autodistruttivo.

Le ragioni per cui le persone scambiano qualcosa possono essere molteplici, infinite. Il business tradizionale è rivolto solo all'acquisizione di un solo valore, il denaro di bandiera. Il denaro dello Stato. Tutti tendono al denaro dello Stato. Ma lo Stato cosa vuole? Qual è il fine comune? Secondo la dottrina del dopoguerra il business è il benessere. Certamente materiale. Ma sicuramente non legato a nessun'altra espressione di benessere umano. Questo ha portato a dei benefici materiali indubitabili. Traguardi che celebriamo con normalità nella nostra vita quotidiana e che sono costati secoli di severo impegno collettivo. Ma se il business invece di promuovere solo un modello di prosperità aprisse l'orizzonte a qualunque tipo di obiettivo comune?

Veleno per topi

La blockchain garantisce la trasparenza e grazie a questa trasparenza potremo vivere con una nuova libertà finanziaria. Siamo di fronte a una tecnologia rivoluzionaria che avrà applicazioni di tutti i tipi, non solo riferite alle monete.

Nell'Universo blockchain le cryptomonete sono alcune stelle. Ma ci sono milioni di costellazioni che potranno cambiare il nostro modo di fare le cose. Certo, ci vuole una certa immaginazione e soprattutto fede, perché la tecnologia ha il gran potere di essere il frutto di linguaggi occulti, incomprensibili ai più, ma questi circuiti mentali, frutto di calcoli da *very big data* annessi alla quasi impossibilità di verificare cosa ci sia dietro, hanno bisogno di un atto di fede. Questa fede crea il valore e spesso nei dibattiti un po' retrò il concetto produttivo che esiste dietro a questa enorme macchina di programmazione non viene compreso fino in fondo, molto probabilmente per un deficit di conoscenza tecnologica.

Un esempio è portato da Warren Buffett, considerato uno dei più grandi investitori del mondo, e il suo socio Charlie Munger. Ultranovantenni[62]. I due anziani investitori dagli schermi della televisione statunitense Fox Business dichiarano il loro scetticismo ripetendo sempre lo stesso mantra "Bitcoin non è una moneta, non mi stupirei se scomparisse in 10 o 20 anni". Sulla tv Cnbc Warren Buffett ha manifestato il suo punto di vista sottolineando che "Il bitcoin non crea valore, una azienda agricola sí lo crea, però bitcoin no, se lo pianti non esce una piantina di bitcoin, non produce nulla - e continua Warren Buffett - Esistono molti ciarlatani che stanno cercando di creare un mercato. È come farsi ricchi comprando qualcosa che il vicino ha comprato e si è fatto ricco, per poi rivenderglielo e ricomprarglielo. In pratica stai comprando qualcosa aspettando che qualcun altro lo voglia comprare. È un bene non produttivo".

Charlie Munger dal canto suo sarà ricordato per la sua *verve* e precisione. "Bitcoin è un veleno per topi" dichiarò sulla Fox nel 2013. Nel 2014, visto il boom di bitcoin, iniziava a ritrattare su Fox business, dicendo "Credo che il governo dovrebbe emettere questa moneta". Ancora su Fox è recente la notizia che la Cina avrebbe già scardinato il sistema blindato della blockchain di bitcoin per utilizzarla come arma finanziaria per mandare ko gli Stati Uniti.

Tra i maggiori detrattori anche il famoso businessman Daniel Steven Peña con il suo celeberrimo e indimenticabile "Bitcoin is going to zero!... Zero!". Il signor Peñas ha chiesto scusa anni dopo per questa sua infelice dichiarazione smentita dalla realtà.

Spesso i mezzi di comunicazione ufficiali continuano a insinuare che bitcoin e la sua famiglia delle altcoin siano una bolla pronta a esplodere. In verità Bitcoin come blockchain ha lanciato una rivoluzione inarrestabile e per ora la cavalca appoggiato dalla fiducia mondiale a ogni livello, dal basso fino alle stelle, dal ragazzino con visiera, alla *farm* in Africa, dai palazzi di cristallo, alle case con la pentola che bolle, da internet fino al Nasdaq. Una fiducia generale certificata. Una fiducia basata sull'esercito di persone che lavora ogni giorno per creare le basi di un mondo completamente rinnovato. La bolla scoppierà? Improbabile, non essendo una bolla. Potrà avere correzioni lunghe e traumatiche come già è avvenuto, e come è successo a settori blindati come il mattone per esempio. Ma come internet non può più essere

---

[62] Non è *ageing*, è cronaca.

spento, così la logica decentralizzata già ha messo i suoi *file* nel dna della società.

Dietro a bitcoin esiste un esercito di menti sveglie e preparate che portano avanti questo progetto collaborativo. Hanno investito in bitcoin istituzioni, banche e dal 14 aprile 2021 ci crede pure la borsa valori di New York. Bitcoin può perdere valore rispetto al dollaro, però la rivoluzione che ha innescato è inarrestabile.

Per questo bisogna semplicemente stare attenti, studiare e farsi una idea propria, ma non limitarsi a due titoli di giornale e una frase della Fox. Perché in fondo già lo sappiamo, per esperienza, che "cadranno, sono aerei pericolosi", come dicevano per le *low cost*. E invece le *low cost* non hanno mai avuto un incidente mortale in Europa[68], e hanno gli aerei più nuovi, sicuri e meno contaminanti. "Finiranno nell'oblio", dicevano, ma hanno conquistato il mercato e hanno cambiato le sue regole a livello mondiale, vincendo la sfida con le compagnie di bandiera nel loro settore a corto raggio. Con bitcoin la storia mediatica sembra ripetersi. Quindi è necessario informarsi sempre di più e stare attenti a non trarre delle conclusioni superficiali e sommarie.

A Madrid, per esempio, molti cittadini scoprirono per la prima volta che bitcoin era più vicino che mai alle loro vite. Mentre le auto sfrecciavano per la piazza de Cibeles o su calle Alcalá il bitcoin campeggiava su cartelli pubblicitari di Bit2Me, una piattaforma spagnola *exchange* di cryptomonete. I cartelli tappezzavano la città con messaggi molto semplici all'inizio e nelle seguenti campagne con messaggi sagaci come "Stai vivendo nell'anno 12 dopo crypto". Ho visto decine di persone fare foto e sorridere accanto al logo di bitcoin. Una vera sorpresa. Non si era ancora visto uno spiegamento massivo di pubblicità della moneta *canaglia*. E ovviamente, vista l'indole coercitiva della nostra relazione collettiva, l'autorità si è affrettata in un primo momento a proibire la pubblicità delle cryptomonete. L'autorità vede evidentemente come un pericolo il bitcoin, non come una opportunità. Sulla base di quale studio?

Nello stesso istante a Times Square nel centro di New York campeggiava nei famosi schermi giganteschi uno storico "In Satoshi We Trust". Una promozione del bitcoin.

Con tutto lo sforzo del mondo è molto difficile capire se stiamo giocando allo stesso gioco. Se questo è un segno di efficienza. Sinceramente a prima

---

[68] Il caso di Germanwings sembra essere stato un suicidio non un problema tecnico. Un caso brasiliano è stato l'incidente della *low cost* Gol, negli anni '80. Tutte le compagnie di bandiera più importanti d'Europa sono state protagoniste di incidenti mortali. Alitalia, Air France, Lufthansa, Iberia, British Airways, etc.

vista non mi sembra. In effetti, la sensazione per noi mediterranei ed europei in materia di economia e finanza è che sembra di stare giocando a Monopoli senza *fiche* e senza dadi. Con il freno tirato costantemente.

Per 10 anni il Governo per superare la crisi ha pompato un tremendo "Sii un imprenditore, ti aiuteremo". Fioriscono i corsi del Ministero dell'Economia che spiegano come usare Google Adwords (*sic!*). Ossia, un Governo europeo che spiega come pagare un'azienda statunitense per gestire al meglio la propria attività, come strategia di base per uscire dalla crisi. Ma poi se un'azienda spagnola come Bit2Me o 2gether prospera nel mega laboratorio di startup nato nella Madrid post crisi, gli tagliamo le ali perché non possa competere con gli statunitensi ad armi pari. Non credo davvero che questo abbia un senso.

L'unica cosa che mi viene in mente è che il sistema che abbiamo è inefficiente.

Chi decide, mostra la mancanza di conoscenza, ruoli inadeguati, giustificati solo dalla tutela dei feudi. Dominati dalla burocrazia composta da milioni di microfeudi. O forse le istituzioni che decidono semplicemente non sono capaci, si muovono sempre in ritardo e su questi argomenti, come in molti altri, non stanno dimostrando di saper rispondere ai bisogni reali di un mondo che cambia a velocità enorme.

È un altro esempio di frattura generazionale.

Esistono altri aspetti preoccupanti. In un periodo come quello che stiamo vivendo, con salari sempre più bassi, lavori sempre più precari, il diritto del lavoro che studiai venti anni fa all'Università di Giurisprudenza già annichilito - era stato conquistato con secoli di lotte e sangue -, in una situazione cosí, anche se abbiamo vissuto gli anni post-crack al grido di "lanciati, sii imprenditore, usciamo dalla crisi tutti insieme", alla resa dei conti non ci si muove con rapidità per regolamentare in senso propositivo una rivoluzione che potenzialmente migliorerà le nostre vite e che finanziariamente sta producendo gli attivi più interessanti degli ultimi dieci anni. Invece di essere oggetto di studio, di informazione votata a limitare i rischi e facilitare l'accesso a qualcosa che può migliorare la vita delle persone, viene subito castigata.

Le ultime regole lanciate dal decreto di aprile 2021 sui controlli degli *exchange* e i *wallet* va a colpire solo le giovani imprese spagnole, ovviamente non quelle che hanno sede nelle Bahamas. Vi sembra in generale una strategia lungimirante?

Ovviamente è sacrosanta la regolamentazione diretta a un mercato maturo e che propizi una certa sicurezza e il pagamento delle tasse nella misura giusta per il bene comune, però la minaccia del controllo assoluto e della proibizione come unica misura, in un momento nel quale le opportunità sono enormi, è semplicemente lo specchio di qualcosa che non va.

Facilitare l'informazione e la proliferazione di ogni attività positiva per la nostra collettività dovrebbe essere un dogma.

La regolamentazione si deve interpretare nell'ottica giusta, è in pratica "il primo passo verso il riconoscimento della finanza decentralizzata e l'inarrestabile progresso degli asset digitali. Porterà a una democratizzazione dei servizi finanziari, grazie alla possibile riduzione dei costi e all'eliminazione di alcuni intermediari", spiega Gloria Hernández Aler, partner di finReg 360 dalle pagine di El País[64].

Negli stessi giorni della proibizione *madrileña*, il parlamento tedesco ha approvato che oltre 4 mila fondi possono investire in cryptovalute a partire dal 1° luglio 2021. La legge approvata dal Bundestag si applicherà sia agli *spezialfond* esistenti, sia a quelli nuovi di compagnie assicurative, finanziarie e fondi pensione. Anche la U.S. Bank, la quinta banca più grande degli Stati Uniti, annuncia servizi finanziari con bitcoin come la custodia delle cryptovalute. La Société Générale e Bny Mellon lanceranno i propri servizi bitcoin per clienti e investitori. Allo stesso tempo, Coinbase consentirà l'acquisto di cryptovalute con Paypal. La Banca centrale dell'Iran consentirà pagamenti con bitcoin per i prodotti importati. Il mondo celebra il primo posto al mondo in cui bitcoin è la valuta principale. Una piccola isola che si chiama Bequia, nelle Grenadine, un luogo attraente per persone molto ricche. El Salvador, che non aveva una moneta propria, è il primo Stato che ha dichiarato bitcoin come moneta dal corso legale e sta preparando una Bitcoin City a misura delle necessità del popolo crypto.

Quelli in Spagna che hanno la visione più chiara delle trattative e degli affari, cioè i baschi, si sono lanciati - ovviamente - nel mercato delle cryptovalute. Nonostante i suoi disallineamenti con i suoi clienti che racconterò più avanti in questo libro, la Bbva, una delle più grandi banche del mondo, ha fatto un gran colpo con le plusvalenze derivanti dall'investimento nel mercato delle cryptovalute Coinbase. La banca ha investito sei anni fa nel *marketplace* di cryptomonete e il 14 aprile 2021, in occasione del suo debutto al Nasdaq con un valore di 100 miliardi di dollari, ha incassato una plusvalenza di 250 milioni di euro[65].

Oltre al controllo, necessario solo se adottato con moderazione, dovrebbe essere strutturato un discorso propositivo in modo che le persone possano

---

[64] *Blocco le cryptovalute: il Cnmv le monitorerà allo stesso livello delle azioni*, CincoDias, El País, maggio 2021.

[65] *Il debutto di Coinbase in Borsa copre d'oro la Bbva con una plusvalenza di 250 milioni*, Cinco Días, 30 abril 2021.

avvicinarsi a questa nuova realtà finanziaria con giudizio, coscienza e libertà. La crisi del 2008 ci ha già insegnato a non andare alla cieca negli investimenti, ora è il momento di trattare i cittadini come persone capaci di capire, capaci di rischiare, se ben informate.

Negli ultimi vent'anni abbiamo perso treni importanti in termini di tecnologia, mentre eravamo concentrati a far pagare alla Grecia colpe ancestrali e costringere intere popolazioni a vivere qualche anno di sacrifici poco lungimiranti. Intanto, dall'altra parte dell'oceano, sono nati e sono cresciuti come piante infestanti Google, Facebook, WhatsApp, Instagram, Amazon, etc.

Dove sono le europee Google, Facebook, WhatsApp, Amazon?

Non credete che sia un enorme errore non aver permesso a questa tecnologia di fiorire nei nostri territori? Non è una enorme responsabilità concentrarsi sull'*austerity* invece di promuovere il nostro *know-how*? In Europa, in Italia, in Spagna, in Germania, in Francia, siamo perfettamente in grado a livello tecnico e teorico di creare questa tecnologia. In effetti, molti dei nostri cervelli stanno contribuendo all'*escalation* di questi colossi tecnologici. Dov'è il nostro potere di attrazione europeo? Forse, più che benessere e progresso, si è creato il feudo, con personaggi antichi e una corte degna di Versailles al tempo di Luigi XIV, il Re Sole, piena di burocrati di palazzo ben pagati e poco preparati per affrontare le reali sfide della nostra generazione. Una corte faraonica di soldati produttori ossessivi di *powerpoint* e *pdf* incapsulati in una grande sfera di vetro ad atmosfera modificata e ricca di privilegi. Da lì dentro vogliono capire cosa sta succedendo nel mondo.

Faremo lo stesso errore ora con il mondo delle cryptovalute? Penso che stiamo pagando già troppo per la mancanza di visione del feudo a livello tecnologico, di vita quotidiana, di potere d'acquisto, a livello di diritti. A livello di dati. Tutti i nostri dati sono in mani straniere. Abbiamo permesso ai colossi della tecnologia di mettere le loro radici profonde nella nostra terra, senza pagare ciò che è equo e ciò che sarebbe d'uopo. Ora che abbiamo una grande opportunità a cui tutto il mondo collabora spontaneamente, le famose menti brillanti di cui parlo continuamente in questo libro, ora che si apre un mondo di opportunità, le nostre istituzioni appaiono solo come censori, in Europa.

È come se non si volessero lasciare liberi i cittadini di avere l'ultima parola sulla vita che vogliono intraprendere.

Sembra che gli unici canali di vita debbano essere quelli della subordinazione, delle classi sociali blindate e non intercambiabili. Del vassallaggio.

È davvero strano che non ci sia una riflessione profonda, attenta e collettiva su questi temi.

Siamo arrivati a questo punto anche a causa di un pericoloso corollario individuato dallo scrittore Moisés Naím nel suo libro *La fine del potere*[66]. Nessuno ha il potere di cambiare nulla. Neanche i potenti hanno il potere di prendere una decisione per cambiare qualcosa. Tutto è atomizzato in micro feudi di potere, dove ognuno ha una giurisdizione assoluta. Il sistema si è incartato su sé stesso. Per decidere ed eseguire la macchina è sempre più grande, è sempre più complessa, sempre più lenta e sempre meno pura. Perché le correnti di interesse dominano sulla ragione collettiva.

Non significa che il bitcoin e il mondo crypto potranno risolvere tutti i problemi della società, ma sicuramente adesso abbiamo una alternativa che sembra molto efficace.

Bitcoin non significa farsi ricchi o rovinarsi, come *low cost* non significa pagare poco. Entrambi i fenomeni hanno una cosa in comune, l'efficienza.

Un nuovo sviluppo inedito per la finanza globale

Quando parliamo di finanza pensiamo solo alle opportunità del nostro mondo occidentale. In realtà, la finanza decentralizzata basata sulla blockchain porta enormi progressi per i due terzi del mondo. Paesi dove c'è una terribile inflazione e paesi dove non è facile per la maggior parte della popolazione avere un conto in banca, il bitcoin con la sua rivoluzione rappresenta una enorme opportunità.

Nelle aree remote e nei paesi alla ricerca del progresso occidentalizzato ci sarà l'opportunità di entrare a far parte della finanza globale disponendo di un computer e di una connessione internet. Ci sono già esempi di comunità in cui bitcoin ha significato un cambiamento importante, come racconta il documentario *Banking on Africa: The Bitcoin Revolution* di Tamarin Gerriety.

L'Africa sub-sahariana è la seconda popolazione di adulti nel mondo, per numero, senza accesso a un conto in banca, circa 350 milioni di persone, il 17% del totale mondiale[67]. In Botswana, ad esempio, il satoshicentre.tech fondato nel 2014, funge da centro blockchain e mira a educare le aziende su questa nuova tecnologia. Plaas[68], lanciato dal Satoshi Center, mira a sviluppare un'applicazione mobile che consenta agli agricoltori e alle

---

[66] Lettura assolutamente consigliata.

[67] *Blockchain and Cryptocurrency in Africa*, 2019, report, Baker Mckenzie.

[68] plaas.io

cooperative agricole di gestire la produzione quotidiana e le scorte, sulla blockchain. Kobocoin.com, un ecosistema finanziario, mira a soddisfare le esigenze degli *unbanked* nei mercati. Il Senegal, la Sierra Leone e il Sudafrica vedono il mondo blockchain come una opportunità.

A questo si aggiunge un altro progresso tecnologico. La diffusione di internet in ogni angolo del mondo è tecnicamente possibile e si sta sviluppando con velocità. Elon Musk vuole connettere le aree remote con internet satellitare attraverso Starlink, una sussidiaria di SpaceX, che ha lanciato un esercito di satelliti che forniranno connessione ad alta velocità in tutto il mondo, specialmente in luoghi lontani dalle grandi città dove la banda larga è fuori portata o il servizio è scadente. OneWeb ha inoltre lanciato 146 satelliti in orbita bassa e intende creare una rete di 650 dispositivi attorno alla Terra e Jeff Bezos, con il Kuiper Project di Amazon, intende mettere in orbita più di 3.000 satelliti entro il 2026. La Cina intende lanciare circa 10 satelliti in orbita bassa[69].

---

[69] *Elon Musk vuole connettere la Spagna abbandonata con Internet via satellite*, El País 30 abril 2021

Mentre il mondo crypto cresce gli uomini più ricchi del mondo sono in competizione per portare l'uomo stabilmente sulla Luna e poi Marte. Per fare che? Probabilmente per continuare a produrre e per diventare immortali. L'immortalità è una ossessione degli ultimi tempi. La Singularity University finanziata da Google e dalla Nasa studia da anni la malattia numero uno dell'essere umano, per lo meno quella che loro definiscono cosí, una malattia, ossia la vecchiaia[71]. Grazie alle scoperte eccezionali degli ultimi anni è stato trovato il modo di isolare frazioni di genoma umano per poterlo modificare e reintrodurre nel cromosoma. Si chiama Crispr, una tecnica rivoluzionaria che già è entrata in modo diffuso nella quotidianità dei nostri ospedali. Una riprogrammazione del genoma che lancia il final countdown delle nostre cellule, potrebbe portarci a vivere all'infinito e ancora più in là. Per fare cosa? Probabilmente, ancora una volta, per produrre sempre di più e consumare di più e per fare in modo, visto il sistema attuale, che sempre più persone siano inferiori e ridotte a vermi che si mangiano l'uno con l'altro, mentre un Olimpo impazzito vive la realtà infinita e ultraterrena. Nessuno sa perché si affrontano queste investigazioni e come si utilizzeranno queste grandi scoperte. Non si prevede una strategia a lungo raggio. La vista d'insieme manca. Il concetto evidente è solo quello che si ripete come un *loop*, quello legato alla produzione e alla gerarchia.

---

[70] Dritti verso la Luna.

[71] Molto consigliabile la serie di interviste *Cuando ya no esté. El mundo dentro de 25 años* del giornalista basco Iñaki Gabilondo.

La dinamica su questioni delicate è "Prima inventiamo, poi vediamo come utilizzarlo".

Per potere raggiungere un livello superiore ultraumano bisogna però ancora trovare una spiegazione scientifica a qualcosa di molto complicato. Siamo pronti ad andare su Marte, siamo pronti a dominare l'Universo con il nostro feudalesimo, abbiamo scoperto e digerito le leggi fondamentali della fisica terrestre, della chimica, abbiamo compreso di cosa sono fatti i buchi neri e siamo scesi fino all'infinitesimo della materia. Siamo stati capaci di giocare con la radioattività e di devastare la vita dei nostri simili. Ma non abbiamo capito ancora bene il nostro cervello. E soprattutto la nostra coscienza. Cosa è la nostra coscienza?

Stiamo cercando di trovare il *quid* del cambiamento definitivo della nostra esistenza terrena. Dubito che potremo scoprire la nostra coscienza con strumenti esclusivamente scientifici, è molto più probabile che la comprenderemo attraverso l'arte e non solo attraverso la scienza. "La scienza come raggiungimento della verità è uguale ma non superiore all'arte" confermava con lungimiranza l'illuminato premio Nobel Bertrand Russell[72].

La promessa è che nel 2029 non sarà possibile, secondo le previsioni, distinguere un essere umano da un robot programmato con intelligenza artificiale. Si profila un futuro postumano, molto cyborg, dove ogni essere si accompagna, come già avviene in versione prodromica con i nostri *smartphone* per esempio, con tecnologia capace di adattarsi alle nostre esigenze. I nostri assistenti intelligenti faranno parte di noi, staranno dentro di noi e condizioneranno la nostra vita. Manderanno i fiori alla nonna, invieranno mail importanti mentre stiamo giocando a tennis, sceglieranno per noi le migliori soluzioni a qualunque tipo di problema. Ci faranno compagnia. Miglioreranno la vita di chi avrà accesso a questa tecnologia di punta. Gli altri saranno relegati al ruolo di *homo neanderthalensis* dedicato a lavorare per produrre continuamente a favore dell'Olimpo intento a vigilare, organizzare la produzione e a consumare il più possibile.

Più che un futuro distopico questa è la direzione reale che stiamo seguendo e, a differenza dei secoli passati, quando i cambi avvenivano gradualmente in lunghi archi di tempo, adesso il futuro più impensabile si concretizzerà in pochi anni.

In questa ricerca del nuovo mondo cresce rigogliosa la CryptoGiungla. Nel suo cielo a volte appare la figura mitologica dello "zio" Elon Musk, che come Eolo gonfia le onde con un suo soffio. Nel caso de Elon il soffio è un tweet.

---

[72] *The Scientific Outlook*, 1931, Bertrand Russell.

Il più famoso fu il 29 gennaio 2021 quando apparve sul suo profilo Twitter la parola "bitcoin" con il suo simbolo[73]. Questo bastó a fare salire di diverse migliaia di euro il prezzo della cryptomoneta in poco tempo. Anche altri tweet hanno agitato il mercato portando a repentine salite del prezzo e conseguenti tonfi.

Elon Musk è il rappresentante sommo di questa strana nuova figura della CryptoGiungla che è il "finanziere social" capace di smuovere il mercato utilizzando la sua influenza. È un tipo in linea con il nuovo mondo, l'imprenditore visionario che ha messo insieme grandi capitali per costruire le auto che si guidano da sole e i razzi che porteranno nuovamente l'uomo sulla Luna. Prossima fermata, Marte.

La Nasa, l'agenzia spaziale statunitense, ha annunciato un accordo da 2,9 miliardi di dollari per la prossima missione: il super razzo Starship dovrà portare degli umani sulla superficie lunare. La riconquista della Luna è vicina.

L'imprenditore sudafricano che ci porterà nell'Universo per una nuova civilizzazione extraterrestre possiede una somma di bitcoin di oltre 5 miliardi di dollari, secondo il tweet postato dall'imprenditore statunitense Anthony Scaramucci (senza indicare le fonti). Musk crede molto nelle cryptomonete e nella tecnologia. E crede che gli nft, i token non fungibili, diventeranno in futuro la riserva di valore più sicuro.

Mentre gli States hanno sogni stellari, la Corea del Nord è alla fame. Kim Jong-un ammette: "Prepararsi a tempi duri".

Questo è il capitalismo. Un gioco di dare e togliere[74]. Tutti vogliono approfittare della sfortuna degli altri. Ora siamo pieni di biscotti nei supermercati. La classe media, fino a qualche tempo fa, poteva far vivere le proprie famiglie con un solo stipendio. I figli potevano essere educati gratis. Le vacanze erano possibili, al mare e sugli sci. Tutto andava a gonfie vele, quando arrivò il Black Swan[75], Cigno nero, Ronald Reagan, un vero *cow boy* che divenne il *front man* delle corporazioni. Affiancato a lui Donald Reagan, presidente di Merrill Lynch, il broker più grande del mondo. Per molti il cervello del governo statunitense in quel periodo. La produttività iniziò a salire aumentando di un 45% mentre i salari rimanevano praticamente piatti. Una curva parallela alle ascisse. Ai più ricchi statunitensi si ridusse l'Irpef del 60%. Di conseguenza, in vent'anni, i debiti aumentarono più del 100%. La

---

[73] Quando scrivi bitcoin su Twitter automaticamente appare il simbolo della cryptomoneta **B**.

[74] *Capitalism: A Love Story* (Michael Moore, 2009). Documentario.

[75] *Antifragile*, libro di Nassim Nicholas Taleb.

"gente normale" aveva bisogno di soldi per crescere. Il consumo di antidepressivi è aumentato del 350%. Le assicurazioni costano di più mentre la Borsa ha aumentato il suo volume del 1300%. Si lavora di più, si hanno più cose. Si ha sempre meno tempo. Sempre meno socialità. Sempre meno felicità. Sempre meno diritti. Sempre più stress. Sempre più depressione. Le assicurazioni negli Stati Uniti hanno polizze lugubri chiamate Dead Peasants, "del contadino morto", dove se muore il subordinato il padrone guadagna la sua pensione.

La Citibank nel 2005 disse ai suoi investitori che gli Stati Uniti non erano una democrazia, ma una *plutonomy* dove l'1% aveva come il 99%. Secondo le loro analisi la minaccia maggiore sarebbe potuta provenire dalla possibile ribellione della popolazione.

Se la maggioranza credesse nel cambiamento e votasse di conseguenza per il cambio radicale, vincerebbe sicuramente.

Ma fortunatamente per il potentissimo 1%, gli altri mantengono lo *status quo*, si mantengono buoni senza frenare questa situazione perché ognuno di loro spera avidamente e ipoteca tutto il suo tempo, il suo karma, il suo destino, il suo percorso di crescita personale, per cercare disperatamente di essere il prossimo fortunato a entrare nell'Olimpo. E, come le mosche, si affannano senza senso contro una lampadina accesa. Scalano le loro misere posizioni, ma nell'Olimpo non arriveranno mai. Rimarrà solo una vita di lavoro, competizione, solitudine, mancanza assoluta di socialità e soprattutto di tempo. Glorioso, vero?

Le imprese sono diventate grandi come gli Stati, sono organizzate in modo verticistico, i capi si scelgono "a dedo". Se vogliamo essere sinceri a un primo sguardo molti sono infelici, depressi e non vedono all'orizzonte alternative.

E se invece le imprese fossero organizzate come una democrazia oppure come una comunità diffusa[76]?

Lavorare nelle corporazioni richiede una abilità specifica che ha spostato l'asse dell'attenzione dal contenuto del lavoro al "saper stare" in mezzo al fuoco incrociato di un ambiente ostile e competitivo. Se impari a lavorare e a difenderti in questo ambiente acquisisci potere, vieni ricompensato con dei buoni guadagni.

Se ti piace sei sulla cresta dell'onda. Compri più moto, più auto, ostenti il tuo *status* più che puoi. Tutto quello che può portarti ad avere il rispetto obbligato degli altri ti piace, ti fa sentire forte. Ce l'hai fatta. Il vento della mattina ti passa sul viso mentre capisci che nessuno potrà farti scendere da quel piedistallo dorato. E quindi lo difendi, lo incoraggi. Tratti male gli

---

[76] Dao, Decentralized Autonomous Organization. Ne parleremo nei prossimi capitoli.

inferiori, perché tu sei superiore. Ho fatto dei sacrifici enormi per essere superiore. E sono superiore. Certo, vedi ogni giorno delle cose abominevoli, ma così è la vita. Hai sempre meno tempo e meno amici. La tua famiglia è un peso, hai sbagliato a sposarti e avere i figli. Adesso sei pieno di spese. Non è possibile che vogliano licenziarmi. Vogliono cambiare il mio contratto. Ma adesso come pago la casa, l'altra casa, le moto, le università dei miei figli. Ho uno stipendio da capogiro, ma le dannate tasse mi strangolano. Un altro champagne al ristorante, in discoteca per confermare a me stesso che io posso. Se mi buttano fuori che faccio? Dottore ho bisogno di un aiuto. "Prenda una pastiglia al giorno". Ho perso anche l'amante. Non avrei mai pensato di diventare impotente.

Nello stesso istante il capo del tuo capo, del tuo capo, del tuo capo, passa la lingua avidamente su un gelato di tartufo bianco con pepite d'oro e un tocco di caviale.

Cosa è per te il successo?

Durante la lunga gestazione del film *El Dulce Sabor del Éxito*[77], ho dovuto incontrare numerosi produttori e distributori. In uno dei mille incontri, l'istituto di commercio estero spagnolo organizzò un workshop con un guru del mercato dei documentari. Dopo averci fatto vedere dei trailer di films che nel mercato "andavano", avevi una riunione *one to one* con lui per raccontare il tuo progetto e lui, molto più simile a un youtuber di quanto non avessi potuto immaginare, dalla sua sfera di cristallo della conoscenza del mercato ti metteva di fronte alla realtà. Almeno questo era l'obiettivo.

Ho sempre trovato noiosissime e anche indubbiamente perniciose queste situazioni.

Dopo essermi "confessato" con il tipo, continuammo a chiacchierare di documentari fino a quando seguendo il flusso della conversazione gli chiesi: "Hai visto Zeitgeist?". Mi rispose la migliore "cara de poker"[78], come si dice in Spagna.

Zeitgeist, The Movie è un film che è stato messo online da Peter Joseph e l'ha visto molta, davvero molta gente in tutto il mondo. Più di 500 milioni di visualizzazioni fino al 2020. Considerato uno dei film più visti della storia[79]. Il documentario relaziona il cristianesimo, l'11-Settembre e la Federal

---

[77] *El Dulce Sabor del Èxito*, (Emanuele Giusto Kantfish, Carlos Tejeda, 2021). Documentario.

[78] Espressione spagnola che indica lo stupore di una persona.

[79] L'intera saga è disponibile in chiaro su: zeitgeistmovie.com/watch-now

Reserve statunitense e il cineasta per caso, Peter Joseph, ha lanciato questo documentario nel 2007 - definito da molti come poco rigoroso nelle fonti e *cospiranoide* - per informare sui possibili piani dei leader mondiali per la creazione di una banca centrale mondiale. *The revolution is now* era il sottotitolo.

Il popolo di internet l'ha trovato molto interessante e come curiosa casualità nel 2008 una misteriosa entità con il nome di Satoshi Nakamoto partoriva l'idea che sarebbe risultata rivoluzionaria. Un sistema globale decentralizzato chiamato Bitcoin.

"Abbiamo indebolito l'economia, la nostra salute, la vita politica, l'istruzione, quasi tutto... sopprimendo la casualità e la volatilità. Questa è la tragedia della modernità: come con i genitori nevroticamente iperprotettivi, quelli che cercano di aiutare sono spesso quelli che ci feriscono di più. Stiamo assistendo all'ascesa di una nuova classe di eroi al contrario, vale a dire burocrati, banchieri, che frequentano Davos e accademici con troppo potere e nessun vero svantaggio e/o responsabilità. Giocano con il sistema mentre i cittadini ne pagano il prezzo" dice Nassim Nicholas Taleb nel libro *Antifragile*.

Il successo della nostra società è stato quello di rendere possibile la produzione di tecnologie incredibili, ma il problema è considerare il successo di una società solo in relazione al suo progresso tecnologico e ai suoi livelli di produttività diretta al mercato. Come se questo potesse costituire l'unico esempio di espressione di quello che siamo.

Una società più libera di creare, di scambiare, porterà a obiettivi multipli e sani per il nostro progresso. Siamo capaci di organizzare, ma indirizziamo tutti i nostri sforzi sulla compravendita. Tutto ció che è fuori da una compravendita ha perso completamente il suo valore sociale. Ed è una grande occasione persa non riuscire a concentrarci allo stesso modo su questioni di natura differente e non legate al mercato, ma molto utili per migliorare il benessere della maggioranza.

Se le democrazie si basano sul sostegno della maggioranza, le decisioni prese dovrebbero portare benefici alla maggioranza, ma la direzione alla quale puntano tutti è avere la fortuna di essere la minoranza privilegiata.

Il comunismo ha creato, come sento ripetere spesso agli amici cubani espatriati a Madrid, la povertà diffusa. Tutti poveri e grande miseria. Per questo sono andati via. Un sistema che si è estinto per la deriva povera di beni materiali e di produttività, con un penoso deficit di libertà. Questo ha fatto sí che il capitalismo esplodesse e si infiammasse in modo ancora più potente, perché la caduta di quel tipo di assetto politico aveva dato certezza di essere sulla giusta strada.

Il capitalismo si è confermato come sinonimo di successo. Sul significato di successo si gioca tutta la nostra esistenza. E malgrado ció, non è sufficientemente discusso.

Il dibattito sul successo nella nostra società dovrebbe avere una centralità, che ancora non ha. Tutti sanno cosa significa avere successo all'interno della nostra comunità. Potrei contare da lontano le teste di tutti quelli che mi stanno passando davanti e potrei scommettere con un bassa percentuale di errore, che saprei perfettamente dipingere la loro idea di successo. Non perché io sia un indovino, ma perché è sempre la stessa per tutti. Ed è un pessimo segno della nostra comunità. Anche il concetto di successo dovrebbe essere maggiormente moltiplicato e diffuso per una società sana.

Ho potuto osservare un aumento di persone con il "classico" successo conclamato che manifestano forti dubbi sul significato personale del successo. Solo la coscienza può dettare a ognuno di noi cosa sia il successo.

In molti storcono il naso di fronte a queste parole che considerano confuse o addirittura superficiali. Altri le bollano come teoriche. La ragione del loro rifiuto deriva dall'ossessione del controllo molto diffuso nella nostra società. Tutto deve essere ben calcolato e classificabile con i cinque sensi. Se accoppiato con un numero, ancora meglio. In più deve essere replicabile, verificabile almeno in una percentuale molto alta e deve avere associato un nome. Tutto quello che scappa a questo schema è gettare fumo negli occhi, vendere "fuffa", come fosse una storia di Charles Ponei, Charles P. Bianchi, Carl Carlo[80].

Le uniche cose che contano son quelle calcolabili. Controllabili. Questa mentalità totalizzante di fronte alla coscienza si trova spiazzata perché siamo pronti a volare su Marte per colonizzarlo, siamo arrivati a conoscere parti infinitesimali della nostra realtà, ma non abbiamo ancora idea di cosa siamo davvero.

Il perché nasce la vita a livello chimico non si sa.

Per questo fino a quando non si sarà dato un nome e si sarà provata la sua esistenza con una possibilità di verifica, fino ad allora non si può parlare seriamente di coscienza. A causa di questo nessuno si pone più una domanda fondamentale che esiste da 3 mila anni. Γνῶθι σαυτόν, *gnothi seautón*. Esplorati. Conosciti. Ma non per perdere tempo. Tutto il contrario. Per sapere cosa è per te il successo. Perfino gli edonisti sono diventati nella nostra epoca attuale seguaci del piacere fisico ed emozionale, alla ricerca di

---

[80] Sono tutti soprannomi di Charles Ponzi un genio della truffa dell'inizio del secolo XX. Il signor Ponzi inventò un sistema molto simile a quello che adottarono i visionari della finanza che generarono il crack del 2008.

una soddisfazione ingenua e inmediata di impulsi e desideri, qualcosa che portato all'estremo può solo condurre a una vita vuota.

Il materialismo assoluto ci ha portato via il concetto di successo. L'ha rapito. Per questa ragione la droga più venduta è il Prozac, la fluoxetina. Una società depressa, sola. Sempre più sola. Una società sempre meno protetta dagli affetti, dove dilaga la piaga della solitudine. Gli anziani[81] muoiono e i vicini, concentrati nella ruota infinita del loro consumo, si rendono conto della morte solo quando un odore pestilenziale li invade.

Sentirsi soli altera il sonno e il sistema immunologico. Aumenta il rischio di stress e infarto. Sentirsi soli è come fumare 15 sigarette al giorno[82].

Nel documentario *The Swedish Theory of Love* di Erik Gandini, entrano in casa di un signore morto da solo e scoprono dalle sue carte che era un miliardario. In Svezia è stata creata una istituzione che ha il compito di andare a raccogliere i morti soli.

Si muore da soli perché la comunità si è sciolta. La comunità e la socialità si sono immediatamente confuse con la miseria comunista. Nessuno aiuti nessuno, altrimenti svegliamo gli spiriti sepolti del comunismo.

L'importante è andare ogni giorno a lavorare, non importa a cosa e per cosa. Il lavoro è l'obiettivo.

In un statistica di Yougov, un ente statale del governo britannico, si stima che il 30% della popolazione è certa della assoluta inutilità del suo lavoro, come indica David Graeber[83] nel suo libro *BullShit Jobs*, lavori di merda, dove ha raccolto la testimonianza diretta di moltissime persone che descrivevano l'inutilità del proprio lavoro.

L'unico lavoro valido è quello che porta al successo, secondo il teorema vigente nell'attualità. Il successo è legato al lavoro (degli altri) e alla produttività.

Per avere un progresso reale e tangibile negli algoritmi di questa società è imprescindibile aggiungere un significato più ampio al "successo". In questo modo il "lavoro" non sarebbe solo riferito alla produttività. Il capitalismo ha avuto il *side effect* di riempirci di cose e svincolare gli uni dagli altri, separarci, uno contro l'altro. Siamo tutti *competitor*.

---

[81] Tutti saremo anziani se sopravviveremo. Nessuno escluso. L'*ageing* è una forma di esclusione, di emarginazione, un autorazzismo, incomprensibile e sempre più diffuso in questa società.

[82] @VictorLapuente, El País.

[83] L'antropologo David Graeber, professore del Goldsmiths College della London University, di Yale e dottore dell'Università di Chicago, è autore del libro *Debt: The First 5000 Years*, 2011, che insieme a *Bullshit Jobs*, 2018, rappresenta una visione critica imprescindibile per chi vuole vedere verso dove andiamo da una differente prospettiva. David fu leader del movimento Occupy Wall Street.

La logica egoista ha permeato tutta la società dalla politica, al lavoro quotidiano, fino alla famiglia. Per questo moriamo soli. Per questo la società vive l'apogeo della depressione. Più di trecento milioni di persone nel mondo sono affette da depressione, che dilaga come pandemia aumentando del 18% tra il 2005 e il 2015. L'Oms, Organizzazione Mondiale della Sanità, ha dichiarato che la depressione sarà il morbo più diffuso al mondo dopo le patologie cardiovascolari e sarà la patologia mentale numero uno.

In un sistema nel quale il successo è la produttività, la depressione è degna di attenzione solo se diventa un costo per la società, ma non viene considerata come un cattivo sintomo di qualcosa che non va nello schema collettivo.

Nella pagina dell'Agenzia Italiana del Farmaco si legge che "È stato stimato anche un bilancio dei costi necessari al mantenimento e alle cure di una persona depressa, concentrando l'attenzione in primo luogo sul fatto che una persona depressa perde in produttività e difficilmente mantiene il posto di lavoro o trova un nuovo impiego. Secondo tali calcoli, in Inghilterra, gli effetti della depressione costerebbero circa 12 miliardi di sterline l'anno". Illuminante prospettiva.

Lo psicologo Martin Seligman, dell'Università di Pennsylvania, è noto per i suoi studi sulla psicologia positiva e per l'interessante investigazione sulla *incapacità di difendersi acquisita* che nel 1967 si studiò come estensione della depressione.

Dei cani venivano sottoposti a un esperimento. Ricevevano delle scosse elettriche e sono stati divisi in tre gruppi. Il primo e il secondo gruppo potevano evitare delle scosse elettriche liberandosi dell'arnese o schiacciando una leva posizionata nelle loro gabbie. Un terzo gruppo non poteva in nessun modo interferire per fare smettere le scosse elettriche.

Il terzo gruppo si abituò a non sperare altro destino che ricevere perennemente delle scosse.

Quando misero il gruppo tre in una gabbia dove la leva funzionava e permetteva di far smettere le fastidiose scosse, i cani rimasero passivi e accettarono la loro condanna elettrica senza neanche provare a schiacciare la leva. Erano già convinti di essere vittime e non ci pensavano più.

Sembra proprio che gli esseri umani si siano fatti sorprendere dalla propria invenzione capitalista e siano caduti nella *incapacità di difendersi acquisita* di cui parla lo scienziato statunitense.

Negli studi moderni di Seligman[84] lo studio della psicologia positiva portava ad analizzare non più le patologie "negative" come la depressione, ma anche

---

[84] La storia di Ted è iniziata da una conferenza di Martin Seligman che merita di essere vista su ted.com.

a categorizzare e analizzare la psicologia delle persone molto felici. Dal loro studio si evince che le persone che raggiungevano, seguendo i parametri stabiliti, il più alto livello di felicità non erano più ricche o più fortunate o religiose, o più belle. Avevano solo una cosa in comune. Erano più socievoli.

Per un sillogismo aristotelico, se la socialità è il parametro comune delle persone felici, è ovvio che la solitudine, frutto della competizione e dei nuovi valori sociali, non può che essere foriero di una infelicità collettiva.

Per la produttività si muore soli. Per la produttività siamo sempre più tristi, viviamo in un mondo sempre più al collasso ambientale, con la disuguaglianza in crescita esponenziale, con sempre meno tempo personale da potere gestire o investire. Una florida e inconfutabile realtà. Sconfortante. L'aumento della disuguaglianza è simile a quella del secolo XVIII quando l'aristocrazia rappresentava l'1% della popolazione.

La povertà era una condanna a morte, la speranza di vita 17 anni. Le aristocrazie si sposavano con le aristocrazie e l'eredità suggellava il diritto al privilegio sempre più grande.

"Il nostro personalissimo ritorno al secolo diciottesimo rilascia le stime simili ad allora con l'1% della popolazione che è proprietaria del 70% della terra del globo" assicura Gillian Tett, editorialista di mercato e finanza del Financial Times, "Sempre è esistita una *élite* capace di monopolizzare il capitale economico, sociale e culturale della società. In molti credono che la competizione è importante per il progresso e l'innovazione perché spinge le persone a sforzarsi di più. Ma la disuguaglianza è uno stress economico, sociale e politico e unito alla impossibilità di accesso all'*élite* è probabile che termini in una rivoluzione"[85].

Tra il 1870 e il 1914 Regno Unito y Francia erano i due principali imperi coloniali. In quell'epoca erano i proprietari di molta parte del mondo, con grandi ricchezze in termini di interessi e dividendi che permisero loro di continuare a investire per avere sempre più terre. In questo modo il resto del mondo lavorava per loro. La disuguaglianza aumentò la concorrenza tra Paesi e il nazionalismo alzò la tensione. L'1% della popolazione a Parigi nel 1914 possedeva *attivi* come il 70%. E due terzi della popolazione moriva senza *attivi*. Poi venne la Prima Guerra Mondiale.

La magia di Wall Street nella mitologia statunitense si racchiude nella frase *What's good for Wall Street is good for main street,* quello che è buono per Wall Street è buono per tutti. Il problema è che la storia ha dimostrato che non è vero.

L'esuberanza degli anni '20, l'euforia che si rivelò una bolla portò al boom

---

[85] *Le Capital au XXIe siècle* (Justin Pemberton, 2019). Documentario.

delle azioni in borsa. Le banche vendevano dei prodotti che sapevano essere pessimi e non c'era regolamentazione. La vendita esuberante di azioni portava a una conseguente acquisizione di altre azioni e il mercato cresceva. La classe media stentava e i lavoratori accedevano al credito per sostenere la propria vita. I crediti alimentavano ancor di più questa bolla. E scoppiò.

Oggi il reddito medio di una famiglia statunitense è sceso al livello di 25 anni fa, i salari adeguati all'inflazione sono al livello degli anni '60[86].

Squilibrio.

La perversione della mente umana, provata da studi di laboratorio, manifesta una strana tendenza. Le percezioni e le sensazioni che ci fanno apparire più ricchi le traduciamo come se ci certificassero la certezza di essere migliori degli altri. Una volta arrivati in cima alla vetta e avere iniziato a carburare nell'Olimpo della ricchezza monetaria, crediamo di essere meritevoli per giudizio divino e dimentichiamo le basi del nostro successo. Collettivamente succede la stessa cosa. Così le grandi conquiste tecnologiche sono state finanziate anche grazie ai contribuenti degli Stati dove sono stati sviluppati questi strumenti. Tutti i contribuenti pagano per la ricerca, ma i benefici non sono condivisi con la estesa base che ha finanziato lo sviluppo di queste nuove tecnologie.

Nella nostra quotidianità questa vita ostile entra nei pori ogni giorno. È difficile potere locare una casa. Affittarla per dirla con l'uso. Chi ha una casa può guadagnare meglio di chi lavora, per questo è aumentata la speculazione sulle case.

A Madrid per locare una casa devi anticipare sei mesi, a volte un anno di affitto. Devi dimostrare in cosa lavori e quanto guadagni. Ti devi mettere a nudo di fronte a persone che nemmeno conosci. Con la foglia di fico, sotto la lente d'ingrandimento dei padroni di casa. Come siamo arrivati a questo punto?

Lo scontro generazionale è evidente tra chi ha avuto nel dopoguerra le case a buon mercato. Due professori degli anni 70-80 avevano la casa, una o due auto, le vacanze d'estate e la settimana bianca. Oltre ai due figli. Oggi per le generazioni che sono venute fuori da quell'esperienza, lo scenario è devastante. La precarietà è diventata un totem. L'assenza di diritti è sempre più profonda. La classe media scivola sempre più giù mentre i suoi componenti corrono sempre più forte, lavorano sempre più duro. Ma il gioco delle classi è diventato un affare blindato. Non si cambia classe sociale con facilità.

---

[86] *Le Capital au XXIe siècle* (Justin Pemberton, 2019). Documentario.

Andiamo verso *Il Mondo Nuovo* de Huxley o *Elyseum* di Neill Blomkamp dove un piccolo gruppo di uomini vive in un luogo idilliaco nello spazio e il resto dell'umanità in luoghi putridi e soffocanti.

Ai cani del terzo gruppo dell'esperimento di Seligman tentarono di farli ricredere sulla loro *incapacità di difendersi acquisita* e cercavano di spingerli verso la leva di spegnimento delle scosse elettriche muovendo coattivamente le loro zampe fino alla leva. Dovettero ripetere più volte questo movimento forzoso per fare apprendere la possibilità ai cani di spegnere le scosse. La "impotenza acquisita" è dura da correggere e sarà dura deviare la rotta dal nostro destino se la verità dei cani di Seligman sarà applicabile al genere umano.

Lo scapigliato primo ministro britannico Alexander Boris de Pfeffel Johnson, in occasione della settantaquattresima sessione dell'Assemblea Generale delle Nazioni Unite diede la sua versione del "panorama".

"Dovrei essere qui per parlare di pace nel mondo e del Medio Oriente, ovviamente questi sono temi cruciali, ma non possiamo ignorare la forza crescente che sta rimodellando la vita di tutti noi. Non c'è stato niente di simile nella storia", il primo ministro iniziò un discorso non convenzionale e memorabile, e continuò "Puoi nascondere i tuoi segreti ai tuoi amici, ai tuoi genitori, ai tuoi figli, al tuo medico, persino al tuo personal trainer, ma ci vuole un vero sforzo per nascondere i tuoi pensieri a Google. E, se questo accade oggi, in futuro potrebbe non esserci nessun posto dove nascondersi. Le città intelligenti saranno piene di sensori, tutti collegati dall'Internet delle cose, segnali stradali che comunicheranno invisibilmente con i lampioni, così ci sarà sempre spazio per parcheggiare l'auto elettrica, nessun bidone della spazzatura sarà lasciato vuoto, nessuna strada sarà senza essere stata spazzata e l'ambiente urbano sarà antisettico come una farmacia di Zurigo, ma questa tecnologia potrebbe essere utilizzata anche per monitorare tutti i cittadini 24 ore su 24. La prossima Alexa[87] fingerà di prendere ordini, ma ti starà osservando, facendo schioccare la lingua e ticchettando inquisitrice con il suo piede.

In futuro, la connettività funzionerà in tutte le stanze. E in quasi tutti gli oggetti. Il tuo materasso terrà d'occhio i tuoi incubi. Il tuo frigorifero comprerà il formaggio. La tua porta si aprirà non appena arriverai, come un maggiordomo silenzioso. Il tuo contatore intelligente negozierà la tariffa elettrica più economica. E ognuno di loro trascriverà meticolosamente le proprie abitudini in un minuscolo gergo elettronico. Che non sarà immagazzinato in un tuo chip, o nel tuo intestino, ma in una grande *cloud* di

---

[87] Assistente virtuale di Amazon.

dati che si estende in modo sempre più opprimente sulla razza umana, una gigantesca nuvola scura con tuoni in attesa di deflagrare. Non controlliamo come o quando si verificherà la precipitazione e, ogni giorno che usiamo i nostri telefoni o iPad (come vedo che alcuni di voi stanno facendo ora), non solo lasciamo la nostra scia indelebile nell'etere, ma diventiamo addirittura una risorsa: click dopo click, tocco dopo tocco, non sappiamo chi decide come utilizzare quei dati.

Le nostre vite e le nostre speranze possono essere affidate a questi algoritmi? Le macchine, solo le macchine, dovrebbero decidere se abbiamo diritto a un mutuo o un'assicurazione o quali interventi chirurgici e farmaci dovremmo ricevere?

Siamo condannati a un futuro freddo e crudele in cui un computer dice sì o no con la cupa finalità di un imperatore sul ring?

Come possiamo presentare allegazioni a un algoritmo? Come possiamo favorire che la macchina consideri le circostanze attenuanti?

Come facciamo a sapere che le macchine non sono programmate maliziosamente per confonderci o addirittura ingannarci?

Utilizziamo già servizi di messaggistica di ogni tipo che offrono una comunicazione istantanea a costi minimi. Questi programmi e piattaforme potrebbero anche essere progettati per censurare qualsiasi conversazione in tempo reale e cancellare automaticamente le parole offensive: in alcuni paesi, infatti, accade già. L'autoritarismo digitale non fa parte di una fantasia distopica, ma di una realtà emergente. Ci sono paesi che già applicano questo autoritarismo. Faccio questo discorso perché il Regno Unito è leader nella tecnologia e siamo molto sorpresi dalle conseguenze indesiderate di Internet. Un progresso scientifico di vasta portata che ha un impatto psicologico molto maggiore di qualsiasi altra invenzione, da Gutenberg, Internet è più grande della stampa, più grande dell'era atomica e capace di fare tanto bene e male quanto l'energia atomica. Le nuove tecnologie di intelligenza artificiale sembrano correre contro di noi dall'orizzonte e non possiamo dire a distanza se sono buoni o cattivi amici.

Aiuteranno a prendersi cura di un uomo anziano? O saranno Terminator con gli occhi rossi inviati dal futuro per lo sterminio dell'essere umano?

Cosa rappresenterà per noi la biologia sintetica?

Ricostruirà il nostro fegato o i nostri occhi, porterà a una fantastica cura per i postumi di una sbornia o porterà sulle nostre tavole terrificanti polli senza arti?

Le nanotecnologie ci aiuteranno a sconfiggere la malattia o vivrà nelle nostre grete come un *tropus* tanto antico come ogni progresso scientifico è punito dagli dei?

Mentre Prometeo portava il fuoco all'umanità, Zeus lo punì incatenandolo mentre gli veniva tolto il fegato e veniva fatto a pezzi e mangiato da un'aquila malvagia. Ogni volta che il fegato cresceva di nuovo, l'aquila tornava. E così, per sempre. Un po' come l'esperienza dei miserabili nel Regno Unito dei parlamentari che hanno attaccato gli scienziati che avevano proposto qualche progresso. C'è un istinto umano a diffidare di ogni tipo di progresso tecnico. Non si credeva possibile che il corpo umano potesse resistere alla velocità del razzo Stephenson o degli antivax che rifiutano di accettare che i vaccini abbiano debellato malattie importanti come il vaiolo.

Respingo il pessimismo antiscientifico. Sono profondamente ottimista sulla capacità della tecnologia come leva liberatrice e sulla sua capacità di costruire un mondo migliore". Johnson ha proseguito nel suo intervento evidenziando come le nanotecnologie e le tecnologie aiutino a risolvere i grandi problemi dell'umanità, come la tecnologia consenta a centinaia di milioni di persone senza un conto in banca di entrare nel mondo finanziario e come le energie rinnovabili ci permettano di vivere in un ambiente più verde. "Ma il punto cruciale è come tracciare i valori che accompagnano queste tecnologie" conclude Johnson. "Questo è ciò di cui dobbiamo discutere qui.

Ci stiamo giocando una decisione importante tra un mondo orwelliano progettato per la censura, il controllo e la repressione o un mondo di emancipazione, dibattito e apprendimento in cui la tecnologia minaccia la fame e le malattie, ma non le nostre libertà. 70 anni fa questa assemblea approvava la Dichiarazione Universale dei Diritti Umani, senza voci dissenzienti, forse era la prima volta nella storia. Questa dichiarazione promuove la libertà di espressione, opinione, privacy domestica, il diritto di cercare e diffondere informazioni.

Dobbiamo assicurarci che questa tecnologia rifletta questo spirito.

Le nuove tecnologie devono promuovere la libertà, l'apertura e il pluralismo con adeguate garanzie per proteggere i nostri popoli.

Ogni giorno le decisioni vengono prese in comitati accademici, consigli di amministrazione, gruppi aziendali, si scrivono i libri di regole del futuro, si formulano giudizi etici, si sceglie cosa sarà possibile e cosa no. Dobbiamo lottare affinché tutto ciò rientri nel quadro di ciò per cui abbiamo votato 70 anni fa.

Dobbiamo trovare l'esatto equilibrio tra libertà e controllo, tra innovazione e regolamentazione, tra impresa privata e supervisione del governo. Il successo dipenderà dalla libertà, dall'apertura e dal pluralismo" ha concluso il capo del governo britannico.

I volti di molti rappresentanti del mondo davanti a queste parole si sono rivelati molto eloquenti. Alcuni erano interessati. Altri giocherellavano con i loro cellulari. Altri hanno mostrato ironica incredulità. I peggiori del mondo, gli esseri perniciosi sono questi ultimi. Sono loro convinti che le "cose serie" siano solo quelle legate all'economia e al prossimo passo concreto che deve essere compiuto per rispondere ai loro elettori o ai loro compagni di governo.

Nei commenti della stampa, la maggioranza ha riportato con interesse questo discorso, mentre altri lo hanno riportato come una pazzia. Perché l'importante sono le notizie pratiche, legate alla "Dea produzione".

Come ha detto Johnson nel suo discorso, l'equilibrio tra controllo e mancanza di controllo è il punto complicato e fondamentale che deve essere trovato. Studiare l'immortalità senza sapere cosa fare se la troviamo può creare enormi problemi per le generazioni future. Per lo sviluppo dell'essere umano.

Lasciare che l'algoritmo di Google decida cosa deve avere successo e cosa no, è un errore. È sufficiente che il *board* di Google si riunisca e decida di cambiare il suo algoritmo per discriminare sistematicamente qualcosa o qualcuno, un Paese a, per produrre un danno collaterale enorme alla vittima. Google con il suo algoritmo è già penetrato in modo definitivo nella nostra vita economica e politica.

Twitter ha deciso di bloccare le presunte bugie dell'ex presidente degli Stati Uniti. Tutti erano comprensibilmente contenti della decisione. Ma se questa società privata decidesse di censurare qualcosa di eticamente positivo, o qualcosa che fosse arbitrariamente contrario agli interessi di Twitter stesso, la società trarrebbe vantaggio da tutta questa dinamica?

Oppure potrebbe essere un controllo simile o superiore a quello che abbiamo sperimentato finora con governi che in un modo o nell'altro sono il riflesso di una elezione popolare?

Questi temi sono importanti e non sono mai sul tavolo di un dibattito collettivo.

Come mai?

Perché se freniamo, questa corsa eterna e implacabile verso l'ignoto si intorpidisce. Non c'è riflessione perché l'unica cosa che conta è fare un altro passo, non importa se è sbagliato, è la civiltà del "better done than perfect", "meglio fatto che perfetto". Fai, fai, fai, come "polli senza testa", per usare una macabra espressione spagnola. Andare avanti è fantastico e ha i suoi indubitabili vantaggi. Ma sappiamo anche molto bene che la pausa e la riflessione hanno le loro conseguenze positive.

C'è molta incertezza a causa di questo modo rischioso di evolvere.

L'incertezza nel commercio mondiale, ad esempio, è ai massimi storici, secondo i calcoli degli economisti Hites Ahir e Davide Furceri del Fondo monetario internazionale e di Nick Bloom della Stanford University. Secondo l'Economist Intelligence Unit, l'indicatore di incertezza è salito alle stelle nelle economie avanzate. Come abbiamo visto, le nuove generazioni hanno capito che il loro futuro non si prospetta a un livello comparabile a quello dei loro genitori e questo pessimismo trova risposta nel mondo parallelo che si stanno creando da soli, con tastiere e linguaggi informatici.

Le favole moderne sono raccontate da *Black Mirror* e da altri drammi distopici che sono il frutto di una nuova interpretazione di questo panorama. *Bird Box*, *Altered Carbon* e *3%*, *Years and Years* tra gli altri.

In più in questo schema confuso e senza una prospettiva solida si evita di formare i "creatori della mappa" della nostra civilizzazione, gli esseri umani che da sempre in ogni collettività capiscono verso dove stiamo andando. Nella nostra attuale sono stati praticamente annichiliti, eliminati, ostracizzati.

Una delle peggiori notizie degli ultimi 15 anni è stata la chiusura della facoltà di filosofia nell'Università Complutense di Madrid[88]. Davvero possiamo vivere senza pensatori di professione? Jill Abramson, la ex-direttrice del New York Times, in una conferenza a Madrid qualche anno fa mostrò la sua preoccupazione per la mancanza di alunni nelle facoltà umanistiche. Nel mondo produttivo sembra che sia inutile il contributo dei professionisti del pensiero. Di chi ha contatto, per studio non per improvvisazione, con quella che è la nostra natura, i nostri bisogni. La critica. Il pensiero critico. Davvero non è utile la formazione di persone che siano completamente slegate dalla catena produttiva?

Ovviamente la risposta di buon senso è quella negativa, senza tentennamenti. Senza filosofi, artisti, sociologi, antropologi, filologi, non capiremo più niente di noi stessi e di cosa stiamo realizzando. Senza giornalisti, senza giornalismo ormai in preda al tracollo feudale, perderemo la libertà. Non saremo capaci di capirci e di comprendere verso dove andiamo. Per ora la nostra civilizzazione è ricurva sui microscopi e sui tasti

---

[88] È stata assorbita dalla facoltà di filologia.

per risolvere problemi di tutti i tipi, finalizzati alla produzione, al *revenue*. Ma, che obiettivo collettivo abbiamo? Produrre il più possibile nel minore tempo possibile per dimostrare che siamo meglio degli altri? E dopo, che? Qual è il nostro orizzonte collettivo? Il nostro ideale? Lavorare 20 ore al giorno per produrre una montagna di cose inutili? O per favorire la crescita di feudi di diversa natura?
Chi si occuperà dell'essere umano e delle sue necessità?

BITCOIN È UN ANTICORPO, NON UN VIRUS

BITCOIN È IL RE DELLA FORESTA.
MA LA RIVOLUZIONE È SCOPPIATA CON ETHEREUM
Il Mondo della DeFi, la Finanza Decentralizzata

Se Bitcoin continuerà ad avere successo come ha dimostrato fino ad oggi, sarà la vera prova che abbiamo trovato una invenzione importante come la stampa, che ha rappresentato la produzione decentralizzata dell'informazione, come Internet che è la rivoluzione della comunicazione e dei contenuti decentralizzati.

Se analizziamo le fondamenta della nostra società moderna, i nostri Stati hanno compiuto progressi storici con la divisione dei poteri tra legislativo, esecutivo e giudiziario. Una divisione intuita e teorizzata da Platone, Aristotele, Locke e che ha poi avuto in Charles-Louis de Secondat, Signore di La Brède e Baron de Montesquieu, l'impronta definitiva del moderno decentramento del potere alla base della nostra attuale democrazia liberale.

Capire l'importanza della decentralizzazione è un passo imprescindibile per capire il concetto che sta alla base del mondo crypto e per avere la sicurezza che questo nuovo schema di convivenza può diventare una forza per migliorare il mondo[89].

Bitcoin, con la logica algoritmica della blockchain, diventa uno strumento per collaborare su scala mondiale in un modo veloce e a basso costo, prima inimmaginabile. Il popolo crypto è formato da correnti che cercano, aprono il cammino su questioni differenti. Chi è dentro la CryptoGiungla per la speculazione, chi per cercare una nuova maniera di vivere, una gran parte per sperimentare la decentralizzazione, molti per il *gaming*, altri per il risparmio, per la riserva di valore, per il trading, altri che arrivano come dei turisti perché hanno sentito che qualcuno ha guadagnato tanto da poter

---

[89] *Inventiamo Bitcoin. La spiegazione sul primo denaro veramente scarso*, libro di Yan Pritzker.

vivere con una Ferrari nel letto. È la prima volta di qualcosa che può essere esplorato continuamente e che regala quotidianamente delle sorprese, delle nuovi fonti di linfa. Di speranza.

Tutto iniziò in una stanza buia con un ticchettio perpetuo che riempiva il silenzio di ogni notte. Mentre tutti dormivano, qualcuno, molto intelligente e con una visione chiara della nostra organizzazione collettiva, ha preparato questo ambizioso progetto. Un giorno e il giorno dopo e un altro ancora, molti anni impiegati a studiare prima di arrivare al protocollo definitivo scritto in appena nove pagine. Nove pagine sono sufficienti per cambiare il mondo.

Il motivo di questo sforzo era chiaro, qualcosa non andava a livello collettivo e doveva essere messa in atto una contromisura. Questo personaggio quasi mitologico aveva lavorato sodo per arrivare fino a quel punto, aveva pensato a ogni dettaglio.

Una nuova strategia basata sulla tecnologia avrebbe cambiato il futuro della nostra civilizzazione e questo cambiamento di prospettiva non era per sé stesso, per il proprio beneficio personale, - questo non avrebbe avuto nessuna rilevanza - ma sarebbe stato uno strumento utile per l'umanità.

Lavorò duramente per programmare questa meravigliosa macchina virtuale. Mentre riscriveva la storia dell'uomo, Satoshi Nakamoto, questo era il suo nome, pianificò minuziosamente anche come scomparire per il resto della sua vita. Pianificò tutto al millimetro, prima creando questo algoritmo con vita chiamato Bitcoin, che avrebbe partorito la moneta bitcoin, poi avrebbe pensato a come vivere cambiando la propria identità per scomparire nel nulla.

Il 1 novembre 2008, Satoshi ha inviato un messaggio a una *mailing list*[90]. Il messaggio *Bitcoin P2P e-cash paper* conteneva la breve descrizione di un sistema monetario *peer to peer* che non si basa su terze parti fiduciarie.

L'allegato al messaggio conteneva un documento di nove pagine *Bitcoin: un sistema di moneta elettronica peer to peer*[91].

Il documento inizia così: "Una versione puramente *peer to peer* di denaro elettronico permetterebbe di spedire direttamente pagamenti online da una entità a un'altra senza passare tramite una istituzione finanziaria. Le firme digitali offrono una soluzione parziale al problema, ma i benefici principali sono persi se una terza persona di fiducia è ancora richiesta per prevenire la doppia spesa. Proponiamo una soluzione al problema della doppia spesa mediante l'utilizzo di una rete *peer to peer*. La rete stampa un marcatore

---

[90] *Mailing list* che apparteneva alla società in accomandita Metzger, Dowdeswell & Co. LLC

[91] *Bitcoin: un sistema di moneta elettronica peer-to-peer.* bitcoin.org/files/bitcoin-paper/bitcoin_it.pdf

temporale sulle transazioni facendo *hashing* sulle stesse e incatenandole in una catena di *proof-of-work* basata sugli *hash*, formando una registrazione che non può essere modificata senza rifare la *proof-of-work*. La catena più lunga non solo serve come prova della sequenza di eventi ai quali si è assistito, ma anche come prova che essa proviene dal gruppo più grande di potenza Cpu. Fintanto che la maggior parte della potenza Cpu è controllata da nodi che non cooperano per attaccare la rete, questi genereranno la catena più lunga e supereranno gli utenti malintenzionati. La rete stessa richiede una struttura minimale. I messaggi sono trasmessi su base *best effort*, e i nodi possono lasciare e ricongiungersi con la rete a loro piacimento, accettando la catena *proof-of-work* più lunga come prova di quello che è avvenuto mentre non erano presenti".

In questo primo paragrafo si trovano le fondamenta della rivoluzione crypto in linguaggio tipicamente ingegneristico. Ossia, non si capisce a prima lettura quasi nulla.

Lo decodificheremo per capire cosa ha immesso nella nostra vita Satoshi Nakamoto e perché è cosí utile.

Chi è Satoshi Nakamoto? La possibile storia del Bitcoin nato dai neuroni di una persona fisica probabilmente non è reale e il progetto che sarà indelebile per la storia della nostra convivenza globale proviene probabilmente dall'interesse di un gruppo di ricercatori, tra le migliori teste di economia, finanza, informatica, matematica, filosofia, riuniti per un progetto rivoluzionario sotto il nome di Satoshi Nakamoto, che sarebbe dunque un nickname[92].

Secondo il gruppo di visionari che inventò bitcoin, "Ciò che serve è un sistema di pagamento elettronico basato su prove crittografiche piuttosto che sulla fiducia, che consenta a due parti interessate di effettuare transazioni direttamente senza la necessità di una terza parte fidata".

Con questo sistema si può inviare una moneta da una persona all'altra senza l'intermediazione di nessuno, di nessuna istituzione, nessuna banca. La blockchain, o "timechain" come lo chiama Satoshi, è la rete mondiale dove viaggia la moneta ed è anche un sistema che certifica ogni movimento e lo rende pubblico. In questo modo sarà impossibile che qualcuno "imbrogli" inventando moneta che non esiste o spendendo due volte la stessa moneta. Il

---

[92] Una tradizionale storia di eredità e lotte famigliari hanno portato alla ribalta la diatriba tra gli eredi di David Kleiman, esperto in computazione, coinvolto a suo dire nella creazione del bitcoin, scomparso nel 2013, e Craig Wright, businessman e *computer scientist*, australiano, cinquantenne, residente a Londra. Il signor Wright, assicura di essere lui stesso Satoshi Nakamoto. Il popolo crypto riconosce questa storia come un *hoax*. Un falso.

famoso *double spend*, che è lo spauracchio del mondo crypto. Se una blockchain fallisse nell'impedire un *double spend*, probabilmente sancirebbe la fine del mondo crypto[93].

Questo significa che il sistema blockchain è stato programmato per non permettere invasioni esterne, errori e falsificazioni. La rete completamente programmata *open source*, si compone di nodi e ogni nodo è legato a tutti gli altri. I nodi servono a vagliare le operazioni e a registrarle in un archivio che per sempre sarà pubblico. Questo registro è raccolto nelle migliaia di computer coinvolti nella rete. Un attacco a un computer non mina la veridicità del registro e non incide sul funzionamento della rete stessa.

I nodi sono ricompensati con cryptomonete, attraverso il sistema di *mining*, miniera, che vedremo in seguito. Nel sistema tradizionale per fidarsi e per certificare che le operazioni con denaro "fiat", dollaro, euro, etc., sono reali e possono andare a buon fine abbiamo bisogno della banca che con i suoi tempi dilatati filtra ogni movimento e lo rende effettivo. Con blockchain l'invio e la certificazione avvengono in automatico, praticamente immediato e con un sistema blindato.

Il frutto di anni di ricerca hanno portato a perfezionare il complesso algoritmo di Bitcoin. Questa tecnologia in poco tempo è entrata nelle nostre vite e verrà utilizzata - senza marcia indietro e senza nessun dubbio - bene o male dalla collettività. Come è successo nella storia per qualunque innovazione.

Per la sua formazione filosofica questa struttura chiamata blockchain è pensata per essere diffusa, e non prevedendo il filtro operato da un soggetto centrale, apre le porte a una maggiore partecipazione di tutti gli abitanti del mondo alla vita finanziaria globale.

Il vantaggio è ancora grande per due terzi del mondo, essendo necessario per potere accedere alla rete blockchain solo un computer e una connessione internet[94].

All'inizio della sua avventura bitcoin veniva denigrato dai baroni della finanza, ma la sua considerazione nel mondo finanziario sta raggiungendo stabilità e una crescente fiducia. La piattaforma di interscambio di cryptomonete più grande del mondo è entrata in borsa, nel Nasdaq.

---

[93] A gennaio 2021 un articolo di Cointelegraph *Suspected Bitcoin double-spend spotted in the wild* fu secondo molti analisti la causa della caduta di un 10% di bitcoin. Si dimostrò non avere un fondamento solido.

[94] Molte persone che non hanno accesso a un conto in banca possono utilizzare la rete blockchain per mettere piede per la prima volta nella finanza globale senza la necessità del permesso di un'autorità. Senza chiedere permesso a nessuno. Questa sì che è una via democratica di diffusione del benessere finanziario mondiale.

Jp Morgan e Goldman Sachs stanno pianificando l'offerta ai propri investitori di servizi che comprendono le cryptomonete. Le banche già vendono bitcoin e suoi derivati. Abbiamo registrato perfino il primo Stato del mondo che ha accettato bitcoin come moneta a corso legale, El Salvador. I bitcoin già si trovano in pacchetti finanziari e fondi pensione. Visa ha accettato i pagamenti in bitcoin insieme al colosso Paypal. Lo stadio Staples Center si ribattezza nel 2021 con il nome Crypto.com Arena, a seguito di un accordo da 700 milioni con AEG, proprietario e gestore dello stadio di Los Angeles. Grandi banche, come la basca Bbva, che è entrato nel mondo blockchain con el *exchange* di cryptomonete con base in Svizzera (perché in Spagna la legislazione ancora non lo permette). Santander vende Etf. Cecabank offre la custodia di cryptomonete. Anche la Cina, che era la principale produttrice di bitcoin[95], con i *miner* che hanno minato il 65% dei bitcoin in circolazione, la maggior parte creati nella regione di Xinjiang, ha dichiarato che potrebbe essere una moneta alternativa molto valida. Poi però ci ha ripensato e l'ha proibita. Però successivamente sta cercando il modo di fare la marcia indietro della marcia indietro. La Cina sta vivendo un momento di cryptoconfusione. Lo sdoganamento istituzionale europeo è già scritto. Nel rapporto del Parlamento europeo pubblicato a luglio 2018 *Valute virtuali e politica monetaria delle banche centrali: le prossime sfide* si legge: "Le valute virtuali rimarranno un elemento permanente nell'architettura finanziaria e monetaria globale per gli anni a venire". L'Italia, dal 2018, è entrata a far parte dell'European Blockchain Partnership e il ministero dello sviluppo economico ha sottolineato la volontà di utilizzare la blockchain come strumento per preservare il preziosissimo *Made in Italy*.

Le operazioni del bitcoin vengono gestite dalla rete e avvengono in pochi minuti con commissioni minime. Nessuno ha accesso ai tuoi fondi, che rimangono costantemente in tuo possesso e a tua disposizione. Puoi farne ciò che vuoi, quando vuoi. Non sei legato ai fine settimana, né a temporalità o regole arbitrarie. Non esiste nessuna commissione di deposito e nessuno può allungare le mani sulle tue monete.

Pochi giorni fa parlavo, in modo interessato e ameno, con un manager di una grande banca spagnola che mi sottolineava la reiterata situazione condivisa anche dai suoi amici. "In banca spesso ci siamo trovati nella impossibilità di ritirare una cifra di due mila euro dal nostro conto. Al momento di ritirare una cifra che va fuori dalla quotidianità la banca mi ha anche chiesto perché volessi ritirare i miei soldi e per cosa" assicura il

---

[95] https://cbeci.org/mining_map

manager, aggiungendo "E in più devi avvisarli in anticipo perché potrebbero non essere disponibili i soldi liquidi per il tuo ritiro".

Questo significa che non puoi disporre liberamente dei tuoi soldi. In un prossimo capitolo di questo libro propongo la storia inedita de "La guerra delle banche" che dà la perfetta percezione dell'inopinata relazione che si è creata con le banche.

Bitcoin vs bitcoin[96], Blockchain. Mining.

L'onda lunga *braudeliana* ha generato come reazione il fenomeno crypto che ha investito il mondo con un concetto nuovo più importante della ovvia proposta tecnologica innovativa.

Il concetto, che porta a un cambiamento copernicano, ha una sua traduzione nella tecnologia innovativa che secondo i più fanatici è "più grande di internet, della età del ferro, del Rinascimento e della rivoluzione industriale" come sottolinea il documentario *Cryptopia: Bitcoin, Blockchains and the Future of the Internet* di Torsten Hoffmann.

Il concetto da comprendere per inquadrare la rivoluzione, come è stato accennato in precedenza, si chiama decentralizzazione.

Il fenomeno rivoluzionario, come abbiamo appena visto, si basa sulla catena di blocchi, il mega sistema operativo diffuso in migliaia di computer di tutto il mondo migliora gli scambi tra persone in modo veloce e a basso costo.

Cosa si può scambiare con questo sistema? Di tutto. Tutto può essere convertito in token ed essere scambiato su una rete blockchain.

Quattro caratteristiche importanti di questa tecnologia sono la trasparenza, la crittografia, l'inalterabilità e la decentralizzazione. Sembra essere l'altra faccia della moneta di una società poco trasparente, centralizzata e che scambia informazione costantemente modificabile "a convenienza".

La blockchain è un software che permette scambi *peer to peer*, tra individui. È un codice aperto a tutti, *open source*, che sta riunendo menti brillanti del mondo per un progetto rivoluzionario comune.

Ivan on Tech, un guru di CryptoGiungla, è un programmatore di software svedese. Nel suo documento *11 Use Cases for Blockchain*[97] indica le macro aree in cui la blockchain creerà nuove opportunità di progresso.

---

[96] Sembra essere la stessa cosa, ma non è così. Bitcoin, con maiuscola si riferisce alla blockchain, ossia alla rete dove viaggia la moneta che invece si scrive con la minuscola, bitcoin. La stessa cosa avviene per le altre reti blockchain. Per esempio, Ethereum è la famosa blockchain, mentre la sua moneta si chiama ether.

[97] ivanontech-academy.s3.eu-north-1.amazonaws.com/IOT_-_11_Use_cases_By_Industry.pdf

La blockchain viene utilizzata per pagamenti e cryptovalute, come ben sappiamo, trading e finanza commerciale, gestione della *supply chain*[98], salute, assicurazioni, prevenzione frodi e riciclaggio di denaro, finanza decentralizzata, identità nel senso di poterla certificare grazie alla blockchain, qualcosa di ovvio in Occidente e meno in altre parti del mondo. È utile anche per finanziare piccole e medie imprese e sarà ampiamente utilizzato per l'amministrazione. È utile per fare sorgere progetti di tutti i tipi, perché con la blockchain è facile finanziarli grazie alla portata globale e alla semplicità di invio dei fondi. Se hai un progetto, nel mondo crypto puoi riuscire a finanziarlo senza burocrazia e riuscendo a riunire l'interesse di persone sparse per il mondo.

Il Governo grazie alla blockchain può migliorare la protezione dei dati delle persone, semplificare i processi e prevenire l'uso fraudolento e abusivo dei servizi governativi. Un altro settore che sta immaginando un futuro florido grazie alla blockchain è il *real estate*, il mercato immobiliare. La tokenizzazione in questo settore può avere applicazioni ancora impensabili. Sta perfino nascendo un mondo parallelo completamente virtuale, il Metaverso, che sarà l'internet del futuro. La Web3 è un nuovo concetto dove leggi, scrivi e possiedi. Il Metaverso come vedremo è una invenzione del popolo crypto, non di Facebook. Nell'idea del Metaverso di Facebook non possiedi proprio nulla. Al massimo sei tu a essere posseduto. Sei tu il prodotto.

Finalmente anche lo sport utilizza la blockchain con nuovi modelli utilizzati per creare nuovi benefici. Ma questo è solo un piccolissimo spaccato degli infiniti campi di applicazione della rete di blocchi.

La blockchain è nata con una logica e un nuovo approccio strategico per gli scambi a livello globale[99].

Gli ingegneri sono affascinati da questa macchina. Ho sentito dire più di una volta che il codice di bitcoin è un gioiello. Per gli altri, non ingegneri, è sufficiente capire a fondo a cosa serve e qual è la logica che lo muove. E capire che questa nuova autostrada che facilita gli scambi è anche molto trasparente.

---

[98] Nel commercio, una *supply chain*, una catena di approvvigionamento è un sistema di organizzazioni, persone, attività, informazioni e risorse coinvolte nella fornitura di un prodotto o servizio a un consumatore. (Wikipedia).

[99] Tutto si basa sul modo di immagazzinare le informazioni relative agli scambi, che sono contenute in blocchi. Ogni blocco da creare necessita del consenso della *community*. Il consenso si basa sulla verifica della veridicità e dell'origine del valore scambiato. Solo quando c'è un consenso generale, le operazioni vengono eseguite. Quando arriva l'ok dalla rete, si forma un nuovo blocco e questo è collegato in modo permanente e immutabile al blocco precedente. In pratica la blockchain è un protocollo di comunicazione, un database molto diffuso.

Tutti possono consultare la rete e verificare tutte le operazioni che sono avvenute. È una enorme vetrina dove è impossibile mentire.

Il programma di Satoshi Nakamoto stabilisce di arrivare ad avere nel mercato un massimo di 21 milioni di bitcoin. Ma non sono stati emessi tutti il primo giorno. Il sistema prevede una produzione continua di nuovi bitcoin, calcolata e metodica. I bitcoin si estraggono come in una miniera attraverso dei computer che lavorano per la rete di blocchi e verificano le operazioni, registrano i dati e chiudono i singoli blocchi, per ricevere una ricompensa dalla rete. Questo è il *mining*[100].

Il mio portafoglio, wallet, di cryptomonete si connette alla rete di blocchi e può essere aperto solo attraverso delle chiavi private che conosco solo io. Se si comprasse un mega computer per indovinare le chiavi private di un account le combinazioni possibili sono una quantità tale che servirebbero tre "Soli" per avere l'energia necessaria per indovinare la chiave e qualche miliardo di anni. Forse con i computer quantistici i tempi non saranno così lunghi, ma comunque bitcoin sembra essere blindato. Quindi se perdi le chiavi è chiaro che hai perso per sempre l'accesso ai tuoi bitcoin.

Le chiavi pubbliche invece servono per dialogare con l'intera rete della blockchain. Quando ho dei bitcoin nel mio wallet e invio una quantità a un altro wallet lancio al mercato l'ordine di trasferimento. I gestori dei blocchi - computer sparsi per il mondo che minano le monete, creandole dal nulla con un criterio specifico - ricevono l'ordine, verificano che il mio wallet ha i fondi necessari per la transazione e ne verificano la provenienza. Quando si raggiunge il numero necessario di verifiche, nel giro di qualche secondo o al massimo qualche minuto, l'operazione va in porto. Ossia il valore in questione viene trasferito dal mio wallet a un altro. Quando si chiude un blocco, che registra tutte le operazioni in un lasso di tempo, rimane legato a quello anteriore in modo indelebile, *inscalfibile*, e l'intera catena è fotocopiata su tutti i computer del mondo come fosse un backup globale, praticamente imperdibile.

Il tentativo di manomettere un blocco è inutile. La modifica delle chiavi virtuali che uniscono i blocchi, chiamate *hash*, corrompe il blocco in modo irreparabile e il blocco sarà eliminato dalla blockchain.

Ogni blocco, per essere ammesso, deve essere verificato, accettato e crittografato. Per chiudere un nuovo blocco ci sono vari metodi. Il primo

---

[100] Bisogna stare attenti e accettare il fatto che qualunque parte tecnica al principio ha bisogno di pazienza e probabilmente di alcune letture in *loop*. Non è utile frustrarsi o mollare la presa. Bisogna avere pazienza e piano piano il quadro, la mappa, della CryptoGiungla sarà chiara. Posso assicurare che, dopo gli sforzi, chiunque abbia capito a fondo come funziona e in cosa consiste questo fenomeno ha deciso di mettere le radici. Comprese le banche.

inventato da bitcoin è stato il *proof of work*[101], dove è necessaria una grande potenza di calcolo che risolve un complesso problema informatico. Una volta risolto il quiz computazionale, il blocco si chiude per sempre.

Negli anni questo sistema energeticamente dispendioso è stato sostituito da altri sistemi come il *proof of stake*[102] o il *proof of history*[103], per esempio.

Ora nel *mining* per la formazione di ogni blocco si ragiona così. La soluzione è stata implementata nella blockchain di Ethereum inizialmente. La decisione su quale nodo ha il diritto di validare un blocco è casuale, dando maggiore probabilità a coloro che soddisfano una serie di criteri, come per esempio dimostrare di avere maggiore liquidità rispetto agli altri e il tempo di partecipazione alla rete, per esempio. Un blocco ha molta liquidità se molti cryptocittadini, investitori, si fidano e hanno offerto i loro fondi a quel nodo, come deposito. Più le persone si fidano, maggiore è la riserva di cryptovaluta che possiede il *miner*, maggiore è la fiducia in questo nodo, maggiore è la probabilità che gli venga concesso il diritto di sigillare i blocchi e quindi di poter ricevere la ricompensa. Gli investitori, in cambio di questo generoso gesto, ricevono delle soddisfacenti ricompense. Una sistema circolare dove tutti sono incentivati a collaborare e ricompensati per questo.

Un altro grande vantaggio di questo nuovo sistema di validazione *proof of stake*, rispetto al precedente *proof of work*, riguarda la sicurezza globale della blockchain.

Un attacco finanziario alla blockchain potrebbe essere immaginato teoricamente solo se un nodo minatore dannoso avesse il 51% della potenza di calcolo dell'intera rete. Ciò creerebbe un disastro permettendo di manipolare la blockchain a piacimento. Ma in un sistema *proof of stake*, lo

---

[101] Un computer che chiude un blocco riceve una ricompensa nella valuta della blockchain, ad esempio nella blockchain di Bitcoin il computer minerario che chiude un blocco verrà ricompensato con bitcoin.

[102] *Proof of stake*, è la prova di partecipazione, in italiano.

[103] *Proof-of-History* (PoH) è un algoritmo blockchain complementare al metodo di consenso *Proof-of-Stake* (PoS), che mira ad accelerare il processo di consenso fornendo un mezzo per codificare il tempo stesso sulla blockchain. Consente ai nodi della rete non solo di fidarsi dei *timestamp* dei blocchi, ma anche di verificare crittograficamente il momento e l'ordine di occorrenza dei messaggi o degli eventi che si verificano nella rete. In questo modo si evita che i validatori debbano comunicare tra loro per concordare, per tempo, quanto accaduto in rete, evitando i colli di bottiglia del metodo *Proof-of-Work* (PoW) e riducendo notevolmente i tempi di consenso. Questo protocollo crea una cronologia con *timestamp* esatti di tutto ciò che accade nella blockchain, che ci consente di provare che un messaggio o un evento si è verificato in un determinato momento dopo un evento ma prima di un altro. In questo modo, se siamo interessati a conoscere gli eventi passati di un determinato token, indirizzo o smart contract, dobbiamo solo guardare i record temporanei passati di quegli elementi e sapremo tutto, dalla sua origine al momento presente. (Wikipedia).

scenario sarebbe possibile solo se l'attaccante possedesse il 51% di tutte le monete. Se ciò dovesse accadere, il valore della valuta tenderebbe a diminuire insieme alla fiducia del mercato. Se l'attaccante possiede il 51% di queste monete subirebbe una perdita finanziaria ciclopica. È chiaro che il sistema di *proof of stake* ha un alto potenziale dissuasorio.

La blockchain di Solana, per esempio, per assegnare le ricompense utilizza il metodo *proof of history,* molto più veloce. Infatti le operazioni che si effettuano sulla blockchain Solana sono sorprendentemente veloci, praticamente immediate.

Queste operazioni di verifica e stivaggio delle informazioni e creazione dei nuovi blocchi nel mosaico globale della mega biblioteca di dati viene realizzata da computer situati in ogni parte del mondo. La maggior parte si trovava in Cina con il 67% nel 2020, quota scesa drasticamente dopo le proibizioni estive del Governo su tutto il settore crypto, si minava soprattutto nella regione dello Xinjiang, dove veniva estratto il 36% di bitcoin. Adesso gli Stati Uniti sono i leader con il 35,4%[104]. Segue il Kazakhstan con 18%, Russia 11%, Iran, Malesia, Canada, Germania, Irlanda, in questo preciso ordine[105].

Anche se i grandi minatori sono localizzati in zone precise, la partecipazione alla miniera blockchain è capillare in tutto il mondo ed è tangibile come questa tecnologia sia basata sulla diffusione, in grado di coinvolgere chiunque ed essere a disposizione di tutti.

L'investitore nel mondo crypto collabora offrendo i propri fondi al minatore e riceve una ricompensa, il computer minatore fa il suo lavoro di verifica e archiviazione e riceve una ricompensa. Chi mantiene la rete con aggiornamenti continui del software *open source* riceve una ricompensa. Il mercato si giova di una rete efficiente, veloce e *low cost.* Chiunque può entrare e collaborare, investire e ricevere ricompense per il suo lavoro o per la sua generosa contribuzione.

Token

Sulla blockchain viaggiano i token. I token possono essere anche programmati per scambi di servizi o di valori distinti. I token più famosi sono le cryptomonete, come bitcoin, come ether, per esempio. Gli altri token esplosi nel 2021 sono stati gli nft, i token non fungibili.

---

[104] *U.S. becomes largest bitcoin mining centre after China crackdown,* Reuters, 13 ottobre 2021.

[105] www.statista.com/statistics/1200477/bitcoin-mining-by-country/

Il token e la tokenizzazione sono i concetti fondamentali di questa rivoluzione. Tutto è tokenizzabile e offre il vantaggio di potere incapsulare qualunque bene o servizio e qualunque valore in questa unità tecnologica che è facile da scambiare sulle reti blockchain e da tracciare nella rete di blocchi. Inoltre ha il vantaggio di essere programmabile a piacimento con quello che si chiama *smart contract* - introdotto da Ethereum, che ha lanciato cosí la rivoluzione -, così ogni token si comporterà sulla rete in modo automatico secondo le direttive che gli abbiamo dato.

La *token economy* permette di essere rapidi nelle transazioni e abbattere i costi, di essere flessibili e potere dare valore a qualunque cosa. Il vantaggio è quello di potere creare dei sistemi complessi e automatici che eseguono gli ordini fissati negli *smart contract*.

Il valore nel mondo crypto già si è moltiplicato in modo vertiginoso. Qualunque cosa anche la più bizzarra ha un valore e possibilmente anche un mercato.

Con gli *smart contract* che accompagnano i token in questa nuova maniera di vedere gli scambi è possibile personalizzare le transazioni e rendere più libero il mercato. La blockchain serve per fare trading, per assicurazioni, mercati finanziari, prestiti *peer to peer*, ma si dimostra utile e a basso costo anche in ambiti non finanziari, per il cosiddetto Iot, internet delle cose, per la gestione dell'identità, per l'e-voting, per la tracciabilità di ogni cosa, dal vino, alle opere d'arte, ai farmaci, per l'archiviazione dei dati, per la gestione della catena di rifornimenti, per la proprietà di beni immobili etc., solo per nominare una minima parte delle applicazioni possibili con questo sistema. E per gli autori potrebbe significare la fine dell'inaccettabile abuso collettivo perpetrato negli ultimi venti anni dal sistema attuale. Il copyright trova nella blockchain un alleato blindato. Sempre si potrà ricercare l'autore e si potrà grazie agli *smart contract* tributare in modo trasparente e definitivo il giusto compenso a chi crea, come vedremo in seguito.

Anche le Ico, *initial coin offering*, sono nate grazie a questo sistema e sono un metodo per finanziare nuovi progetti e le startup. Una sorta di *crowdfunding* basato sulla moneta specifica lanciata dall'impresa. Sono gli equivalenti del "mondo fisico" chiamati Ipo, *initial public offering*, che sono strettamente vigilate normativamente dagli enti regolatori e richiedono l'intervento di attori istituzionali come le banche d'affari, studi legali, che guidano le imprese attraverso il processo[106].

Le Ico sono più rapide ed economiche, non hanno bisogno di grande burocrazia, di avvocati, di carte e documenti. Sono più *low cost* e per lanciarle

---

[106] *Il Futuro del Valore, 2020, libro di* P. Sorgentone.

è sufficiente un token, una pagina web e il marketing su Discord, Telegram e Twitter per farlo conoscere.

Questo rappresenta un vero esempio di come funzioni la CryptoGiungla, libera, rapida e senza protezioni. Le basse barriere d'ingresso nel lancio di progetti, token e monete, aumentano i rischi e bisogna stare molto attenti al momento di investire perché tra le migliaia di nuove Ico e di nuovi relativi token una piccola parte sono delle vere e proprie frodi.

Sulla blockchain viaggiano anche i più recenti *security token*[107], che sono utili come delle azioni, per i soci di una azienda o per votare. Una utilità per molti settori, dall'agroalimentare, al finanziario, alla sanità, la pubblica amministrazione, per le imprese, per gli artisti, per l'informazione, per gli individui, etc.

La rivoluzione è nata con Ethereum

Bitcoin è conosciuto dalla moltitudine. Ma in molti non hanno mai sentito parlare di Ethereum. Nell'universo crypto esistono le costellazioni, che sono le blockchain. Non esiste una sola blockchain, ne esistono molte. La prima come sappiamo è stata Bitcoin, la grande invenzione, ma poi dall'esperienza del "re della foresta" sono nate delle nuove inquietudini raccolte da giovani scalpitanti che hanno colto con i loro acuti neuroni e con le dita affilate una scintilla che avrebbe potuto cambiare il mondo. Ed è quello che sta succedendo.

Ethereum è una blockchain *open source*, con codice aperto, e decentralizzata. Ed ether è la sua moneta. Ha certe similitudini con bitcoin, ma è differente per le sue caratteristiche funzionali come gli *smart contract*, che sono stati inventati con questa blockchain e hanno fatto scoccare la scintilla della rivoluzione. Bitcoin ha dato le basi, ha portato una moneta forte e un sistema efficace. Ethereum ha aggiunto un livello a questa tecnologia permettendo l'immersione di progetti e imprese nella rete di blocchi, cambiando cosí l'evoluzione umana verso un progresso molto rapido.

Il progetto è nato nel 2014 da un post-adolescente dal nome Vitálik Buterin, ai tempi di 19 anni, da tutti definito come un tipo molto intelligente. Ha rivoluzionato cosí tanto il mondo da essere stato indicato come una delle

---

[107] I *security token* sono essenzialmente contratti digitali e liquidi per frazioni di qualsiasi *asset* che ha già valore, come beni immobili, un'auto o azioni aziendali. L'utilizzo di token di sicurezza significa che gli investitori possono aspettarsi che la loro quota di proprietà sia preservata sul registro blockchain. I token di sicurezza sono disponibili in molte forme diverse, inclusi token hardware che contengono chip, token USB che si collegano a porte USB e token Bluetooth wireless o portachiavi elettronici programmabili, che attivano i dispositivi da remoto. (investopedia.com).

cento persone più influenti del 2021 dalla rivista Time.

Vitálik ha iniziato a lavorare con Bitcoin[108] come programmatore all'età di 16 anni, nel 2011. Suo padre aveva patito le conseguenze dell'inflazione galoppante in Russia e fu costretto a emigrare. Finí a Barcellona, in Catalogna.

Buterin ha individuato le carenze di Bitcoin e ha creato Ethereum come una blockchain di seconda generazione[109].

La sua idea innovativa è stata quella di creare una piattaforma capace di offrire lo stoccaggio, l'archiviazione e l'esecuzione di programmi informatici in una rete di blocchi diffusa. In pratica il ragazzo Buterin ha spinto il concetto di blockchain verso un nuovo orizzonte incredibilmente vasto. La blockchain non doveva servire solo per le cryptomonete, ma sarebbe diventata una macchina virtuale. L'Ethereum Virtual Machine capace di far funzionare software di ogni tipo nel suo sistema operativo diffuso, ha aperto le porte a migliaia di applicazioni che sono fiorite su Ethereum, diventata così la blockchain di riferimento del mondo crypto, un luogo digitale adatto per le idee più innovative applicate a qualunque tipo di settore. I token su Ethereum sono programmabili con gli *smart contract* che contengono tutta la informazione, la programmazione del momento di esecuzione, il contenuto della transazione etc. Nessuno può alterare la programmazione di uno *smart contract* una volta creato.

Ethereum ha un grande difetto che può mettere al rischio il suo futuro. Sulle blockchain qualunque operazione si paga. Su Ethereum questi costi sono altissimi. I costi sono chiamati *gas fee*. Ogni attività in Ethereum ha un costo in *gas*. I *gas* hanno un valore costante che non fluttua con il prezzo dell'ether e nessuna transazione potrà valere più di 21 mila *gas*. Operare su questa blockchain sta risultando sempre meno al passo dei tempi, visto che i *competitor* hanno già risolto il problema dei costi alti delle operazioni. Se una operazione su Ethereum può costare decine di dollari o centinaia, su una blockchain più moderna come Solana[110] o come Binance Smart Chain[111], può valere solo qualche centesimo. Le transazioni nella blockchain di Binance sono molto più a buon mercato e possono arrivare a costare anche venti

---

[108] Le blockchain e lo stesso Bitcoin ha bisogno di continua manutenzione e aggiornamento. Essendo un software *open source* programmatori di tutto il mondo possono collaborare a questo scopo.

[109] *La storia di Ethereum*, stormgain.com.

[110] Una delle più promettenti blockchain. La sua cryptomoneta è sol. Ha la caratteristica di essere velocissima nelle operazioni.

[111] Questa è una blockchain molto utilizzata, è centralizzata, con costi delle operazioni molto basso.

volte meno rispetto al blockchain di Ethereum. Per inviare un solo token nft, ossia per esempio per mettere una opera d'arte in rete, su Ethereum i costi dovuti ai *gas fee* possono arrivare a costare più di cento dollari.

Ethereum è molto utilizzata da grandi investitori, mentre i piccoli investitori preferiscono operare su altre blockchain meno costose.

Va detto che gli aggiornamenti di Ethereum, chiamati Londra, Berlino, per esempio, hanno attirato molte applicazioni e nuove funzionalità che aumentano la fiducia in questa rete di blocchi. Nel 2021 l'ether ha raggiunto il suo massimo storico. Il problema degli alti *gas fee* non è stato risolto al momento della scrittura di questo libro.

Ogni quattro anni succede "qualcosa" che influisce nel mercato del bitcoin. E il mercato del bitcoin si tira dietro quasi tutto il resto del cryptomercato. Se il re della CryptoGiungla sale, le altcoin - tutte le altre cryptomonete - salgono. Se cade, cade tutta la CryptoGiungla.

Nella rete un computer che chiude un blocco riceve una ricompensa nella moneta della blockchain, nel caso della rete di Bitcoin il computer minatore che chiude un blocco verrà ripagato con dei bitcoin. La quantità della ricompensa è definita a priori dall'algoritmo originario e prevede nel caso del bitcoin che questa ricompensa sia sempre più bassa del 50% circa ogni 4 anni. Ogni 210 mila blocchi creati avviene il cosiddetto *halving* di bitcoin. Questo ciclo è considerato uno dei più importanti nella vita di questa blockchain.

Il popolo crypto aspetta questo momento con grande entusiasmo.

Se sono entrato nella CryptoGiungla si deve anche all'*halving*, infatti nella primavera 2020 è scattato con euforia il nuovo ciclo che ha portato i minatori a ricevere una nuova quantità di bitcoin, 6,5 btc[112] per ogni blocco chiuso. L'*halving* è importante perché marca un momento chiave a partire dal quale ci saranno a disposizione nel mercato meno bitcoin e il riflesso sul prezzo è un aumento considerevole del valore della moneta. Più domanda, meno offerta, il prezzo sale.

---

[112] btc è la sigla che identifica il bitcoin.

Ho potuto verificare che le previsioni si sono avverate e da aprile 2020 per un anno intero il prezzo del bitcoin ha galoppato verso l'alto passando dai 6 mila di marzo ai 64 mila dello stesso mese un anno dopo.

Dopo l'ascesa vertiginosa normalmente si registra il crollo del prezzo, in quel momento i più esperti del mercato comprano e il prezzo ricomincia una salita progressiva che culminerà nel prossimo *halving* nel 2024.

In questa previsione dei prossimi anni molti pensano che il bitcoin toccherà i 100-150 mila euro e nel futuro a medio termine potrebbe raggiungere i 500 mila euro o perfino un milione. Come ci insegna l'esperto broker per eccellenza Graham, nessuno conosce il futuro.

Però da quando sono immerso nella CryptoGiungla la gran parte delle previsioni si sono avverate.

Per dare un senso equilibrato alla sfera di cristallo bisogna anche tenere presente, e lì risiede la trappola, che secondo il *tamtam* della CryptoGiungla i previsti 100 mila o addirittura il milione di dollari convivono con un crollo simile a quello del 2017.

Bitcoin andrà a finire a zero? Improbabile.

Il prossimo crollo sarà del 20%, del 40%? Non tornerà sotto i 27 mila dollari? Sotto i 20 mila? In verità tra grafici e analisi con linee contorte, tra alchimie digitali e oracoli vari, nessuno lo sa. Bisogna solo tener presente il "grande crollo", il "lungo inverno" come lo chiamano nella CryptoGiungla, perché è una possibilità altamente probabile.

Il 3 gennaio 2009, data del lancio di bitcoin, la ricompensa per ogni blocco era di 50 btc. Nel 2012 il primo *halving* ha ridotto il premio a 25 btc. Nel 2020 si è passati attraverso il quarto *halving* che, come detto, ha ridotto la ricompensa a 6,25 btc. L'ultimo *halving* si vivrà intorno all'anno 2140 e segnerà la fine della miniera conseguente al raggiungimento dei 21 milioni di bitcoin previsti.

In circolazione ci saranno 2 100 000 000 000 000 satoshi.

Il bitcoin nasce da tentativi di monete virtuali anteriori che non erano riuscite a risolvere il problema del *double spending*.

Nel caso di bitcoin potere spendere la stessa moneta due volte farebbe crollare tutto il castello della fiducia. Il software *peer to peer* e *open source* di Bitcoin risolve questo problema assegnando a ogni moneta un Id, una sorta di carta d'identità non modificabile. In questo Id è racchiusa la storia di quella moneta con tutti i suoi passaggi, sin dalla sua creazione.

Il vantaggio di questo sistema è che permette una sicurezza assoluta nelle transazioni, una tracciabilità a fronte di costi minimi per ogni transazione e una rapidità non conosciuta fino a oggi.

Questa facilità di scambio aumenta la liquidità del mercato e incoraggia l'aumento degli scambi, che fino a oggi con il sistema vigente è anchilosato su ritmi tremendamente lenti.

Il prezzo di bitcoin è una *stella del rock* secondo la visione superficiale della maggior parte di ciò che si riflette nei media. Un giorno sembra raggiungere un milione di dollari e il giorno dopo sembra arrivare a zero. In questi due casi tutti parlano di bitcoin. L'altro caso è il fatto che bitcoin utilizzerà tutta l'energia del mondo.

In realtà, chi studia bitcoin ha fiducia nel proprio futuro essenziale per diversi motivi. Finanziario, tecnologico, computazionale, concettuale e strategico.

Il sistema finanziario e monetario incoraggia l'instabilità, la fragilità o la creazione di bolle patrimoniali, mentre le cryptovalute possono aiutare a mitigare questi problemi. Bitcoin, grazie alla tecnologia blockchain che lo supporta, offre un servizio di pagamento affidabile e sicuro, "chiamato a resistere al monopolio monetario delle banche centrali", come presentato dall'interessante libro *The Bitcoin Pattern* di Saifedean Ammous.

A livello tecnologico il bitcoin sembra essere un vero gioiello, come si evince dal famoso libro *Mastering Bitcoin* di Andreas Antonopoulos o *Programming Bitcoin* di Jimmy Song.

Con euro, dollari e valute tradizionali siamo abituati all'anonimato. Nessuno ti chiede la tua identità quando compri in un supermercato. Con la digitalizzazione delle transazioni con carte di credito e di debito, tutto ciò che facciamo è tracciabile e controllato dal governo. "Man mano che abbiamo iniziato a rinunciare al contante a favore dei pagamenti digitali, abbiamo anche creato un sistema in cui diamo poteri straordinari a coloro che desiderano opprimerci", avverte Yan Pritzker nel libro *Inventing Bitcoin: The Technology Behind the First Truly Scarce and Decentralized Money Explained*.

Bitcoin è impossibile da falsificare. Per verificare se una banconota era falsa ricordo in passato il benzinaio che lo alzava al cielo per guardarla in trasparenza, lo scrutava in un modo molto particolare, toccandolo accuratamente con le dita. Con bitcoin a verificare che la transazione sia valida se ne occupa l'informatica decentralizzata e la trasparenza della rete, ogni transazione è pubblica e consultabile. Essendo la blockchain incorruttibile, la falsificazione non rientra tra le possibilità tecniche[118].

Bitcoin privilegia l'anonimato nella sua struttura perché nessuno vede il tuo

---

[118] Ogni settore potrà trarre beneficio dalla nuova tecnologia. Per fare solo uno dei molteplici possibili esempi, le grandi marche di auto come Bmw, Honda o Ford, hanno adottato la blockchain per evitare frodi nelle vendite delle auto usate.

nome da nessuna parte. L'unica cosa di tuo che appare pubblicamente è la chiave pubblica del tuo wallet con tutti i movimenti associati.

Ultimamente le autorità hanno obbligato le piattaforme di interscambio di monete centralizzate, cioè quelle che fanno capo a una impresa, a richiedere agli utenti le loro credenziali e documenti di identità. Per ora il mondo crypto viaggia tra anonimato e controllo. Come si evolverà sarà interessante, perché in molti tra il popolo crypto sono convinti che l'anonimato sia una necessità vitale per il progresso della nostra società.

L'attuale tentativo di controllo dell'identità chiamato *kyc* da parte delle istituzioni è rivolto agli *exchange* in cui viene acquistata qualunque cryptovaluta, ma in realtà è un filtro che può essere aggirato dirigendosi ai Dex gli *exchange* decentralizzati, ossia senza nessun padrone. I Dex sono della comunità.

Un altro problema è la svalutazione cronica della moneta tradizionale.

Il denaro tradizionale perde di valore, come abbiamo visto, a causa dell'incapacità dei governi di stare lontani da questa pericolosa arma della svalutazione del denaro. Il dollaro sta perdendo valore in modo preoccupante.

Il popolo della CryptoGiungla insiste spesso nel non fidarsi del denaro fiat e specificamente nel dollaro statunitense.

Il bolivar venezuelano è passato da 2 bolivar per dollaro Usa nel 2009 a 250 mila per dollaro dieci anni dopo. La lira turca sta vivendo una preoccupante svalutazione. L'inflazione ha toccato livelli record anche in occidente. Record negli Stati Uniti, nel 2021 si è registrata l'inflazione più alta degli ultimi 30 anni, al 7%. Record in Spagna con il 5,5%, non succedeva dal 1992. In Italia raggiunge i massimi del 2008, arrivando quasi al 4%. *L'inflazione ora morde l'Italia*, titolava La Repubblica a fine novembre 2021. Mentre il presidente della Federal Reserve assicurava che "l'inflazione che sale in tutto il mondo non è un fenomeno transitorio, ma un problema con cui bisogna fare i conti".

I cittadini del mondo si rendono conto che il loro potere d'acquisto è in costante diminuzione e cercano soluzioni per il loro futuro e per il futuro dei loro figli. Per questo molti investitori, molte aziende, anche istituzioni e Stati si stanno rivolgendo al mercato dei bitcoin.

La strategia di Satoshi Nakamoto che prevede 21 milioni di bitcoin come numero massimo di moneta nel mercato e una ferrea immissione preprogrammata e scaglionata dei nuovi bitcoin sul mercato, lo protegge dalla svalutazione, prospettando un futuro apprezzamento del suo valore. Nessuna moneta prima aveva chiarito il suo futuro in questo modo immutabile, definito e conosciuto a tutti *ab origine*.

Bitcoin, nella sua intenzione originaria, è sinonimo di libertà finanziaria e indipendenza dai Governi. Milioni di persone contribuiscono allo sviluppo del software bitcoin o seguono costantemente il mercato come investitori. È stata accolta istituzionalmente ed è presente anche nel quotidiano economico della televisione nazionale. Insieme al Nasdaq, le notizie ormai parlano spesso, senza stereotipi, del mercato ribelle della più grande cryptovaluta.

Il nuovo oro

Nella CryptoGiungla si sente continuamente questa associazione tra l'oro e il bitcoin.
Rappresenta il bitcoin un nuovo oro?
Fin dalla notte dei tempi, l'oro è stato utilizzato sul pianeta Terra come riserva di valore a causa della sua scarsità e della sua impossibilità di riproduzione. E anche alla sua stabilità di valore. Dalle origini fino a oggi più o meno si potevano comprare gli stessi beni con la stessa quantità di oro. Contro le fluttuazioni del mercato, contro la volatilità, l'oro mantiene sempre una certa stabilità.
Tutti vogliono l'oro da sempre. E in ogni angolo della Terra. L'Italia ha la quarta riserva aurea più grande del mondo, 2453 tonnellate, circa 90 miliardi di euro, dietro agli Stati Uniti, la Germania e il Fondo Monetario Internazionale. Mille tonnellate sono custodito nella Banca d'Italia di via Nazionale 91 a Roma[114]. Il resto è custodito negli Stati uniti, Svizzera e Regno Unito. La Spagna ha una riserva di 281 tonnellate.
Sia l'oro che l'argento sono introvabili allo stato fisico, nonostante il prezzo basso. Il mercato vive nell'attualità una strana carenza di questi metalli.
Gli Stati Uniti starebbero per stampare nuovi trilioni di dollari e questo denaro avrà sempre meno valore, sempre meno potere d'acquisto. Secondo la cosiddetta legge di Thomas Gresham, quando due tipi di monete a corso legale circolano contemporaneamente in un Paese, e una di esse è considerata dal pubblico "buona" e l'altra "cattiva", la moneta cattiva espelle sempre dal mercato quella buona. Insomma, quando è obbligatorio accettare la moneta al suo valore nominale, e il tasso di cambio è stabilito per legge, i consumatori preferiscono conservare la moneta buona e non utilizzarla come mezzo di pagamento[115].

---

[114] *Geopop,* canale Instagram di Andrea Moccia.

[115] *La Legge di Gresham.* (Wikipedia).

Secondo la dinamica - come visto nel capitolo "Panorama" - predetta dal premio Nobel Hayek negli anni '70, bitcoin si pone come alternativa di valore perché ha risolto, come abbiamo visto, il problema dell'inflazione.

Chi ha bitcoin in questo momento non lo molla. Non vuoi pagare per una nuova bici o delle scarpe con qualcosa che alla fine potrebbe rivelarsi una riserva di valore con apprezzamento iperbolico. Chi ha comprato delle pizze con bitcoin nel 2011 sicuramente adesso si sta mordendo le mani.

Se il dollaro viene stampato dal governo senza freno e considerato che da Nixon in poi non ha più corrispondenza con l'oro, il sillogismo porta a grandi tensioni per gli analisti di mercato.

L'inflazione storicamente è stata una minaccia in molte occasioni. Il servizi segreti statunitensi sono nati da una idea di Abraham Lincoln datata 1865, perché alla fine della guerra civile quasi la metà delle banconote in circolazione erano false[116]. L'immissione di denaro, in questo caso falso, creò il caos economico e l'inflazione iniziò a galoppare. Un té costava 35 dollari. I servizi segreti avevano il compito di frenare la falsificazione. In India nel 2015 l'inflazione colpì, come arma strategica, quasi di guerra. Una montagna di banconote false furono immesse nell'economia da un Paese confinante. La risposta del governo fu drastica, invalidare con effetto immediato tutte le banconote di una certa quantità. Gli indiani si ritrovarono in tasca carta straccia, da un momento all'altro[117].

Il Senato degli Stati Uniti ha approvato il piano di Biden per immettere sul mercato uno stimolo di 1,9 bilioni di dollari. Denaro "inventato", critica la comunità della CryptoGiungla. Il mondo delle cryptovalute non si fida più del dollaro. La meccanica della stampa "a piacere" non ha mai funzionato nella storia. All'inizio offre uno stimolo al mercato, ma poi i lavoratori si trovano con in tasca soldi che valgono pochissimo e con il tempo si rendono conto di essersi impoveriti. È successo in Venezuela, Zimbabwe, in Argentina, in Italia, etc.

Ecco perché l'oro è una soluzione. Il dollaro viene utilizzato per la vita quotidiana, ma per proteggere la ricchezza tutti cercano oro, argento e bitcoin. Bitcoin è il più facile da trovare per ora, perché nonostante si sia apprezzato enormemente nell'ultimo anno, ha ancora un valore basso rispetto alle previsioni stratosferiche (e non verificabili). È raro che sia così difficile trovare oro e argento al dettaglio, qualcosa da conservare in cassaforte perché attualmente i prezzi bassi dovrebbero essere sinonimo di

---

[116] Le banconote erano tutte diverse e questo facilitava la falsificazione. *The global economy this giant beast*, (Lee Farber, David Laven 2019). Docuserie.

[117] *The global economy this giant beast*, (Lee Farber, David Laven 2019). Docuserie.

grande liquidità, di facile reperibilità sul mercato. Ma a quanto pare, come ricorda il controverso uomo d'affari Robert Kiosaki, qualcuno starebbe manipolando il mercato, perché questi metalli sono usati in grandi quantità per i dispositivi elettronici e il loro prezzo dovrebbe essere alle stelle di questi tempi.

Se la previsione di un milione per ogni bitcoin si avverasse sarebbe un buon acquisto anche a 80 mila o 100 mila dollari. Anche a 500 mila per ogni bitcoin sarebbe un affare.

Inoltre, sono previsti 21 milioni di bitcoin e sempre meno sono disponibili. È molto probabile che il prezzo salga alle stelle a causa della fiducia e della difficoltà sempre maggiore di poterlo comprare. Come è sempre stato per l'oro.

L'equilibrio tra la valuta tradizionale e la nuova cryptovaluta sta vivendo un nuovo momento. Secondo il filosofo dell'Università La Sapienza di Roma Emiliano Ippoliti, autore di *A Philosopher on Wall Street*, le grandi istituzioni finanziarie non saranno più in grado di trasmettere la politica monetaria. E il ruolo delle banche commerciali è in forte dubbio.

Da Lorenzo de' Medici in poi, le banche hanno sempre cercato di monetizzare i debiti a proprio vantaggio, lasciando il rischio sulle spalle della comunità. La sfida per le banche centrali è questa, entrare nel mondo crypto evitando di aprire un vaso di Pandora e rischiando di tornare alla banca dell'Unione Sovietica, come sostiene Donato Masciandaro, esperto bancario e finanziario della Bocconi di Milano.

Alcune banche centrali come in Svezia o Uruguay si sono mosse in tempo per ragioni diverse. In Svezia, le persone non usano la valuta fisica. In Uruguay la valuta compete con il dollaro. Come afferma l'economista Marcello Minenna, "non è certo che le banche non possano partecipare in alcun modo a questa dinamica competitiva. Il sistema finanziario mondiale risentirà di questa novità. Conviene quindi ridisegnare le dinamiche tra imprese e cittadini, banche e banca centrale".

La verità è che le cryptovalute non scompariranno e cambieranno il panorama globale con nuove forme di scambio tra privati, aziende e istituzioni finanziarie. Con ogni probabilità le istituzioni, le aziende, le persone avranno le loro cryptovalute.

Quale sarà la moneta unica del pianeta?

Bitcoin raggiungerà un milione di dollari?

E se si materializzasse il peggior scenario possibile, ovvero un *bug* tecnico, un buco nero nella perfezione tecnologica di Bitcoin, come ad esempio nel caso della temuta doppia spesa?

In questo caso, passerà da *store of value* a zero.

Una società di investimento con sede nel Regno Unito, Ruffer Investment
Company Limited, con azioni quotate nella Borsa di Londra, ha rivelato di
aver aggiunto bitcoin al suo Fondo Multi-Strategy, principalmente "come
mossa difensiva contro la svalutazione continua delle monete fiat". Il fondo
ha ora circa il 2,5% delle sue attività in bitcoin.
JP Morgan ha affermato che il bitcoin sta tranquillamente mangiando la
quota di mercato dell'oro.
Il guru che seguo nel trading consiglia sempre di avere una quota di capitale
in oro, anche se il più delle volte abbiamo accesso a un valore fittizio legato al
prezzo dell'oro, ma non acquistiamo il metallo stesso.
A questi ragionamenti se ne aggiunge uno inconfutabile. Anche se il prezzo
dell'oro crollasse, rimane pur sempre oro. Secoli di utilizzo come riserva di
valore non verranno cancellati dall'arrivo di bitcoin. La cryptovaluta si pone
come alternativa con ottime prospettive di crescita del suo valore. Ma l'oro
con ogni probabilità sarà sempre un simbolo di stabilità globale.

BITCOIN ENERGETICAMENTE INSOSTENIBILE?
Una nuova soluzione

L'argomento principale degli oppositori del bitcoin è l'energia.

È in particolare l'inquinamento causato dal consumo di energia necessario per creare le cryptomonete bitcoin. È interessante come per le compagnie aeree *low cost* coincidesse l'argomento, quando iniziarono ad avere un peso enorme in Europa minacciando il monopolio delle compagnie di bandiera, l'argomento denigratorio era l'inquinamento dell'ambiente.

Senza dubbio, la nostra generazione dovrà prendere misure drastiche per preservare il nostro pianeta, ma gli argomenti usati contro il *low cost* potrebbero essere utilizzati per tutti gli altri settori. Il settore che più inquina nei trasporti è l'auto. Ridurre le auto non sarebbe male per motivi pratici, ecologici ed estetici. Ma il produttivismo, che come effigie ha un furgone bianco, non contempla minimamente la riduzione della produzione di auto. Le auto sono ovunque e sono le più presenti nel mondo pubblicitario. Se c'è uno schermo, c'è un'auto che sfreccia creando una nuova necessità. Non ho mai sentito di una crociata contro le auto.

Il servizio di trasporti per turismo, per visitare la famiglia o per business, può essere preso di mira, ma i furgoni bianchi pieni di biscotti, no[118].

Con il *low cost* la polemica è stata sorprendente visto che le compagnie a basso costo volano con flotte nuove, aerei nuovi con emissioni al passo con la tecnologia più moderna, mentre le compagnie tradizionali hanno continuato ad utilizzare velivoli vecchi di 20 anni, con il conseguente inquinamento dovuta ai motori antichi. Alitalia volava negli anni 2000 con Dc-9 degli anni

---

[118] Ho una mania nei confronti dell'arredamento urbano. Se presti attenzione il furgone bianco è la costante di ogni inquadratura. Ovunque "appoggi l'occhio" ce n'è uno. Sono sempre dappertutto.

'70, per fare un esempio.

Con bitcoin il problema è il sistema *proof of work*. L'inventore Satoshi Nakamoto nel suo *white paper* ha indicato che per premiare i minatori della blockchain bisognava risolvere un ragionamento informatico molto complesso. Il minatore capace di risolvere il rebus informatico guadagna un numero di bitcoin stabilito in precedenza come ricompensa.

Questo sistema è funzionale all'interno della blockchain, ma a livello di dispendio energetico non è una grande idea utilizzare così tante energie per risolvere un problema informatico fittizio. Le nuove blockchain hanno tenuto conto di queste critiche e si stanno spostando dal sistema *proof of work* al più moderno *proof of stake,* in cui viene premiato il nodo minatore che ha più liquidità, non quello che risolve il *puzzle*. Ciò migliora la velocità della rete e crea costi energetici notevolmente più ridotti. Una delle più nuove blockchain e in crescita continua è Solana, ha prestazioni ottime e le operazioni sono velocissime. La Fondazione Solana indica nel *Rapporto sull'uso dell'energia di Solana: novembre 2021,* che la cryptovaluta consuma meno energia di 2 ricerche su Google. Una transazione sulla rete consuma solo 0,00051 kWh. Mentre due ricerche tramite Google hanno un consumo di 0,0006 kWh. Una transazione con la cryptovaluta di scalabilità[119] consuma 24 volte meno energia rispetto alla ricarica di un telefono cellulare.

Il rapporto cerca di dimostrare che Solana è progettato per essere una blockchain ad alte prestazioni. E altamente efficiente a livello energetico.

Un'altra risposta che si ripete molto nella CryptoGiungla a difesa di questo sistema è che gli impianti di *mining* di bitcoin sono sempre più localizzati in aree con maggiore disponibilità di energia e l'energia spesa, o "sprecata" se vogliamo, dalla rete Bitcoin, viene dai surplus che andrebbero persi senza essere utilizzati.

Bitcoin sembrerebbe utilizzare in generale nel mondo il 39% di energia rinnovabile.

Se provi a trovare informazioni univoche sull'energia utilizzata da bitcoin, entrerai in un mondo di confusione cronica. Il motivo è chiaro, molto comune con i dati, tutto dipende da come vengono letti e a cosa si riferiscono. L'impressione è che questo tema venga utilizzato ripetutamente

---

[119] Le blockchain sono in continua evoluzione e si cercano soluzioni per permettere sempre più operazioni senza mettere a rischio il funzionamento della rete e ottimizzando i costi. Il *proof of stake* come abbiamo visto, è un metodo che migliora l'efficienza anche energetica. Bitcoin, per esempio, per non avere problemi di congestione si dirige a pagamenti *off-chain* o al sistema chiamato Lightning Network. Il Lightning Network è un protocollo di pagamento di secondo livello che permette di realizzare veloci scambi tra i nodi partecipanti risolvendo il problema della scalabilità dei bitcoin, per esempio.

quando la cryptovaluta batte un nuovo record. Nell'elenco degli argomenti preferiti dai detrattori la classificazione è più o meno sempre la stessa. È una bolla, argomento principe. È troppo volatile per essere una riserva di valore. Ha fallito come veicolo di pagamento. É una truffa. Viene utilizzato per attività illecite. Non è supportato da nulla. Il mio cane ha mangiato il mio portafoglio bitcoin. E il più frequente: l'ambiente[120]. Tutte accuse senza grande sostanza argomentativa o completamente surreali.

I critici affermano che l'industria mineraria dei bitcoin consuma molta energia ed è dannosa, attualmente 120 twh (terawatt/ora all'anno), l'equivalente di un Paese come la Norvegia.

Il Cambridge Bitcoin Electricity Consumption Index stima che il consumo energetico annualizzato del mondo crypto sia di circa 127,48 terawatt/ora. Bitcoin rappresenterebbe lo 0,51 percento della produzione globale di elettricità e lo 0,59 percento del consumo totale di elettricità.

Bitcoin è una realtà imponente in tutto il mondo. Si stima che rappresenti la sesta base monetaria più grande sulla Terra escludendo oro e argento, dietro l'Eurozona, gli Stati Uniti, la Cina, il Regno Unito e il Giappone. È normale che con queste dimensioni debba consumare energia. Ma si trova nella classifica dietro questi paesi come consumo e il suo "Pil", prodotto interno lordo[121], è paragonabile aquello di uno Stato. Il Pil dell'Ucraina, ad esempio, è di circa 150 miliardi di dollari. Il valore di tutti i bitcoin estratti è di 940 miliardi di dollari, superiore al Pil combinato dell'Ucraina e del secondo maggior consumatore di energia, la Svezia, con un Pil di 530 miliardi di dollari.

I colossi della carne inquinano più della Germania intera e persino del Big Oil. L'estrazione dell'oro sembra essere 50 volte più costosa dell'estrazione di bitcoin e della gestione della rete Bitcoin. L'oro consuma 131,9 twh. L'amatissimo anello d'oro per il dito anulare produce circa 20 tonnellate di rifiuti per unità.

Se si calcolasse la spesa totale del sistema bancario mondiale, raggiungeremmo cifre molto più alte tenendo conto di tutti gli edifici, di tutta la parte tecnologica, della logistica, dei server informatici, degli Atm, dei lavoratori, dei loro mezzi per raggiungere gli uffici. Per ora le stime di sintesi fissano il dato su 140 twh.

"Diffamare il *mining* di cryptovalute come un'attività intrinsecamente

---

[120] Ecco come ironizza Lawrence Wintermeyer nell'articolo *Il consumo di energia di Bitcoin è un dibattito molto carico - Chi ha ragione?*, Forbes, marzo 2021.

[121] Il PIL (Prodotto Interno Lordo) è il valore dei prodotti e servizi realizzati all'interno di uno Stato sovrano in un determinato arco di tempo. (borsaitaliana.it).

inquinante sembra intellettualmente disonesto", sottolinea Lawrence Wintermeyer dalle pagine di Forbes.

La rivista Nature nel 2018 ha avvertito sul fatto che se Bitcoin diventasse la principale forma di pagamento, il consumo di energia e le emissioni della sola cryptovaluta aumenterebbero la temperatura media globale di oltre 2°C in meno di 20 anni, rendendo così impossibile il rispetto dell'Accordo di Parigi. Come ha affermato Franck Leroe, in un articolo in cui invitava anche gli hacker verdi ad agire contro la cryptovaluta: "Bitcoin è il peggior spreco di risorse ed energia nella storia dell'umanità".

Il panorama è molto chiaro per prendere una posizione personale tra innovazione e politica, tra monopolio e progresso, tra indipendenza dalla finanza e poteri forti altamente nascosti. Il ricordo delle stesse critiche dirette alle *low cost* ci deve mettere in guardia per non cadere negli stessi errori del passato e guardare con realismo quello che è già successo. Il sistema decentralizzato, promosso da bitcoin, funziona molto meglio per la nostra vita collettiva globale e come è già successo per le *low cost,* malgrado la diffidenza e le critiche fragili, alla fine avrà la meglio sui metodi antichi ormai diventati inefficaci.

I *baby boomer* sono responsabili del più grande spreco di risorse della storia. I dati ecologici di due generazioni a confronto sono impietosi. In compenso, gli umani sono cresciuti da allora di oltre 2 miliardi e più siamo aumentati più sono salite le emissioni e gli effetti della crisi: negli ultimi 30 anni l'umanità ha fatto più danni al Pianeta che in tutti i secoli precedenti. Un solo esempio: dalla rivoluzione industriale al 1990 il globo ha prodotto 784 miliardi di tonnellate di anidride carbonica, mentre solo dal novanta a oggi ne abbiamo prodotte 831 miliardi di tonnellate in più.

La rivoluzione industriale ha rotto la stabilità climatica dell'Olocene[122] e nel 1988 sono state riversate nell'atmosfera della Terra 350 ppm milioni di parti di diossido di carbonio[123]. In quell'istante abbiamo superato i limiti di sicurezza. Da quel momento si stanno registrando dei cambiamenti nel nostro clima che promuovono il riscaldamento globale. Adesso il punto di concentrazione di diossido di carbonio nell'atmosfera è arrivato a circa 415 ppm parti su un milione. Aumentano gli incendi, le inondazioni, la deforestazione. Gli Oceani si stanno acidificando. Il mare sta cambiando il suo ph.

La politica sta iniziando a vedere arrivare da lontano la massa di protesta che

---

[122] L'Olocene è l'epoca geologica più recente, quella in cui ci troviamo, e che ha avuto il suo inizio convenzionalmente circa 11 700 anni fa. (Wikipedia).

[123] *Breaking Boundaries: The Science of Our Planet,* (Jonathan Clay, 2021). Documentario.

cresce con Greta Thunberg come paladina per caso del nostro futuro. E come rispondiamo? Continuando a produrre come se fossimo indemoniati. Anche se molto di quello che produciamo è totalmente inutile. E molto del tempo della nostra vita che destiniamo adesso per produrre cose inutili, lo utilizzeremo quando avremo meno produzione e più tempo per coprire altre necessità. Le risorse naturalmente si distribuiranno tra quelle iniziative che saranno giudicate dalla comunità necessarie, meritevoli per il loro impatto sulla comunità stessa.

Il vero problema non è la poca qualità della classe dirigente. "I politici sono cittadini dello stesso Paese, non sono extraterrestri che vengono da Marte" mi disse in una intervista il filosofo Fernando Savater. Il problema è il sistema della nostra organizzazione collettiva. Non riusciamo a metterci d'accordo perché il sistema che utilizziamo è poco efficace con i grandi numeri. Una mente politica decentralizzata probabilmente avrebbe dei benefici pratici sulla capacità decisionale. È strano che la stragrande maggioranza, o forse la totalità degli esseri umani, vogliano vivere in una Terra meno tormentata dalle necessità umane, ma ogni giorno vadano a remare in senso contrario per 8 o 12 ore. E la decisione viene presa da una oligarchia sempre meno collegata con la realtà. Se non dipendessimo dai combustibili fossili potremmo forse bloccare questo processo. E invece cosa facciamo? Continuiamo a produrre, sempre di più. E sempre più cose inutili. Invece di passare del tempo sulla riva di un lago o stare insieme all'anziana vicina, insieme a tua madre, ai tuoi amici. Avere più tempo per vivere e per smettere di inquinare la vita tua e degli altri facendo qualcosa di completamente inutile, ma anche tremendamente dannoso. Il centro della questione è religioso. La tendenza degli umani di avere, vedere gli dei. Il denaro. Prova a parlare male del denaro in pubblico. E il padre del denaro, che è il lavoro.

Come raccontavo nelle pagine precedenti in piena crisi campeggiava a caratteri cubitali in calle Genova, a Madrid, una sola parola e un punto. "Trabajar". Un monito. Una religione. Per strada, per anni, ho prestato attenzione a cosa si dicesse la gente nel centro di Madrid. Mentre scendevo da calle Conde de Romanones verso la piazza Tirso de Molina captavo nell'aria le parole delle conversazioni altrui. Sentivo già dai primi passi appena abbandonato il cancello di casa la parola *soldi* con tutte le sue varianti e corollari, "vacaciones", "mi jefe", "il mio capo", e ovviamente "dinero", in tutte le sue varianti "euro", "*pasta*"[124], etc.

Il lavoro è un regalo, una fortuna. Se non lavori sei spacciato, muori di fame,

---

[124] *Pasta* è una forma colloquiale per indicare il denaro in spagnolo.

sei messo al margine da una società crudele con sé stessa. Tutti sono convinti che sia giusto, ma non sembra cosí logico quello che stiamo facendo. Anche il World Health Organization ripete da anni che stiamo distruggendo il nostro *habitat* e questo avrà conseguenza sul nostro benessere. Vedi Covid-19, secondo alcuni. La salute degli animali, della flora e dell'essere umano sono legati.

Il produttivismo non permette di frenare. È necessario un atto di umiltà. Bisogna abbassare i giri. È paradossale che l'unico momento in cui è stato possibile, alle balene, ascoltare il suono del mare in Alaska sia stato il *lockdown*. Il traffico navale è sceso del 17% durante le prime settimane del coprifuoco. Con una piccola decelerazione i risultati sulla vita selvatica, i risultati sulla natura sono stati impattanti. Frenare è un dovere individuale, per il proprio benessere, e collettivo per la vita e la convivenza di tutti gli elementi di questa terra, compresi gli esseri umani. Frenare, diminuire, aumentando l'attenzione per altre variabili che non siano solo crescere, correre e scambiare un solo valore difficile da conseguire. Frenare e moltiplicare gli obiettivi darebbe dei grandi benefici all'essere umano. Questo processo deve essere fatto previa educazione collettiva. Rompere la retorica produttivista non può avvenire bruscamente. Ci vorrà del tempo per prendere coscienza della necessità collettiva di moltiplicare i nostri obiettivi. Sulla crisi climatica il Nobel per la Fisica Giorgio Parisi ha assicurato che "L'aumento del Pil è in contrasto con lotta al riscaldamento globale" in un discorso nel Parlamento italiano l'8 ottobre 2021. Si aspetta un aumento di 2,5 gradi calcolato con le conoscenze che abbiamo adesso. Ma se dovesse aumentare ancora affronteremmo un terreno inesplorato che potrebbe riservarci uno scenario molto peggiore del previsto.

Fai parte della comunità e decidi anche tu verso dove andare.
Sai dove si investe il tuo denaro.
È trasparente.
Non ha intermediari che "rosicchiano".

Il mondo crypto ha creato quella che si definisce come la DeFi, la finanza decentralizzata, che offre nuove dinamiche di investimento e consente accesso al mondo finanziario a tutti i tipi di investitori, micro e macro, e in qualsiasi parte del mondo, generando una distribuzione più equa delle risorse e basandosi su un sistema collaborativo e trasparente.
La finanza decentralizzata ha solo qualche anno di vita. È nata su Ethereum. Il termine è stato coniato nel 2018 in un chat di Telegram[125] e all'inizio questo sistema era apostrofato dai feroci detrattori come una bolla, uno *scam*, una truffa. Adesso la DeFi cresce del 2000% all'anno. La capitalizzazione del mercato crypto ha toccato quota 3 mila miliardi di dollari. La DeFi consente ai cryptoutenti di creare nuovi modi per investire, e aumentare i propri benefici[126]. Nell'agosto 2020 un grande slancio a questo nuovo modello finanziario è stato dato dall'entrata della Binance Smart Chain, criticata perché è centralizzata, ma in verità ha attirato una enorme massa di investitori per via dei suoi bassissimi costi delle operazioni. Come abbiamo visto i *gas fee* di Ethereum sono un vero e proprio castigo divino per gli investitori, mentre sulla Binance Smart Chain, la blockchain di Binance, sono irrisori. In più la Bsc, Binance Smart Chain, ha seguito lo schema della DeFi di Ethereum, offrendo servizi identici ai Dex, i mercati decentralizzati. Adesso esistono più di 100 blockchain indipendenti e più di 40 bridge, ponti per unirle e permettere la comunicazione e le trasmissioni su differenti reti. Un dato chiarisce l'importanza di questo fenomeno. Si stima che

---

[125] Cryptochica.eth - twitter.com/cryptochica_arg/status/1456644191182856196?s=24

[126] it.cointelegraph.com

attualmente nell'orbita DeFi siano bloccati - total value locked - in tutte le reti del mondo crypto circa 260 miliardi di dollari.

La DeFi non è un fenomeno antagonista al sistema attuale. È un sistema alternativo che potenzia e migliora quello che già abbiamo. Se ne sono accorte centinaia di milioni di persone del mondo. Il 10% degli statunitensi possiede cryptomonete. 300 milioni di persone hanno operato con cryptomonete nel 2021. Il 10% degli statunitensi ha investito in crypto. L'Europa è il cryptomercato più grande del mondo.

Quando investi i tuoi soldi su una piattaforma decentralizzata, chiamata Dex, o in una cryptovaluta, stai sostenendo un progetto che risolve problemi rilevanti per la società e che è gestita in modo totalmente trasparente. In cambio la comunità ti premia con un interesse e un token di *governance* dello stesso progetto che ti permette di partecipare votando alle decisioni più importanti. Tutto il denaro raccolto viene distribuito tra i proprietari del token e quindi ognuno riceve i profitti generati dalle piattaforme decentralizzate. In più i token che permettono la partecipazione hanno un mercato e se il progetto va bene sono oggetto di una rivalutazione continua. O, se vanno male, di una perdita di valore crudele.

L'era digitale ha trasformato l'economia e le forme di investimento. Oggi è possibile effettuare pagamenti, transazioni e ricevere benefici senza dover entrare in nessuna banca.

In piena evoluzione, le cryptovalute hanno attirato l'attenzione di molti investitori, che vedono nella blockchain la possibilità di risparmiare senza dover cedere i propri soldi a nessun intermediario. E ricevendo benefici in volumi ormai estinti nella finanza tradizionale. Inoltre, la cryptoeconomia consente una distribuzione più equa delle risorse, poiché consente una forma parallela di investimento che prescinde dalle strutture e dalla burocrazia tipiche della nostra società attuale. È un "investire e risparmiare senza intermediari".

Secondo lo schema tradizionale, tutte le operazioni sono accentrate in una società, che funge da intermediario per effettuare i movimenti di capitale. Per investire, ricevere denaro o effettuare transazioni, dipendi dalle banche e quindi dalle loro commissioni e condizioni.

Il mercato delle cryptovalute, invece, funziona attraverso la catena di blocchi che permette di effettuare transazioni decentralizzando tutta la gestione. Tutto è programmato per funzionare automaticamente.

Ogni investitore è promotore e beneficiario. Partecipa correndo un rischio e ricevendo ricompense, partecipando a questo modello fai parte di una economia collaborativa, un sistema circolare che fino ad ora ha funzionato perfettamente.

Chi decide di investire in cryptovalute può scegliere tra un gran numero di prodotti finanziari, tra cui lo *staking*, lo *yield farming* o l'investimento in bitcoin stesso. I conti di risparmio.

Lo *staking* e lo *yield farming* sono gli investimenti più redditizi nel mondo delle cryptovalute. Si effettuano su piattaforme decentralizzate come Uniswap o Pancakeswap, per citare tra le più grandi tra le centinaia esistenti, e si basa sul contributo di liquidità in cambio di ricompense molto soddisfacenti. Ci sono opportunità di investimento che offrono un interesse del 50% o addirittura del 100% o del 1000% nei casi più estremi. Le percentuali variano a seconda del fabbisogno di liquidità della piattaforma. Il meccanismo sia dello *staking* che dello *yield farming*, consiste nel fornire liquidità di una cryptomoneta o di una coppia di cryptovalute, per ricevere un interesse e, nel caso del *farming*, anche un token chiamato Lp che può essere reinvestito per generare un ulteriore nuovo interesse. Lo spiegherò in dettaglio nei prossimi capitoli.

L'importante è sempre conoscere bene in cosa consiste il meccanismo e studiare bene ogni offerta prima di fare click. È imprescindibile soppesare bene i rischi.

I rischi maggiori derivano dalla barriera tecnologica d'ingresso. Quindi non capire niente di come funzionano queste piattaforme aumenta l'esposizione all'errore. E poi esistono i rischi connessi ad eventuali hackeraggi, oltre alla crescente responsabilità dovendo comportarti come una banca con grande disciplina tra cento password di 20 caratteri, libretti scritti a mano con relativi possibili errori di trascrizione, *excel* che ti rincorrono affamati di dati continui. La mancanza di informazioni per investire è un altro degli svantaggi e quello che per ora si trova in giro nel mainstream dell'informazione è ancora molto povero. Le migliori notizie si trovano nel cuore della CryptoGiungla. Devi scendere lì tra alberi e licheni per capire dove attingere, di chi fidarti, come muoverti guardingo. Bisogna anche tenere conto della forte volatilità del mercato crypto e della necessità di una ricerca approfondita, vista la giovane età di questo mercato. Devi conoscere la sopravvivenza in questo ambiente impervio, ma sommamente affascinante. Un *far west* digitale pieno di pionieri, personaggi, avatar, guru, mezzi di informazione. Con volumi di soldi mai sentiti, mai gestiti con questo schema e mai cosí accessibili nella storia umana, alla portata di chiunque abbia una connessione internet e un computer o un telefono *smart*. Nella DeFi si può accedere ad offerte di piattaforme decentralizzate, ma anche di piattaforme centralizzate, che sono imprese che offrono una maggiore sicurezza perché l'entità centrale alla fine si fa carico dei problemi derivanti da un hackeraggio, ad esempio, o qualunque altra necessità tecnica.

Devi sempre investire solo in piattaforme che godono di una reputazione riconosciuta e certificata[127].

Gli hacker manipolano i contratti intelligenti e possono rubare i fondi della piattaforma. Decine di attacchi riusciti sono stati registrati nel 2020 e nel 2021 con tecniche diverse ogni volta. Non ci sono mai stati attacchi capaci di demolire le infrastrutture. E in alcuni casi il bottino è stato restituito, senza alcuna perdita per gli utenti. Anche questo rappresenta un fenomeno abbastanza nuovo[128]. I numeri indicano che sempre più investitori in tutto il mondo si fidano della DeFi. I tanti investitori attenti sanno che è necessario diversificare, non mettere a disposizione tutti i fondi in un unico *exchange* o in una singola cryptovaluta (ma neanche in uno stesso wallet) e investire preferibilmente nelle piattaforme più solide.

Le banche sono molto attratte dalle potenzialità del mondo crypto e la notizia a ottobre 2021 del primo Etf Exchange Traded Fund accettato dalla Sec negli Stati Uniti e legato al bitcoin è stata una notizia rimbalzata in tutto il mondo.

L'interesse delle banche per le cryptovalute è una buona notizia. Perché dimostrano che non c'è conflitto tra i due mondi, quello tradizionale e il nuovo mondo digitale. Sono molto diversi, ma possono coesistere perfettamente. È vero che mentre le banche vogliono offrire bitcoin e cryptovalute, il mondo crypto non offrirà mai i servizi delle banche tradizionali.

Sull'offerta di servizi legati alle cryptovalute è necessario chiarire alcuni punti importanti. Se parliamo di Etf, ad esempio, sono in realtà fondi negoziati. È un cavallo di Troia, questo significa che non stai acquistando bitcoin immediatamente. Aggiungi molti intermediari tra te e i tuoi fondi e sei ugualmente esposto alla volatilità.

I clienti chiedono le cryptovalute alle banche principalmente perché non capiscono a livello tecnico-pratico come si fa, come si gestisce la parte tecnologica. D'altronde non siamo abituati ad avere la responsabilità diretta del nostro denaro, che fino a oggi è sempre stato gestito da un terzo, cioè la banca. Ci sentiamo impotenti senza questo intermediario, senza chiederci se sia davvero essenziale.

Devi cambiare mentalità con il mondo crypto. Bisogna assumere che senza informarsi, senza studiare cosa sta succedendo, cosa significa tutto questo, saremo sempre lontani da questo cambiamento di paradigma, da questa

---

[127] Per consultare una lista esaustiva: coingecko.com/en/dex - coingecko.com/en/exchanges

[128] "L'hacker di Poly Network ha restituito tutti i soldi: recuperati 610 milioni di dollari rubati in crypto". xataka.com

rivoluzione. Anche il fatto che le banche non vogliano consigliare sugli investimenti crypto, ma solo offrirli, è una scelta responsabile.

Anche se gli intermediari possono essere utili, perché facilitano le operazioni, bisogna anche stare attenti al *rosicchiamento* ormai cronico delle banche.

Da *corrispondente* dalla CryptoGiungla non credo che il mondo crypto sia qualcosa di esotico e il fatto che i burocrati europei lo abbiano apostrofato così dipende solo dalla loro poca comprensione del fenomeno. I feudi non capiscono ancora questa lingua. Anche se l'Europa è il più grande mercato di cryptovalute al mondo.

Molto interessante il servizio di custodia delle cryptovalute, che offrirà per esempio la Cecabank. Sarà necessario vedere se la custodia è simile a un portafoglio freddo[129] o a un conto di risparmio. In questo secondo caso sarà interessante vedere la percentuale di *performance*. Può comunque essere una soluzione che aiuta a diversificare la protezione delle risorse crypto.

---

[129] I wallet freddi sono quelli più sicuri. Nelle prossime pagine se ne parlerà.

DAO, DECENTRALIZED AUTONOMOUS ORGANIZATION
E se la gerarchia non fosse l'obiettivo?

La Dao, l'organizzazione autonoma decentralizzata, è un sistema di organizzazione che riflette specularmente il concetto centrale dell'intero universo crypto. Come esiste la Llc, *limited liability company*, o la Srl società a responsabilità limitata, la Dao sta entrando dal 2016 nello schema collettivo del mondo crypto per organizzare i progetti imprenditoriali. Lo stato statunitense del Wyoming rimarrà nella storia come il primo che ha riconosciuto formalmente le Dao e conferisce loro lo stesso potere legale delle società a responsabilità limitata. Dal 1° luglio 2021 la legge è entrata in vigore[130].

Una Dao è una organizzazione autonoma decentralizzata governata con una struttura che non ha una "casa madre" centrale, ma la responsabilità e i benefici sono gestiti in modo decentralizzato da vari nuclei operativi e soprattutto dall'intera comunità. La Dao garantisce trasparenza, immutabilità, autonomia e sicurezza a tutti i suoi partecipanti, in tutta la sua struttura e in ogni aspetto del suo funzionamento per creare, costituire e istituire una organizzazione autonoma e trasparente, basata sulla potenzialità della blockchain e dei contratti intelligenti.

La Dao è una formazione ridotta del macrosistema crypto. Nel senso che nello stesso modo in cui nel mondo crypto in dimensione macro non è necessario affidare la propria fiducia a un ente, persona, istituzione terza, anche qui non è necessario avere un feudo centrale che controlla e dispone

---

[130] Blocks Dao Llc è stata la prima impresa decentralizzata registrata nel Wyoming. Il suo obiettivo è permettere alle imprese tradizionali di entrare nel mondo della blockchain.

di tutto. Il sistema nelle Dao è automatico e centralizzato. Il funzionamento dell'impresa, delle dinamiche tra soggetti protagonisti, la relazione con la comunità di investitori, dei lavoratori, è tutta già scritta, definita e automatizzata nel programma informatico utilizzato dall'organizzazione. Anche gli stessi software non sono governati da un polo oligarchico o da una unica fonte, una persona, un computer, una istituzione, ma sono gestiti dalla comunità in modo aperto e trasparente, e sono consultabili da tutti in ogni momento.

Questo già evidenzia il limite e il segno del forte cambiamento di mentalità e di struttura. Se l'intermediario è diventato un freno della società, adesso l'intelligenza collettiva spinge per avere un cervello diffuso che funzioni meglio, senza filtri interposti, e che possa tenere presente molte più variabili e necessità per il bene comune. Come funziona nell'Universo crypto, cosí anche nell'atmosfera delle imprese. In più la Dao offre più elementi per sapere se si vuole entrare a far parte di un progetto oppure no, visto che fino a oggi la trasparenza è stata una chimera nella finanza tradizionale, ma anche nel sistema in generale.

La maggiore efficienza è garantita dall'esecuzione automatica delle regole. Per ogni pagamento, aggiornamento di sistema, per esempio, si eseguiranno nel modo e tempo programmato. Non c'è spazio per l'errore umano e i processi sono protetti e non modificabili.

Le decisioni sul cambiamento delle regole del software, dell'algoritmo, vengono prese collettivamente, votando.

La logica, che si sta dimostrando inefficiente, porta i vertici a disporre e decidere per tutti. Le conseguenze di questo modello sono state ripetute a oltranza nelle pagine anteriori. L'automatizzazione dei processi rompe la necessità di una organizzazione verticistica. Al di sopra della comunità non esiste più il Leviatano. Se la Dao, come sembra, dovesse diffondersi capillarmente risolveremmo problemi ancestrali e avremmo una struttura aziendale meno feudale, ma molto più efficiente e soprattutto equa.

Tutti coloro che fanno parte dell'organizzazione possono contribuire con idee e votarle, decentralizzando così l'organizzazione.

La decentralizzazione consente alle Dao di utilizzare collaborazioni, risorse umane dislocate in ogni parte della Terra e anche di offrire servizi a livello globale, eliminando i confini e democratizzando l'accesso ai servizi.

In più la creazione di una Dao è *low cost*. Le idee entrano subito in azione sulla blockchain senza freni e senza sterili burocrazie. Ciò consente di risparmiare denaro e tempo rispetto alla registrazione tradizionale di organizzazioni o società.

La programmazione di una Dao non è facile, l'automatizzazione è legata alla programmazione e un errore può avere grandi conseguenze sul suo funzionamento[131].

Questo nuovo mondo si sta formando. Se ascolti le dichiarazioni del fondatore di ShapeShift, Erik Voorhees lo comprendi[132]. La corporazione, che è un *exchange*, si è scontrata con la impossibilità di fare fronte a tutte le richieste di regolamentazione senza perdere l'essenza decentralizzata. Le autorità vogliono che tutto sia centralizzato. Però molta parte dei trader preferisce un sistema decentralizzato.

Il sistema centralizzato ha mostrato tutti i suoi limiti strutturali negli effetti nefasti della apparizione di soggetti titanici nel mercato come le *big tech*, che creano un disequilibrio sociale abnorme. Per questo la popolazione mondiale spinge verso un cambiamento di sistema di convivenza. Nessuno vuole un mondo ingiusto come quello attuale e nessuno prevede o auspica un mondo apocalittico disordinato.

Semplicemente è venuto fuori dalle pieghe neuronali di cervelli brillanti e osservatori che in un mondo meno centralizzato, però anche trasparente e gestito collettivamente si vive meglio. In un mondo ideale i due sistemi dovrebbero potere convivere. Anche se credo che una volta in marcia il mondo decentralizzato in pochi vorranno rimanere nel sistema precedente.

Nel 2016 diversi utenti hanno promosso quello che oggi è noto come The Dao[133]. Fu una delle prime di queste organizzazioni e la più importante dell'epoca. Creato e promosso dai propri utenti e partecipanti, era globale e non legato ad alcuno Stato.

Il potenziale di queste organizzazioni è inimmaginabile. Una Dao consente ai suoi utenti di prendere il controllo, cioè possono decidere votando sulle azioni future dell'organizzazione. Una Dao prevede un sistema semplice per cercare finanziamenti dai membri della comunità per lo sviluppo di progetti e innovazioni. Non hai bisogno di una figura di potere, come governi, banche o direttori di società. Né hai bisogno di un intermediario o di una terza parte fidata. Il potere e il processo decisionale corrispondono alla stessa

---

[131] Le Dao si adattano a ogni contesto e settore, molte imprese stanno studiando o adottando la decentralizzazione per aumentare l'efficienza, dalla filiera generica come VeChain 3.0, OriginTrail, all'agricoltura AgriDigital, TransparentPath, alla gestione immobiliare Aqarchain, Propy, donazioni e finanziamenti sociali come GiveTrack o Alice, per le elezioni grazie all'affidabilità e trasparenza come nel caso di FollowMyVote, l'identità digitale con Peer Mountain, Civic, Humanity Energy o le energie rinnovabili negli esempi di PowerLedger o la sanità e il Medical Data Security, come SolveCare, MedicalChain. I DeFi Curve, Bancor o mStable. I famosi Aragon, Colony, DaoStack, MolochDao, DaoHouse, DigixDao, Dao Governance... etc.

[132] Intervista: youtu.be/myyi9MJSmf0 - Podcast Bankless: podcast.banklesshq.com

[133] Nata dall'esperienza delle Dao Dash e MakerDao, nate nel 2014.

comunità di utenti, direttamente e attraverso il consenso.

Si apre così un nuovo orizzonte per una nuova industria di *venture capital* e per la costruzione di una società con una nuova strategia.

La Dao non nasce per spazzare via gli altri modelli associativi o imprenditoriali. Ancora una volta i sistemi non sono alternativi. Però adesso abbiamo la possibilità di testare un nuovo modello che potrebbe avere dei risultati incredibili. Immaginate se la Juventus o l'Inter diventassero una Dao? Cosa succederebbe? Tutti i tifosi, o per lo meno i più coinvolti, comprerebbero il token, poniamo ad esempio un intercoin o un juvecoin. Da quel momento le questioni più importanti sarebbero gestite direttamente dai proprietari dei token. Tutti possono votare. Se la squadra va bene si arricchiscono tutti. Se va male tutti sono responsabili e mettono a rischio il valore posseduto.

Diventerebbe un Fantacalcio globale, però reale, dove si rischia e si guadagna del valore reale, spendibile. Potrebbe essere cryptomoneta o un mix con nft di ogni tipo. O altri token nuovamente investibili. Si responsabilizzerebbe la tifoseria. E si coinvolgerebbe la comunità nella gestione delle squadra.

Se lo applicassimo questo esempio alle imprese energetiche, o legate all'ambiente, sarebbe interessante lo sviluppo strategico.

Decentraland, il mondo virtuale del quale si parlerà più avanti è la concretizzazione del Metaverso crypto ed è nato ed è stato organizzato come una Dao. Gli utenti del mondo virtuale sono i proprietari di questo mondo. "Quindi, in termini leggermente più tecnici, una Dao è uno o più contratti intelligenti in grado di eseguire attività specifiche e predefinite e mantenere la proprietà delle cryptovalute" si legge nel *whitepaper* di Decentraland, "Le Dao sono costruite in modo tale da svolgere i loro compiti solo in condizioni specifiche, come il passaggio di una proposta votata da un gruppo di persone che possiedono un determinato token (come mana o land). Tutto questo viene fatto su una blockchain. Da qui il nome di "organizzazione autonoma decentralizzata"[134].

Un caso interessante segnalato come sponsor dal podcast Bankless riguarda la Dao Opolis che, come si legge sul suo manifesto di intenzioni, "è una cooperativa di lavoro digitale di proprietà degli stessi membri, che offre buste paga e vantaggi convenienti di alta qualità (assicurazione sanitaria, piani pensionistici e altro) a lavoratori indipendenti, liberi professionisti, nomadi digitali e imprenditori individuali. Per non preoccuparti di ritenute fiscali o compliance. Ce ne occupiamo noi per te in modo che tu possa concentrarti sui tuoi clienti, non sul tuo rapporto con il governo".

---

[134] docs.decentraland.org/decentraland/what-is-the-dao/

Prima di pensare di entrare a far parte di un progetto di questo tipo il passo imprescindibile è studiare da chi è composto il team, se sono molto attivi sui social network, conoscere le esperienze di chi è già entrato in questa Dao, etc. Qui l'aspetto importante è vedere come il sistema decentralizzato sta trovando la soluzione a una necessità. Solo qualche linea adesso per spiegare quale sia. Quando guardo i dibattiti televisivi di politica, dai tempi di Santoro, fino a Floris, Gruber, Merlino, Giletti, si stigmatizza il comportamento di questo o quel politico, perché ovviamente l'oligarchia che in teoria rappresenta il popolo deve avere questa responsabilità. Ma quello che si nota è che il gioco della burocrazia vince su qualunque altro argomento. Da molto tempo. Quando Berlusconi chiama i 5Stelle degli "scappati di casa", centra con il mirino del francotiratore il problema. Nel sistema, visto da una persona con l'età di Silvio Berlusconi, si considera la burocrazia, per esperienza, una professione.

Ma le necessità di molta gente non sono minimamente coincidenti con il teatro drammatico della burocrazia. Quindi c'è da affrontare una realtà nuova nella quale una massa considerevole, sempre più potente, sempre più grande e armata economicamente, non considera più necessario spendere tanta energia e tanto tempo per fare prosperare l'oligarchia burocratica.

Le prerogative di questa parte della società, che non rappresenta la totalità, però è innegabile che stia crescendo in modo costante come abbiamo visto precedentemente. Sarà impossibile che un burocrate capisca le prerogative di chi non vuole essere condizionato dalle indicazioni e dall'educazione di chi promuove la burocrazia come un fine della collettività, ovviamente per vantaggio personale, in modo ormai quasi esclusivo, come la dinamica delle lobby statunitensi ci ricorda. Quello che può sembrare un discorso filosofico, in effetti lo è. Ma è una filosofia che diventa *frónesis* e che atterra e diventa qualcosa di concreto. Se consideri questi milioni di persone che hanno costruito e stanno costruendo il mondo crypto, lo fanno spinti dalla necessità di andare avanti. Con la tecnologia i vantaggi aumentano, ma aumentano anche i rischi e le responsabilità. Ovviamente i salotti buoni del dibattito politico sono vitali per il modello portato avanti fino ad ora, ma per molti cittadini del mondo è ora di trovare a prescindere da loro, vista l'inefficacia, delle nuove risposte ai loro problemi e alle loro necessità reali.

È chiaro che il mondo crypto è in continua crescita, basti pensare che proprio in questi giorni[135] il volume dell'intero settore crypto è diventato il più grande nel mercato mondiale, più grande della stessa Apple. È chiaro che stiamo vivendo una rivoluzione che va oltre la speculazione finanziaria. Va

---

[135] Periodo ottobre-novembre 2021. Coingecko.com

oltre qualunque interesse politico. Di fatto è una rivoluzione sociale che si concentra, ha l'obiettivo, il fine di cambiare il sistema di convivenza.

La rivoluzione ha raggiunto il suo culmine, fino a oggi. Ma il *bullrun* che accompagna questa ascesa, molto probabilmente, è solo all'inizio.

NFT
Un nuovo mondo parallelo
e la nuova era dell'Arte

Prendere dimestichezza con il concetto del "token" è la base per comprendere il mondo crypto, il sistema blockchain e le sue infinite applicazioni. Nella rete blockchain, con nodi dispersi nei computer di tutto il mondo e costruita con codice aperto, la novità, come abbiamo visto, è la facilità di interscambiare valore tra persone. L'oggetto di questi scambi è il token che contiene in vari modi il "valore".

Questo essere minuscolo, frutto di un algoritmo, lo possiamo visualizzare come una "capsula". Questa capsula che viaggia facilmente nella blockchain può essere programmata a piacimento in modo tale da generare effetti immediati al momento dello scambio. In altre parole il token rappresenta un oggetto di scambio programmabile.

Nella programmazione solo la fantasia è il limite per questo nuovo sistema. Gli nft, token non fungibili, sono diventati opere d'arte, oggetti virtuali, servizi, idee, perfino case e terreni. Il *real estate* ha creato nft adattati al proprio settore. Un disco, un libro, un oggetto digitale collezionabile. Tutto può essere convertito in nft. All'inizio è difficile da comprendere, ma se si ha la pazienza necessaria per studiare il fenomeno con perizia si potranno riconoscere le infinite applicazioni che può avere questo sistema.

L'nft è indivisibile, non è possibile acquistare frazioni di nft. È indistruttibile. Un token non fungibile non può essere eliminato se non da chi l'ha creato[136]. È immutabile, è impossibile modificare le informazioni che lo caratterizzano una volta memorizzate. È sempre verificabile, perché archiviato su

---

[136] A meno che non sia stato programmato per autodistruggersi.

blockchain pubbliche. L'autenticità e la proprietà possono essere facilmente verificate da chiunque[137], in qualsiasi momento.

Il primo *shock* si ha normalmente con la logica teorica alla base degli nft.

Un famoso tweet dal titolo *Nft Is Better Than Diamond. Here's Why* mostrava la bizzarria del nuovo mondo virtuale dove un token non fungibile di un diamante può valere più del diamante originale.

Una donna cerca di spiegare a sua madre questa nuova visione. La donna compra un diamante, lo fotografa, crea documenti visivi e informativi su quel brillante eccezionale. Poi lo tokenizza. Successivamente distrugge il diamante originale, fisico, e rimane solo l'nft[138]. Perché? Perché il vero asset diventa il token non fungibile. Quando creo un nft del diamante, il valore si trasferisce dalla pietra preziosa fisica al token. Da quel momento per evitare il *double spend* distruggo l'originale mantenendo il valore in un contesto digitale florido e che permette di essere trasferito e tracciato facilmente. Il token del diamante assume un valore nuovo nel contesto blockchain.

La stessa cosa succede con le opere d'arte. Se tokenizzo una scultura, la parte importante vendibile, scambiabile, con valore speculativo, con un mercato florido dove fluire, è quella digitale. La scultura in sé, in questo ambiente, può anche scomparire.

Quando metto una opera digitale su una blockchain, il file è rintracciabile da qualunque persona con qualche abilità di programmazione. Questo significa che chiunque può accedere a quel file. Quindi perché qualcuno dovrebbe voler comprare quell'opera d'arte se è già disponibile? Il motivo sta nel fatto che il collezionista dà valore alla proprietà di quest'opera d'arte. Alla certificazione di provenienza. Alla possibilità di speculare con quel token non fungibile.

È lo stesso concetto del token non fungibile del primo tweet dell'ex ceo di Twitter Jack Dorsey, venduto per milioni di dollari. Il tweet non è stato cancellato, è disponibile per tutti in rete per essere fotografato, salvato. Cosa ha spinto qualcuno a voler comprare l'nft? Cosa ha comprato il collezionista? Ha comprato il fatto di essere l'unico proprietario dell'nft. Il valore è essere proprietari del token che rappresenta il tweet, non del post originario.

All'inizio non è facile da digerire, ma con il tempo si capisce che ha un senso e che questo ha una possibile implicazione in ogni settore della nostra società. E non solo in campo speculativo.

Come è stato accennato in precedenza un esempio chiaro dell'utilizzazione degli nft può essere l'identità. Nel mondo odierno la mia identità è

---

intrappolata nei palazzi istituzionali e, per poterla dimostrare, devo pregare in modo disciplinato e possibilmente deferente che qualcuno mi conceda il privilegio di poterla dimostrare. Sto esagerando, ma neanche tanto. In questi giorni ho bisogno di un certificato anagrafico e di una nuova carta d'identità. Per farla breve, il consolato italiano, al quale faccio capo per territorialità, vivendo in Spagna, ha un numero di telefono per informazioni a pagamento. Strano davvero, dover pagare per avere una informazione, per accedere a qualcosa che per definizione è mio. Per avere la carta d'identità, secondo l'istituzione, devo intraprendere un viaggio lungo, tra auto, aereo, metro, bus, in barba al risparmio energetico, ma soprattutto devo fissare preventivamente un appuntamento. La pagina web dove fissare l'appuntamento sembra uscita dall'internet degli anni '90. Gli unici giorni disponibili sono una decina nel mese successivo. E sono tutti rossi, occupati. Il resto del calendario non è disponibile. In pratica non ho accesso alla mia identità, non so bene per quale motivo.

L'altra possibilità è tentare di avere il documento e il certificato anagrafico dal comune di origine. Nel mio caso l'ultimo comune italiano è stato Perugia. Malgrado sia nato in Sicilia. Nella web del Comune di Perugia esiste un servizio di certificati online. Errore 404. Non funziona. Allora bisogna fissare un appuntamento. Per accedere c'è bisogno dello Spid, un sistema di identificazione nazionale. Con PosteID ho impiegato due settimane per dimostrare che io ero davvero io, per ricevere lo Spid. Una volta verificata la mia identità, posso entrare nel sito del Comune, ma scopro che la prima data disponibile è tra tre mesi. Ovviamente mi obbligano ad andare di persona. Mando una mail per chiedere un chiarimento sulla procedura al Comune, dopo quattro giorni ricevo una pec[189] incomprensibile dove l'unica informazione è che "la mia richiesta è stata archiviata". Insomma, per andare al dunque, per dimostrare al mondo che io sono io e per avere un foglio A4, che attesti un dato sulla mia esistenza nella società, dovrò perdere giorni e giorni rincorrendo chissà cosa. Chissà per quale motivo.

Purtroppo questa storia reale è grottesca per mille motivi, ma qui è importante riportarla a costo di cospargere di noia alcune linee perché è un emblema dello scontro tra centralizzazione e decentralizzazione.

Nel mondo centralizzato i tuoi dati stanno in una torre istituzionale separati da te. L'intermediario che li protegge ti tratta un po' come gli pare. Anche se i dati sono tuoi. E ti servono per vivere in società. Un po' è la stessa dinamica relativa ai tuoi soldi che sono gestiti da una banca, ma non sono a tua disposizione diretta, come abbiamo visto. Nel mondo della blockchain, il

---

[189] Posta Elettronica Certificata.

futuro dei nostri documenti come il passaporto o la carta d'identità sarà gestito con nft. Avremo la nostra identità con noi senza bisogno di perdere tempo dietro una anacronistica, inutile, lenta e pruriginosa burocrazia. Una volta connessi alla rete non sarà necessario dimostrare ulteriormente la tua identità che sarà verificata in modo istantaneo. La tua identità starà incapsulata in un nft, custodito nel tuo wallet. L'intermediario scompare. E il reddito universale, probabilmente, potrà permettere agli attuali intermediari di impiegare il loro tempo in qualcosa di più utile per sé stessi e per la società[140].

La burocrazia. La non curanza. Il menefreghismo rispetto all'ambiente, la strafottenza nei confronti del nostro tempo, della nostra stessa vita, da occupare collettivamente in *cose* totalmente inutili. La burocrazia aumenta i costi. L'inefficienza. L'arroganza. La frustrazione. Appena entro contatto con l'Italia per qualche motivo, immediatamente sento questa oppressione dell'impotenza che mi entra nel sistema cardiocircolatorio. La burocrazia ha conquistato il Paese. La burocrazia è una malattia destinata a essere ridotta drasticamente nelle collettività progredite. È un insulto all'intelligenza, è una perdita di tempo e non beneficia nessuno[141].

Tornando al punto, in generale i token possono essere fungibili, non fungibili o semifungibili. Sono fungibili se uno è uguale all'altro e non è importante la sua unicità. È il caso delle cryptomonete. Se ho nel mio wallet un bitcoin, posso sostituirlo con un altro bitcoin senza cambiare la sostanza. Ma se il token in questione è una opera d'arte unica, allora non può essere sostituito per nessun altro. È il caso degli nft. E i token semifungibili sono la tipologia più nuova e cambiano nel corso della loro vita tra fungibili e non fungibili. Inizialmente sono fungibili e scambiabili, come potrebbe essere un buono per gli acquisti o un biglietto per un concerto. Una volta utilizzato e goduto lo spettacolo, il token diventa un nft e trova spazio nel mercato dei collezionisti, come prova di partecipazione.

I token sono programmati dagli *smart contract*. Nei token non fungibili, per esempio in una opera d'arte, posso creare un contratto intelligente che automaticamente mi faccia ricevere il 20% del beneficio di ogni rivendita. O posso vendere, come ha fatto la rivista Time, gli abbonamenti come token non fungibili. I lettori che comprano l'abbonamento annuale alla rivista in formato nft, hanno il vantaggio di poterlo rivendere a piacimento, in qualunque momento e con un click. Se trovano qualcuno disposto a comprarlo, ovviamente. Anche il New York Times ha venduto nft di ogni

---

[140] Non a causa loro, ma a causa del sistema di organizzazione attuale.

[141] Se la preoccupazione è lo stipendio dei funzionari, come detto, il reddito universale è la risposta.

tipo, come anche The Economist e Associated Press, tra gli altri.

Posso decidere di lanciare il mio prossimo libro come nft e i lettori che compreranno il token riceveranno un beneficio del 10% di tutte le vendite. In questo modo saranno allettati a leggere per l'informazione contenuta, ma anche per essere partecipi dell'eventuale successo del libro.

Questo stesso libro *CryptoGiungla* è stato il primo libro tokenizzato in nft per capitoli. Ogni capitolo è diventato una opera originale e unica e si trova "mintata" nella blockchain di Ethereum attraverso la piattaforma OpenSea[142]. Le applicazioni di questo sistema sono infinite. Gli nft si prestano a ogni settore, a ogni situazione. Posso tokenizzare la mia casa, un progetto, una idea. L'arte è una delle applicazioni per nft che è stata maggiormente promossa dai media. Sempre per un motivo speculativo più che sostanziale. Ma le modalità di utilizzo dei token sono tante e molto interessanti. Immaginiamo che il modello feudale del giornalismo possa fare un passo avanti con i token, per fare un altro esempio.

Quando scrivevo un articolo o un report, in passato, lo leggevano molte persone. La domenica a Madrid andavo in metropolitana per vedere come si comportavano i lettori. Lo guardavano, voltavano pagina, lo leggevano attentamente... cercavo di avere un feedback di prima mano. I reportage negli anni '60 pagavano molto bene. Un report poteva essere pagato come uno o due anni dello stipendio medio di un operaio, lessi una volta in una intervista di un fotografo sulla rivista L'Europeo. Da quando Internet e la comunicazione in rete sono esplosi, i media hanno subìto il contraccolpo generazionale. Adesso pagano una grottesca miseria direttamente proporzionale alla qualità offerta. I giornalisti si sono rifugiati scrivendo sui blog, su Facebook, sui social network, ma chi guadagna è la compagnia telefonica, Google, Facebook, Instagram, etc. Tutti assumono il beneficio di queste informazioni, ma l'autore non ottiene un centesimo a meno che non ci sia dietro la benedizione di una marca. Dinamica ulteriormente grottesca. Un modo chiaro per non compiere la propria funzione in modo indipendente. La conseguenza di tutta questa situazione? Sempre meno sforzi per informare, i giornali online hanno sempre meno una qualità sufficiente, il pubblico sempre meno conosce la realtà in modo approfondito, gli intellettuali hanno un bavaglio trasparente sulla bocca e i giornalisti hanno cercato una fonte alternativa di sostentamento.

Ho incontrato giornalisti tremendamente coraggiosi in questi decenni che continuano a lottare e creare, un po' perché non hai altra scelta che coltivare la tua vocazione, un po' perché è una responsabilità che non può essere

---

[142] nft.kantfish.com

lasciata da parte. Un altro problema è il feudo stesso. Il filtro della redazione è in qualche modo preistorico. Il mondo viene guardato da lassù con il binocolo e le informazioni dei collaboratori vengono filtrate come se fosse la corte del re. Mani oscure che travisano, riducono per narcisismo, per egoismo, per competizione. Sempre meno diritti, sempre meno efficienza. Sempre meno informazione. Sempre meno interesse nei confronti di ogni aspetto che non sia "la mia personalissima carriera". Quindi la concentrazione collettiva si sposta sulla gerarchia, come obiettivo e non sulla sana informazione, linfa fondamentale per la nostra società.

Ho avuto modo di parlare con la giornalista Covadonga Fernández, fondatrice e direttrice dell'Osservatorio Blockchain, che mi ha regalato una esperienza paradigmatica che individua uno dei mali dei feudi giornalistici. Quando ha capito il potenziale del mondo blockchain ha pensato che sarebbe stato interessante investigare e informare con determinazione su questo fenomeno.

Le proposte che ha presentato ai feudi hanno ottenuto risposte molto fredde. "Per ora la questione blockchain non ci interessa", rispondevano. Parliamo di un fenomeno che battezza un cambiamento epocale, ma per il feudo non è interessante. O forse non interessa lasciare che un tema ancora oscuro, ostico, sia affrontato da una giornalista esterna al feudo.

Dal feudo non si vede quasi nulla, tutto è sfocato, lontano. Quindi il lettore non capisce nulla dell'argomento. E mestamente si chiude il piccolo circolo poco virtuoso. Volete sapere qual è il tono dei titoli più frequenti sui media mainstream? *E, come annunciato, la bolla bitcoin è scoppiata*, 31 dicembre 2018. *Bitcoin genera anche montagne di rifiuti elettronici*, 26 settembre 2021. *Cryptovalute: la rivoluzione monetaria che (per ora) è solo speculazione*, 6 giugno 2021. *Bitcoin ne El Salvador: si salvi chi può*, 13 settembre 2021. *Cryptovalute, il nuovo strumento politico dei governi ribelli dell'America Latina*, 4 aprile 2021. *Cryptomafia: l'ascesa delle valute digitali come bitcoin nella criminalità organizzata*, 17 settembre 2021.

Quando il fenomeno è ridotto e banalizzato così, di che informazione parliamo? In che modo i cittadini possono capire quello che sta succedendo davvero?

Questo è uno dei motivi per cui stai leggendo questo libro.

Covadonga Fernández, specchio di una generazione più che coraggiosa, si è armata di pazienza e accumula follower, dopo follower, lettori dopo lettori, sempre più fedeli alla sua creatura editoriale, senza dubbio una delle più complete e interessanti della Spagna. Un portale che aggiorna costantemente su questo argomento attuale e utile[148]. Sono i primi ad avere una redazione in un palazzo di Decentraland. La cupola del feudo non sa nemmeno cosa sia Decentraland. "Blockchain sta costruendo la storia e i media la stanno perdendo", commenta Covadonga, che continua "Quando è arrivata Internet si è persa l'originalità ed è possibile fare infinite copie di tutto. Blockchain risolve questo problema restituendo valore alla proprietà intellettuale. Per le redazioni del prossimo futuro è un modo per rendere redditizio ogni tipo di materiale, dagli articoli agli archivi fotografici".

Per capire un possibile scenario futuro immaginiamo che scriva un reportage e lo carichi sulla blockchain di Ethereum o Binance, o Solana, come nft. Lo *smart contract* di questo token mi permette di ricevere un certo compenso per ogni acquisto. I lettori che leggono mi pagano attraverso il loro wallet connesso al browser, MetaMask per esempio. Ogni volta che qualcuno accede a questo contenuto mi paga. Lo *smart contract*, per esempio, prevede un prezzo esiguo per la lettura e un prezzo congruo per essere il proprietario unico di questo nft del reportage. Il lettore può anche rivenderlo se lo desidera e la blockchain mi concederà come concordato nello *smart contract* una percentuale anche per ogni vendita successiva. Questo scenario mi porterà ad avere una remunerazione costante ed equa per il mio lavoro. Nessuno potrà copiare questo token, perché è unico e non fungibile.

Se questo schema fosse adottato da un aggregatore di notizie o una struttura simile a una redazione o all'interno di un social network, la mia possibilità di avere soddisfazione economica per l'utile lavoro offerto sarebbe risolta senza bisogno dell'approvazione di nessuno. Io stesso, l'autore, lo scrivo, lo pubblico e decido quanto voglio essere pagato. La vetrina pubblica e non corruttibile della blockchain mostrerà la mia paternità nei suoi documenti indelebili, rispettando così sempre il mio diritto d'autore, sia moralmente che finanziariamente.

Sono innumerevoli gli esempi di nft protagonisti dell'informazione. La squadra del Barcelona ha messo all'asta le immagini dei suoi 122 anni di storia in nft, i video giochi nft sono diventati un *must* come Axie Infinity, un gioco di mostriciattoli lottatori che ti fa vincere o perdere cryptomonete reali, quindi speculi, guadagni, mentre giochi. Nel 2021 Axie Infinity ha generato 2 miliardi di dollari. In molti Paesi, come le Filippine per esempio, l'economia di molte famiglie si sostenta con questo videogioco nft. Il *lockdown* ha generato questo fenomeno nel quale gli occidentali entrano per

---

148 Molti mesi dopo avere scritto queste righe, mi sono trovato a collaborare per qualche mese con loro creando il primo telegiornale webtv sul tema blockchain e sul mondo crypto.

giocare e divertirsi con qualche dollaro. Dall'altra parte del mondo i giocatori entrano per cercare di vincere quei dollari, per potere sopravvivere. I poveri che fanno divertire i ricchi per avere in cambio di cosa vivere. La necessità che le famiglie debbano fare qualcosa come giocare ai mostriciattoli per sopravvivere è ovviamente qualcosa da correggere nella strategia collettiva.

Anche papa Francesco Bergoglio è stato incapsulato in un nft dall'Arcidiocesi di Bangkok che ha creato delle immagini del pontefice con un foto-collage. Il vaticano ha lanciato *Scholas Occurrentes* una serie di token non fungibili dove spicca anche la firma artistica del papa Bergoglio.

La casa d'asta Sotheby's ha lanciato un mercato tutto suo di arte musica ed *entertainment*. Anche Visa scommette sugli nft e si è unita all'ex giocatore di baseball Micah Johnson per creare il famoso personaggio Nft Aku.

Gli esempi e le applicazioni sono, come detto, innumerevoli. E molti sono legati al mondo parallelo del Metaverso. Questo mondo nuovo digitale che si sta espandendo in modo imprevedibile agglomera l'interesse del mondo. Dalle grandi corporazioni agli utenti. È un modo per trovare nuovo ossigeno, che nel mondo attuale appare esaurito. La burocrazia, il controllo estremo unito alla corruzione dilagante e la sovrappopolazione hanno asfissiato l'essere umano e il suo modello di convivenza. Solo un mondo virtuale costruito da una mente collettiva potrà salvare probabilmente la nostra esistenza terrena. O distruggerla definitivamente.

Un nft può anche essere utilizzato come deposito di garanzia per i prestiti. Il 28 ottobre 2021 è stato offerto un prestito di 1,4 milioni di dollari sulla piattaforma NftFi. Un utente, KrypToniK, ha lasciato come garanzia un nft della collezione Autoglyphs e ha ricevuto 1,4 milioni di dollari e la *stablecoin* Dai. La commissione piuttosto alta, di quasi del 10%. Se il beneficiario non dovesse restituire la cifra, in automatico, lo *smart contract* si attiverebbe sottraendo dal suo wallet l'nft lasciato in deposito. Gli Autoglyphs sono un esperimento di arte generativa formato da 512 nft, sulla blockchain di Ethereum. Creati da Larva Labs, generatrice dei famosi CryptoPunk. Il prezzo di base del Autoglyph è di 299 ether, circa 1.3 milioni di dollari[144].

Questo uso degli nft avalla la inter-usabilità degli strumenti blockchain e della logica blockchain per la creazione e sviluppo della finanza decentralizzata. Molti degli nft hanno un enorme mercato perché il mondo si prepara a popolare il Metaverso. E nel Metaverso si ha necessità ancora di tutto. Accessori, oggetti, mezzi di trasporto, qualunque cosa deve essere creata o comprata nel mercato nft e trasportata nel mondo virtuale. Per

---

[144] observatorioblockchain.com / theblockcrypto.com

esempio, nell'autunno 2021 si è sparsa la voce nella CryptoGiungla riguardo il nuovo progetto MetaHero[145] che prevede la creazione di uno scanner domestico per potere teletrasportare qualunque oggetto o persona dal mondo reale al Metaverso. Ogni oggetto, trasformato in token non fungibile sarà un complemento utilizzabile nel mondo virtuale. Una figurina di coccodrillo potrò utilizzarla per camuffare la testa del mio avatar o un mantello da mago, gli occhiali di Thug Life potranno fare la differenza e creare una mia identità virtuale. Solo negli ultimi mesi del 2021 l'industria nft ha generato più di 10 miliardi di dollari. Gli investitori vedono un futuro radioso per il settore nft, di arte, di "figurine" collezionabili[146]. In più l'essere proprietario degli nft nella comunità offre dei vantaggi partecipativi, come nel mondo reale lo sono gli accessori di lusso, come un Rolex o una Ferrari[147].

Attendo con timore le distorsioni di un Metaverso profondamente capitalista dove avere o non avere un complemento nft di valore potrebbe significare l'esclusione da un evento o da un determinato network di avatar.

---

[145] Con moneta corrispondente hero.

[146] Esistono diversi gradi di esclusività nei token non fungibili collezionabili: Comune (+ 100k unità), Non comune (-10k unità), Raro (-5k unità), Epico (-1000 unità), Leggendario (-100 unità), Mitico (-10 unità) e Unico.

[147] *Nft trading volume hit $10.7 billion last quarter—here are 2 reasons why people are spending thousands on digital assets*, Cnbc, 6 ottobre 2021.

L'ARTE DELLA BLOCKCHAIN
Un sistema *win-win*

Il 10% del mercato dell'arte globale è già crypto art[148].
Il 2021 è stato l'anno dell'esplosione.

Partiamo da un punto di vista concettuale. Gli artisti vivono in un mondo completamente squilibrato, non a loro vantaggio. Spesso molto ingiusto. Un settore caratterizzato dall'estrema polarizzazione, dove una piccola parte è straricca e la quasi totalità annaspa sballottato tra il dedalo di mille feudi.

Tutti beneficiano dell'arte. Quando vai in un nuovo Paese, in una nuova città, di primo acchito non vai a visitare uno studio di avvocati o un ferramenta. Vai al museo o nel quartiere pieno di gallerie d'arte. Nel museo trovi il concentrato del sacrificio, studio, sofferenza, esaltazione dell'essere umano, frutto della vita vissuta degli artisti che con grandi intuizioni e sacrifici hanno creato qualcosa che rimarrà come simbolo del potenziale creativo dell'essere umano, ovviamente all'unisono con le invenzioni tecniche e scientifiche che ci hanno permesso di avere un continuo progresso.

Sottolineo questo perché in molti credono che l'arte sia un adorno. O una scusa. Un alibi.

Mi trovavo nell'isola di Fogo, a Cabo Verde, dove alcune storie umane mi affascinano. Sfortunatamente non parlerò di questo adesso, anche se mi piacerebbe profondamente, ma di un piccolo dettaglio che ricordo con tenerezza. Una piccola storia ignobile. Avevo conosciuto un tipo italiano che aveva aperto una pizzeria in quell'isola remota. Mi raccontava le sue gesta imprenditoriali nella vendita di macchinari, gru, in Germania. Dopo averlo ascoltato per vari giorni, ho avuto l'impeto di parlare con lui un po' di arte. "Gli artisti vendono fumo", fu la risposta. So che non ha alcun valore la

---

dichiarazione lanciata da un pulpito poco allenato, però lo ricordo con un sorriso e un certo sconcerto perché questo è il giudizio sull'arte più ricorrente nella società produttivista.

In altre occasioni l'arte è vista come qualcosa di variopinto e astratto, come il cagnolino gigante di Jeff Koons o degli squali immersi nel formol di Damien Hirst.

L'arte è notizia quasi esclusivamente quando si associa alla speculazione estrema. "Una opera d'arte venduta per milioni di dollari!". Quindi subito, nella società produttivista, la notizia si accende come polvere da sparo.

L'opinione pubblica deduce che l'arte è solo questo, "Un bicchiere d'acqua mezzo pieno nella fiera d'arte di Madrid Arco[149] per 20 mila euro".

Poi entri a casa di qualcuno, persone orgogliosamente assorbite dal loro lavoro produttivista, che guadagnano molto bene, concedendo il proprio tempo a favore di grandi corporazioni, case che sono costate molte centinaia di migliaia di euro pur non essendo faraoniche e cala un velo triste sui tuoi sensi. Il cuore cade a terra ingloriosamente. La loro intimità non è allenata all'emozione, alla vita. Nel muro vedi i quadri sciatti di fiori pastellosi o il taxi giallo della grande catena di mobili, il poster banale di qualcosa di famoso, insomma un concerto di qualunquismo messo lì per riempire gli spazi. O vedi quadri grigi, antichi, anonimi e sempre uguali o scelte moderne che si trovavano incluse nel preventivo della ristrutturazione della casa.

Mi pervade un senso di tristezza. Manca il senso. Manca la comprensione dell'emozione, la sua ricerca e la sua ricompensa. Manca il sapore dolce della quotidianità. La quotidianità in quelle case è assente. Però loro, sfortunatamente, non lo sanno. Questo non vuol dire che tutti debbano essere interessati all'arte, molti preferiscono le pareti bianche stile ospedaliero, però nella mia esperienza credo sia una buona idea comprendere che nella propria quotidianità risiede qualcosa di eccezionalmente importante. Lasciare spazio all'arte nella tua quotidianità può avere riflessi molto positivi nella tua vita.

Nella neuroscienza si chiama "ancoraggio", il processo di associazione di una sensazione fisica a uno stimolo. Un *trigger*, uno stimolo sensoriale memorizzato si utilizza per portare a un cambiamento nello stato d'animo, qualcosa che ti ricorda una emozione particolare puoi stimolarla, per esempio, attraverso una opera d'arte. Quando la guardi, quando la senti, l'ancoraggio produce in te l'emozione positiva del ricordo.

Non è lo stesso vivere con qualcosa che non ti stimola, né ti ricorda nulla.

---

[149] Nella fiera d'arte di Madrid, l'autore Wilfredo Prieto ha venduto l'opera *Bicchiere d'acqua mezzo pieno*, 2006. Era un bicchiere mezzo pieno d'acqua.

Avere un contatto quotidiano con finestre su altri mondi, su ricordi, su emozioni, ti fa del bene fisico e *animico*. L'emozione che produce l'acquisizione di nuova opera è qualcosa di indescrivibile, con effetti positivi. "Ah, però non ho tanti soldi". Questa è un'altra solita solfa. Stai tutto il giorno a lavorare, tutto il giorno in competizione per essere migliore delle altre persone che ti stanno vicine nel tuo stesso ufficio o nell'ufficio dei tuoi concorrenti e arriva il momento di investire un poco del tuo tempo e un poco del santo denaro in qualcosa che ti può rendere la vita realmente migliore e lo liquidi cosí? Cosí poca considerazione hai di te? Madrid, per esempio, è un laboratorio gigante di arte. Un esercito infinito di artisti. Nessuno è come Hirst, nessuno ha i suoi prezzi. Comprare arte non significa spendere milioni. Esiste arte per poche decine di euro, centinaia, migliaia di euro... È un mercato infinito da entrambi i lati. Ci sono molti che producono arte e moltissimi che possono acquistarla e goderne. "Ma io non capisco niente di arte". Altro concetto ripetitivo. Non c'è nulla da capire. O per lo meno non è sempre da capire. È da sentire, da ascoltare. Arte significa farsi permeare e scoprire qualcosa di te. Nella mia esperienza sono molto felice quando incontro nuovi collezionisti neofiti perché la loro emozione è immensa quando acquisiscono una opera d'arte. Nessuno li ha preparati a questo. Non sanno che lo sforzo di ricercare qualcosa che li emoziona può cambiare il volto della loro quotidianità. Può dar loro una emozione che non hanno mai provato prima. Quando lo provano è una esplosione di entusiasmo, di energia positiva.

Gli artisti sono nella maggior parte dei casi dei pessimi venditori e vivono reclusi, schiacciati da una società che l'unica cosa che vuole è che paghino la loro partita iva. Come se stessero vendendo un prodotto industriale. Gli amici ti guardano come se stessi perdendo il tempo, perché l'unica cosa che serve è far carriera in qualcosa di gerarchico e centralizzato. Qualcosa di produttivo. Come se essere artista non fosse qualcosa di utile, frutto di studio, dell'esperienza e dell'evoluzione.

Esistono anche artisti burocrati. Sono quelli che hanno adattato la propria indole e la propria ricerca alle autorità. Senza autorità e senza benedizione non si sentono artisti.

L'artista, confuso e maggiormente abbandonato, solo, in un collettivo incapace di unirsi e fare valere le proprie prerogative, continua con la sua sincerità a creare per karma, cercando di dare meno fastidio possibile.

Ho visto questa dinamica, innumerevoli volte in questi anni.

Questo modello sta cambiando. Si sta aprendo un nuovo mercato micro e macro di nuovi collezionisti, di nuovi mercati affamati del lavoro degli artisti. Un luogo nuovo dove l'impensabile può avere valore. Dove il filtro formale non esiste. L'incontro e la distribuzione sono automatizzati. Il registro è pubblico e trasparente. Il mercato è libero. Il gusto è variegato. La visione è infinita.

In un corso di "marketing per artisti" un gallerista[150], mi indicò un dato che mi ha sorpreso. In Spagna su 18 mila gallerie solo 15 (solo quindici) prosperano sulle vendite. L'intermediazione funziona abbastanza male e solo con i grandi collezionisti, con sentieri di grandi capitali costruiti con anni di alchimie trasparenti o, nella maggior parte dei casi, molto poco trasparenti.

L'antico modello continuerà a esistere, per potere riempire di opere riconosciute e benedette dai maghi della tribù le case degli amanti dei grandi numeri. Però il resto della popolazione rappresenta un mercato molto potente e l'introduzione all'arte di questa moltitudine può avere un impatto positivo sulla vita collettiva.

Tra i più grandi collezionisti del secolo passato esisteva una coppia, impiegati alle poste, che si innamorarono dell'arte e iniziarono a comprare opere a buon mercato, scelte perché generavano in loro una emozione speciale. Herbert and Dorothy Vogel dimostrarono di avere una grande sensibilità e riuscirono a comprare, grazie a un proverbiale fiuto, le grandi firme del mondo dell'arte quando ancora non erano nell'acme della fama.

La loro collezione arrivò a contare 4782 opere. Diventarono dei rispettati collezionisti che con la loro ricerca apportarono valore ai musei e alla collettività.

All'inizio è l'emozione, è il motore di chi crea, però è anche il motore di chi riceve l'arte, di chi la vuole a casa sua, di chi vuole vivere guardando una finestra che ti porta ad altri mondi.

In questo modo puoi ricordare ogni giorno che esistono altri mondi e puoi esplorarli, perché sono lì presenti e uno sguardo può attivare questo teletrasporto. Ossia, l'ancoraggio.

In questo consiste l'arte. Guarda una collezione, saprai immediatamente qual è l'opera più vicina alle tue corde, perché richiamerà la tua attenzione, nascerà un click, una scintilla, qualcosa che ti fa innamorare. E il link che si crea è di una forma più profonda, va più in là del mercato o della speculazione, o dell'impressione su alluminio *dibond* o del materiale digitale che si trasforma in pigmento, in stampa. È importante tenere presente che non si tratta di un ornamento, ma di una parte imprescindibile della nostra vita.

Così l'artista studia, passa la sua vita analizzando, sentendo, osservando,

---

[150] Juan Curto, la sua galleria si chiama Cámara Oscura.

leggendo, cercando, provando, rischiando, per nutrirsi di aspetti importanti e intangibili. Per progredire e per facilitare il progresso collettivo.

Persone che non hanno mai pensato di potere comprare arte, anche se hanno la possibilità economica di farlo, scoprono un gusto speciale, scoprono l'emozione di vedere tutti i giorni quello che hanno scelto, cercato e fatto proprio un pezzo di universo che li motiva. Famigliari, amici, visitanti. Tutti saranno partecipi di un progetto che ha un nome e un cognome. Un progetto dove tutti hanno un vantaggio.

Questo volo pindarico ti fa dubitare e ti starai chiedendo: cosa c'entra tutto ciò con la blockchain o il mondo crypto?

La tecnologia è diventata qualcosa che non si risolve in un semplice strumento, ma in qualcosa che provoca il cambiamento nel mondo[151]. Nel mondo crypto è probabile che questa cultura da collezionista grazie alla nuova tecnologia e alla nuova logica si espanda in modo sorprendente. Per necessità e per moda. Ma anche per coscienza. Il mercato dell'arte si espande e i collezionisti saranno sempre di più. Ma non sono solo i collezionisti di sempre. Le "persone normali" per motivi artistici, personali o più probabilmente per mera speculazione, saranno pronti a investire in qualunque forma d'arte, anche la più assurda. È qualcosa che sta già succedendo.

Malgrado tutto, sento spesso - nelle frequenti conversazioni di chi ha una opinione senza studiare previamente - il coro che si alza a corollario di questa novità è spesso scettico, "è una bolla", "è una perversione", "è inutile", "questa non è arte". Le uniche notizie che ci arrivano sono stravaganti e legate alle opere vendute per milioni di dollari. E "l'opera era solo un pixel". A marzo 2021 Beeple, come abbiamo appena visto, ha venduto una opera di cryptoarte "Everydays: The First 5,000 Days" per 69 milioni di dollari. Nella casa d'asta Christie's. Era il primo nft che ha venduto. Questa notizia ha fatto il giro del mondo e ha permeato nella società in modo capillare. L'opera è stata comprata da Vignesh "Metakovan" Sundaresan, che uscì allo scoperto commentando, "L'obiettivo era mostrare agli indiani e alle persone di colore che anche loro possono essere collezionisti e che la crittografia è un potere che eguaglia l'Occidente con il resto del mondo".

A febbraio 2021 un collezionista rivendette una opera di videoarte di Beeple a 6,6 milioni di dollari, comprata pochi mesi prima a 67 mila dollari. Una speculazione del 1000%.

Arrivò alla ribalta in Spagna la storia di un artista Javier Arrés, che si è specializzato nei *.gif,* qualcosa che era impensabile associare all'arte fino a

---

[151] *Almost Human* (Jeppe Rønde, 2020). Documentario.

qualche tempo fa. Per anni ha lavorato nei bar per vivere, ma dopo avere vinto la Biennale d'Arte di Londra, la sua carriera ha preso il volo e il ceo della piattaforma MakersPlace invitò Javier a unirsi al *marketplace*. L'artista spagnolo da quel momento sembrerebbe avere venduto più di un milione di euro in nft[152].

Il mercato degli nft è diventato il centro del mondo crypto. La morbosa voglia speculativa (che è il frutto della mentalità produttivista) lo muove. Ma in ogni caso dietro al fenomeno nft, come anche dietro al mondo crypto, non esiste solo la speculazione, che è la punta dell'iceberg, esiste anche un orizzonte eclettico e con inimmaginabili potenzialità.

Decentraland

Dall'atomo del mondo blockchain, l'nft, nasce il mondo virtuale, nuovo, creato dal cervello collettivo del mondo crypto. Il Metaverso[153]. Un universo parallelo, il nuovo internet, un mercato di opportunità di business difficili da credere.

Il mondo virtuale ha strade, edifici, è popolato da 60 milioni di persone. Decentraland[154] non è di nessuno, è dei suoi utenti, in perfetto stile decentralizzato, non a caso è organizzato come una Dao. Per votare è necessario avere le cryptomonete mana, land ed estate. Gli utenti sono i proprietari di questo progetto e controllano il contenuto, prevedono lo sviluppo e gestiscono i benefici generati. Nel mondo virtuale decentralizzato gli utenti possono creare e fare business, possono costruire, comprare, locare, scommettere, fare shopping, etc.

Il mondo di Decentraland[155] è nato nel 2017 come una Ico[156] che ha distribuito il token mana, la cryptomoneta al centro degli scambi di questo mondo virtuale. Il token nativo mana si è rivalutato del 3.600% nel 2021[157].

---

[152] Ci sono migliaia di storie morbose su speculazioni. Se ti piacciono, eccone altre 10: decrypt.co/62898/the-10-most-expensive-nfts-ever-sold

[153] Il termine Metaverso (dall'inglese metaverse, contrazione di meta universo) o meta-universo, ha la sua origine nel romanzo Snow Crash pubblicato nel 1992 da Neal Stephenson, ed è spesso usato per descrivere una visione del lavoro negli spazi 3D. (Wikipedia).

[154] I mondi sono sempre di più e in espansione, A parte Decentraland, anche The Sandbox, Somnium Space,... etc.

[155] decentraland.org

[156] Vedremo nelle prossime pagine la logica e il funzionamento delle Ico.

[157] observatorioblockchain.com

Le terre di Decentraland sono quasi tutte vendute a prezzi "da vita reale", dagli 80 mila dollari in su ogni parcella. A Genesis City, una delle città più grandi di Decentraland le case e parcelle arrivano a costare milioni di dollari. Tutto è digitalizzato e in 3D. Concerti, bar, esposizioni d'arte, uffici, sale congressi, sale giochi, casinò, tutto quello che conosciamo è riprodotto in modo digitale e condiviso nella blockchain.

Si entra direttamente dalla pagina web, ma solo se si ha connesso il proprio wallet di MetaMask. Si crea l'avatar che ti rappresenta e si viene catapultati in questo mondo tridimensionale. Una immersione digitale per interagire, non solo per vedere, come è stato fino ad ora. L'interazione è con asset digitali, ma anche oggetti materiali reali, attraverso la "realtà aumentata".

Decentraland è una grande idea. E sta crescendo.

Ha alcuni grandi difetti, per esempio si ha bisogno di computer molto performanti per potere vivere una esperienza fluida. E la vita a Decentraland è troppo cara, la speculazione da un lato e i *gas fee* di Ethereum dall'altro portano a pagare cifre esagerate per ogni transazione. Non conviene comprare un biglietto di un concerto che vale 30 dollari e pagarne 70 di *gas fee*.

La partecipazione reale è ancora scarsa, ma nella previsione del *whitepaper*, la Costituzione di Decentraland, si prevedono delle ere evolutive. Quando Decentraland entrerà nell'Età del Ferro, gli sviluppatori potranno creare applicazioni su Decentraland, distribuirle ad altri utenti e monetizzarle. L'Età del Ferro implementerà comunicazioni *peer to peer*, un sistema di *scripting* per abilitare contenuti interattivi e un sistema di pagamenti veloci in cryptovaluta per le transazioni[158].

Questo mondo virtuale, che promette di essere la prossima internet immersiva, è un gioco che può diventare la base di una nuova finanza decentralizzata e di una nuova maniera di vivere. Se qualcuno crede che sia roboante come concetto pensi all'html e internet degli anni '90. Adesso sappiamo che impatto ha avuto sulle nostre vite.

Gli investitori di tutto il mondo credono che il Metaverso sarà il futuro di Internet. Il Metaverso è una cosa seria e il Metaverso non è di Facebook. Esistono infatti diversi Metaversi e lo Stato delle Barbados è stato il primo al mondo a decidere di aprire una sua ambasciata nel Metaverso, dal gennaio 2022, a Decentraland.

Ricordiamo che il Metaverso originale proviene dal mondo crypto ed è organizzato in maniera decentralizzata. Non esiste un proprietario. Gli utenti sono i proprietari. E non esistono i confini. Quindi un'ambasciata potrebbe

---

158 decentraland.org/whitepaper.pdf

essere decisamente fuori contesto. L'ambasciatore delle Barbados negli Emirati Arabi Uniti, Gabriel Abed, ha affermato che il Paese caraibico sarà il primo ad avere un proprio quartier generale del governo nel Metaverso. L'idea di Barbados è quella di offrire ai suoi 285 mila cittadini l'accesso a servizi e procedure nel Metaverso.

Il Metaverso potrebbe svilupparsi come uno stato indipendente, presieduto da diverse Dao. Il settore DeFi è la finanza del Metaverso, gli nft la linfa che si muove per tutti i canali della rete. L'economia basata sugli nft supererà il mercato "reale" in un decennio, secondo le sfere di cristallo.

Ovviamente i giganti tech del mondo tradizionale hanno fiutato da anni l'immensa potenzialità e stanno tentando di giocare d'anticipo nella loro cronica mentalità competitiva per diventare i *numeri uno*. Come se questo avesse una rilevanza, l'insistere sul sogno di diventare i Signori e Padroni del Metaverso. Ossia riprodurre gli stessi errori del mondo tradizionale. Facebook si è lanciato nel vuoto, di testa, a tal punto da cambiare nome. Adesso dal 28 ottobre 2021 si chiama Meta e aspira secondo una critica generalizzata nel mondo digitale a essere il proprietario del mondo attraverso il Metaverso.

Il vero Metaverso crypto è di proprietà dei suoi utenti come nel caso di Decentraland, ad esempio, mentre il Metaverso che Mark Zuckerberg propone replica in tre dimensioni la sua visione vorace di capitalismo verticista, gerarchico e piramidale, totalmente centralizzato, dove gli utenti diventano qualcosa di simile a un prodotto.

Non dimentichiamo che uno dei concetti fondamentali del fenomeno crypto è la ridistribuzione e la moltiplicazione del valore. Quella che a volte viene chiamata la democratizzazione della finanza. Quella di Facebook è una manifestazione completamente contraria alla strategia di cambiamento collettivo del popolo crypto.

L'aspetto positivo è che nel mondo crypto quello che fa Facebook conta poco e nei giorni successivi all'annuncio di MetaFacebook, mana, la valuta di Decentraland, ha avuto una crescita record di oltre il 300%. Allo stesso modo, il token del Metaverso StarLink ha raddoppiato il suo valore in pochi giorni. Va tenuto presente che il mondo delle cryptovalute è nato e si è sviluppato senza chiedere permesso a nessuno e che i principi di questo collettivo globale di circa 300 milioni di persone[159] sono ancora oscuri all'opinione pubblica, che l'unica cosa che coglie del mondo delle cryptovalute è la speculazione. O l'opportunità di business. Nella confusione mediatica molti

---

[159] In continua crescita esponenziale.

incoscienti e superficiali lettori o media credono che il Metaverso sia una invenzione di Facebook.

Il mondo che sta prospettando il cervello collettivo crypto non ha le sembianze di quello immaginato da Facebook. Ma esistono anche rappresentazioni cinematografiche fuorvianti. Il rischio è che la maggior parte delle persone esterne al mondo crypto inizino ad avere una idea distorta di tutto questo nuovo mondo. La banalizzazione imbottita di effetti speciali del film *Ready Player One*, per esempio, che non a caso è il più citato nelle conversazioni più superficiali di Linkedin, porta fuori strada.

Una glorificazione di confusione e violenza. Di egoismo. Un tipico mondo di personaggi strambotici che si rincorre per pestarsi.

Non è per nulla vero che il fenomeno crypto fino a oggi abbia creato un mondo distopico. Il mondo che si sta creando sembra più un Burning Man che un Mad Max, per capirci.

La prima volta che ho messo piede a Black Rock City, in pieno deserto del Nevada ho compreso la necessità collettiva di molte persone, tipi di persone specializzate e inserite nel mondo reale, imprenditori, ingegneri, artisti, borghesi e altoborghesi di tutto il mondo, soprattutto bianchi, di creare con grande entusiasmo un mondo dove vivere non sia basato sulla competizione, il commercio, le armi, la violenza, ma un mondo basato sulla collaborazione, sul "pensa a quello che puoi dare alla comunità e non solo a quello che ricevi". Un mondo per nulla hippie, anche se a uno sguardo superficiale potrebbe sembrarlo. Non è hippie, è un mondo digitale, avanguardista, fortemente visionario e soprattutto molto preparato in termini di tecnologia e finanza.

Il Burning Man è una opera d'arte umana partecipativa che viene costruita con circa 20 milioni di euro ogni anno nel deserto del Nevada. Senza nessuna marca come sponsor. Solo *crowdfunding*. Un mondo che non lascia traccia nel deserto, che non inquina, che pensa come riciclare tutto, come non lasciare un solo ago sulla polvere del deserto. Nelle foto del Burning Man non vedrai mai una cartaccia a terra che svolazza. O qualcuno che fa i suoi bisogni tra le crepe del deserto. È una mentalità di costruzione collettiva, di intelligenza collettiva, di distribuzione. É il consenso che si mescola con la *inclusione estrema*. Nessuno si sente escluso nel Burning Man e per fare qualunque cosa che preveda una interazione con gli altri è necessario il consenso esplicito. Se vuoi abbracciare qualcuno o semplicemente toccarlo, si chiede permesso, per capirci.

Il network di persone che cercano questa maniera nuova di convivenza cresce nel mondo. I *burner* sono dislocati in ogni angolo della terra[160]. È necessario prendere in seria considerazione il fatto che queste necessità sono reali e sono sempre più diffuse, necessità legate a una vita che non segua le regole del sistema attuale basato nel contrasto continuo con gli altri, sugli altri, dove l'"io" è immerso in una strana solitudine sociale in cui cerca di essere "meglio degli altri". E lo dimostro con comportamenti quotidiani nel posto di lavoro, nelle vetrine condizionate dei social network, con i famigliari, con gli amici.

Per questo il mondo previsto da Facebook, o quello rappresentato dal film pop *Ready Player One*, sono solo il frutto della maniera di pensare di chi non sa vedere oltre il sistema attuale. Ma in realtà molte persone, centinaia di milioni di persone, forse miliardi di persone, stanno cercando una bolla d'ossigeno dove non è necessario correre così tanto per non andare da nessuna parte, dove la convivenza anche tra gente che non si ama può essere diretta da regole di convivenza collaborativa. Ma non confondiamoci, non è per vivere peggio. No. È per vivere decisamente meglio, per vivere in modo più efficiente. Più efficace. Una maniera di vivere, di lavorare, di divertirsi, di progredire che ci permetta di essere utili per quello che siamo e che permetta di scegliere, non di essere continuamente obbligati a tutto da un sistema che non sa dove ci sta portando. Senza dubbio la matrice di tutto questo schema rimane ultracapitalista.

Nel Burning Man non esistono i soldi. A Black Rock City non si compra e non si vende nulla. Non esiste competizione tra i cittadini e non esiste un vincitore. Quello che ho sentito dire più spesso tra le strade della capitale del mondo libero è stato "perché non è sempre così la vita reale?".

È chiaro che molta parte della popolazione continuerà ad amare e a perpetrare lo *status quo*. I due mondi andranno verso il loro futuro con un andamento asintotico.

Il mondo decentralizzato non è "al servizio dell'utente", è "di proprietà dell'utente". Tu sei il cittadino protagonista delle scelte collettive, tu sei la banca, tu gestisci il tuo valore. Puoi produrre valore senza bisogno del permesso di nessuno, sei tu che decidi sul futuro della tua comunità. E sulla tua quotidianità.

In questi giorni, mentre scrivo, il mondo trattiene il respiro aspettando che l'oligarchia decida sulla vita di tutti a Glasgow, nella Cop26. Nel mondo decentralizzato, nel mondo del crypto Metaverso, tutti i cittadini

---

[160] Molti sono veri *burner*, con lo spirito della collettività, mentre moltissimi altri sono amanti delle visioni festaiole lisergiche e del divertimento apparecchiato, ma il senso più profondo, genuino, del Burning Man non lo vivono nella loro quotidianità.

prenderebbero la decisione. Se oggi tutti potessero votare senza intermediari a favore dello stop all'inquinamento, secondo voi cosa si voterebbe?

Le CityDao

Pochi giorni dopo il battesimo di Facebook come Meta, il co-fondatore di Ethereum Vitálik Buterin ha pubblicato un articolo proponendo di utilizzare la logica del decentramento per convertire le città esistenti in città crypto.
Cosa è una CryptoCity?
Una città immersa nella logica blockchain. Le procedure amministrative nelle città diventano più affidabili, trasparenti e verificabili. Si formano nuove forme di governo municipale e di proprietà patrimoniale.
Le cryptomonete facilitano gli scambi e il business trova il modo di adattare i suoi processi a questa nuova tecnologia.
In Spagna, la Comunità de Aragon già utilizza la blockchain nei processi di assunzione. Il presidente de El Salvador Nayib Bukele lavora per la creazione della prima "Bitcoin City" al mondo, paragonandola alle città fondate da Alessandro Magno. Il vulcano Conchagua sarà la maggiore fonte di energia e la città avrà tutto il necessario, negozi, cinema, servizi, impianti sportivi, musei, un porto e un aeroporto. Niente tasse sul reddito, zero tasse sugli immobili, niente tasse sui contratti, zero tasse comunali e zero emissioni di Co2, come spiegato su Twitter dalla Presidential House. A Bitcoin City non ci saranno imposte sul reddito.
El Salvador emetterà obbligazioni tokenizzate del valore di mille milioni di dollari per finanziare la città. Il bitcoin bond avrà una durata di 10 mesi e un interesse annuo di 6,50 all'anno, che verrà pagato ogni gennaio.
A Reno, nel Nevada, la città che ospita il Burning Man, e prospera grazie all'indotto di questa opera d'arte collettiva, il sindaco Hillary Schieve, promuove la costruzione di Reno Dao e Reno Coin sulla blockchain di Tezos. Schieve vuole lanciare anche gli nft delle opere d'arte del Burning Man.
Negli stati uniti il Wyoming è il centro molto *friendly* delle cryptovalute ed è stato il primo Paese ad avere approvato la legislazione che dà una veste giuridica alle Dao. La CityDao del Wyoming vuole essere una città totalmente basata su blockchain e sugli *smart contract*. Nascerà in una terra confinante con il Montana e si reggerà sul sistema di *governance* conosciuto come nft "Citizen". I token sono venduti su OpenSea.
Il sindaco di Miami, Francis Suárez, ha recentemente annunciato che seguirà la logica della redistribuzione dei benefici generati dalla cryptomoneta

MiamiCoin[161]. In pochi mesi dal suo lancio la cryptomoneta MiamiCoin ha generato un beneficio di oltre 21 milioni di dollari per la città.

Nella competizione statunitense sul cambiamento crypto New York non vuole rimanere indietro e ha lanciato la cryptomoneta NYCCoin. I cittadini comprandola possono essere partecipi delle decisioni e dei benefici collettivi della città.

Anche in Senegal è nato un progetto legato al cambiamento crypto.

L'artista Akon sta sviluppando un progetto di *smart city* fondata sulla cryptomoneta Akoin. L'obiettivo dichiarato è prevenire la corruzione, l'inflazione e rendere una città totalmente sicura.

Le Bahamas sono state il primo Paese a lanciare la sua Cbdc (Central Bank Digital Currency). La Sand Dollar. Anche la Nigeria ha lanciato eNaira la prima cryptovaluta emessa da una banca centrale.

Queste iniziative mostrano il germe di qualcosa che promette di prosperare cambiando il paradigma della nostra convivenza. Molti progetti cadranno nell'oblio e molti setting saranno necessari per fare entrare a regime il nuovo modello decentralizzato. Ma l'interesse crescente dimostra che per molti è il cammino da seguire.

Axie Infinity, un gioco che diventa finanza. La finanza che diventa gioco.

Axie Infinity, conosciuto come "The Crypto Pokémon", è un buon esempio della frontiera nft legata ai giochi digitali. È un gioco basato sugli nft che va più in là e diventa finanza. Diventa un modo per divertirti o, addirittura, per sostentare la tua famiglia, giocando.

Creato da uno studio vietnamita nel 2018, basato sulla tecnologia Ethereum, ha avuto una crescita tremenda. Il concetto si trova a metà strada tra i modelli Player-vs-Player, Play-to-Win e Play-to-Earn. Ed è diventato un chiaro esempio di alternativa per trovare una fonte di reddito. Nelle Filippine, per esempio, durante il *lockdown* Axie Infinity ha offerto una nuova possibilità, una boa alla quale aggrapparsi per fare fronte alla crisi economica di molte famiglie.

Da una parte gli occidentali giocavano per divertimento e mettendo in circolo qualche dollaro, mentre dall'altra parte del mondo giocare si trasformava in soldi utili per sopravvivere. Quei dollari vinti permettevano di mantenere le proprie famiglie.

I personaggi Axies sono rappresentati per mezzo di un token nft, rendendoli veri e propri oggetti da collezione. Le cruente battaglie contro altri Axies o

---

[161] Cryptomoneta generata sulla piattaforma City Coins.

contro l'intelligenza artificiale del gioco fa guadagnare soldi virtuali. Più investi in accessori, più hai probabilità di vincere. Se muori perdi tutto. I giocatori-allevatori di Axies li rendono migliori, unici, differenziati, potenti, etc. e puoi anche scambiarli, venderli o puoi comprare dei mostriciattoli già superaccessoriati. Ma a volte hanno prezzi da stropicciarsi gli occhi. Axs[162] è la cryptovaluta per ricevere ricompense per la partecipazione al gioco.

Lo scopo è di incoraggiare l'uso della DeFi poiché axs è disponibile nel mercato delle cryptomonete e consente il voto sulla piattaforma, la *governance* delle decisioni. Slp[163] è il token delle ricompense di ogni battaglia[164].

Per giocare devi inizialmente registrarti con Ronin Wallet, anche se poi puoi passare a MetaMask.

Un cryptogioco può diventare l'interfaccia di un prodotto finanziario.

La comunità ha creato anche un sistema di borse di studio. Il proprietario di un Axie dà in affitto il suo Axie in modo che i nuovi utenti possano entrare per giocare e generare Slp. Gli Slp sono distribuiti tra il titolare, l'amministratore della borsa di studio e lui stesso. Gli nft nel gioco non si limitano solo agli Axies. Possono anche essere terre e altri oggetti che vengono scambiati dentro e fuori dal gioco, ad esempio su OpenSea.

Axie Infinity ha superato i 2 miliardi di dollari di vendite. Guadagna circa 300 milioni di dollari al mese.

Il modello di business Play-to-Earn è l'ultima frontiera nel settore dei giochi e fornisce vantaggi economici ai giocatori che aggiungono valore contribuendo al mondo del gioco. È un veloce esempio di una sinergia della open economy.

---

[162] Axie Infinity Shard. In questi giorni mentre scrivo la cryptomoneta axs si può mettere in *staking* su Binance al 110% di interesse annuale.

[163] Small Love Potion

[164] Uniswap è il principale Dex per lo scambio di Slp.

Alcuni punti forti. Il rispetto del diritto d'autore, la trasparente certificazione dell'arte, l'aspetto economico, il mercato amplio, la facilità di trasmissione. Una opera tokenizzata può essere direttamente associata a un contratto che indichi le caratteristiche dell'opera, che ne consenta il download indicando ad esempio se si tratta di una edizione unica o limitata[165]o le eventuali percentuali in caso di rivendita.

Il collezionista con un click può acquistare l'nft con le garanzie di autenticità e - questo è il secondo punto di forza come abbiamo visto in relazione alle cryptomonete - tutti possono verificare la transazione che verrà marchiata a fuoco sulla blockchain. Tutti potranno riconoscere da dove viene l'opera, quando è stata venduta, quante volte è stata venduta. Sarà impossibile modificare queste informazioni o hackerarle.

Per gli autori, questa tecnologia significa risolvere un problema lungo molti secoli che ha raggiunto il suo culmine negli ultimi 20 anni con la diffusione di internet nelle nostre vite, con i software *peer to peer* che hanno scosso il mondo della creatività intellettuale in maniera significativa. Il *peer to peer* ha tolto agli autori, il *peer to peer* ora probabilmente ricompenserà i creatori. Con l'nft, l'autore vede riconosciuta la paternità per sempre e può decidere se ricevere un compenso per ogni volta che l'opera viene rivenduta.

Anche la Siae, la Società Autori Editori d'Italia, ha compreso il potenziale

---

[165] Esistono diversi gradi di esclusività nei token non fungibili collezionabili: Comune (+ 100k unità), Non comune (-10k unità), Raro (-5k unità), Epico (-1000 unità), Leggendario (-100 unità), Mitico (-10 unità) e Unico.

della blockchain in tema di diritti d'autore. Nel marzo 2021 ha creato più di 4 milioni di nft, *non fungible token,* che rappresenteranno digitalmente i diritti degli oltre 95 mila autori associati. I token non fungibili saranno quindi utilizzati per la prima volta per rappresentare i diritti degli autori iscritti alla Siae. "Un registro pubblico decentralizzato e trasparente che li rappresenti è il primo mattone necessario a costruire una infrastruttura open che tuteli a 360° il diritto d'autore, così come immaginato per il futuro nella vision di Siae" si legge nel comunicato della società.

Al giorno d'oggi un artista che vende le sue opere viene pagato solo la prima volta. Se il mercato secondario si entusiasma, l'autore normalmente non riceve una ricompensa. Quando inizia la speculazione forte, guadagnano gli altri, ma l'autore no.

Con il sistema blockchain, il problema potrebbe essere risolto rimuovendo l'intermediazione e pagando immediatamente il giusto compenso all'autore. Un'altra confusione ricorrente è se l'opera possa essere una copia in nft e coesistere contemporaneamente nella sua versione fisica. Deve essere esclusivo l'nft o può circolare anche nel mondo fisico nella sua versione in tre dimensioni?

Questo dubbio denota un malinteso sugli nft.

Per evitare confusione bisognerà considerare l'nft come una opera certificata e di facile diffusione in rete. Nel caso di una opera d'arte fotografica per esempio l'autore nello *smart contract* può allegare il file originale, oppure una copia ad alta risoluzione in .tiff, può mettere il file con *layers*, senza *layers*, può vendere solo i *layers* separatamente, può anche mettere un link esterno che punta al di fuori del *marketplace*, a un Drive per esempio, in modo che l'acquirente possa scaricare l'opera digitale e altri extra. A volte l'autore stabilisce una formula ibrida in cui il collezionista oltre l'nft riceve anche l'opera fisica, una volta effettuato l'acquisto.

L'opera in nft può essere originale, cioè creata solo per esistere in questo ambiente blockchain, oppure può essere la copia digitalizzata di una opera che esiste già fisicamente. In pratica l'autore è libero di stabilire la formula più consona alla sua arte. Se l'artista non è onesto, può anche organizzare una truffa, dire una cosa per l'altra, avere un nft che vende come unico per poi invece vendere opere fisiche non autorizzate dallo *smart contract*, esattamente come avviene nel mondo fisico. La blockchain legata all'arte, al prodotto o al servizio, offre un modo semplice per vendere, acquistare, diffondere con la certezza che ciò che si acquista ha una storia e questa storia è reale, visibile a tutti in ogni momento.

Se questo sistema dovesse prosperare, artisti e collezionisti avrebbero a disposizione uno degli strumenti più potenti finora visti per far valere il diritto d'autore e per risarcire legittimamente l'autore per la diffusione della sua opera. Ottima notizia per i creatori e per i collezionisti non sorgerebbe più la preoccupazione di acquistare un falso.

Anche nel mondo dei titoli universitari e dottorati, che in Spagna ha riempito le pagine dei giornali per molti mesi. Una sequenza infinita di personaggi famosi, legati soprattutto alla politica, che avevano mentito nel loro curriculum. Con blockchain il problema della falsificazione trova una risposta molto efficace. Le risorse umane potrebbero fare uno screening in qualche secondo avendo una certezza assoluta sulle fonti. L'nft del tuo Master universitario avrà, accessibile a tutti, la fonte che l'ha emesso senza margine di errore.

Concettualmente, ancora una volta, la parola chiave è decentralizzazione. L'artista può vendere direttamente le sue opere sulle piattaforme senza bisogno di intermediari. A livello tecnico è così. A livello pratico è una possibilità, ma sarebbe più corretto pensare che il ruolo dei curatori o dei galleristi in un mondo così diffuso e aperto con tutta probabilità acquisirà un crescente valore. Però si aggiungerà il tassello della trasparenza che con ogni probabilità a molti non piacerà.

Attualmente le piattaforme con accesso gratuito, come OpenSea, MakersPlace, Rarible, ad esempio, rappresentano un mix tra il bazar, la galleria e un *mega digital store* dove c'è davvero di tutto. Così, il tuo capolavoro, frutto di un decennio di lavoro e studio, premiato in contesti internazionali, con un valore di tutto rispetto anche a livello economico, convive pacificamente con la finestra accanto che offre un gif animato di un gattino che sorride o una opera d'arte costituita da un singolo pixel grigio o, ancora, il primo tweet dell'ex ceo di Twitter Jack Dorsey venduto per 2,9 milioni di dollari.

Ma se hai venduto il tuo primo tweet, il tweet è ancora online su Twitter? Sì. Perché qualcuno l'ha comprato, se tutti possono fare uno *screenshot* del post? Il motivo che spinge il collezionista a comprare l'nft di un tweet è il certificato che l'autore concede tramite *smart contract*, che garantisce la provenienza. Nessun altro potrà essere proprietario di un nft del tweet in quesitone. Ed è per questo che il collezionista lo ha comprato, perché sa che il primo tweet del ceo di twitter è qualcosa con un valore storico intrinseco e molto probabilmente lo potrà vendere in futuro speculando in modo aggressivo. Il collezionista compra l'nft, non il tweet. È l'nft certificato che ha un valore da collezione, non il tweet che è online su Twitter, gratuito per la libera consultazione degli utenti.

L'arte si apre a una infinità di possibilità, un caos dove tutti comprano creazioni di ogni genere e lo fanno velocemente, senza intermediazioni, senza zone d'ombra e speculando quanto vogliono. Un modo dove gli artisti possono trovare una nuova fonte di guadagno e visibilità. Ma anche un ambiente con una nuova sensibilità, con nuove esigenze. Un terreno fertile per la creatività globale, però con la cronica difficoltà di trovare un modo efficace per distinguersi in questo coro di voci distonico del mercato globale.

Mi è sempre sembrata interessante la storia, tutta statunitense[166], del pittore Pei-Shen Qian che non ottenne un chiaro successo economico con i suoi quadri, ma creò e vendette dei perfetti falsi Rothko per molte decine di milioni.

"Magnifico!" commentò David Anfam mentre esaminava il dipinto. L'esperto britannico di Rothko aveva preso il primo volo da Londra a New York e aveva analizzato la gamma cromatica, la tecnica e persino la firma sul retro. Tutto confermava che era un dipinto originale di Rothko. Ma non era così. Il vero creatore, come rivelato da un'attenta ricerca dell'Fbi e una causa di due anni, era il pittore cinese Pei-Shen Qian. Qian era andato negli Stati Uniti per far decollare la sua carriera, ma il mercato tradizionale si basa su dinamiche spesso incomprensibili o casuali e Qian ha visto la possibilità di un meritato riconoscimento economico utilizzando l'antica cultura cinese della copia. In Cina saper copiare è un'arte che si studia nelle università e ha tutto il suo significato. Copiare aiuta a preservare la storia e migliorare la tecnica. Saper copiare è essenziale per il progresso umano. Qian ha intrapreso questo cammino sdrucciolevole della frode e ha iniziato a vendere opere contraffatte attraverso una galleria di New York molto quotata. Stalls Ann Freedman, la direttrice della galleria d'arte Knoedler di New York, ha trasformato - inconsapevolmente lei dice - Qian in una fabbrica di opere false vendute come originali.

Christopher Rothko, il figlio di Mark Rothko, ha pianto dopo aver studiato per mezz'ora meticolosamente una pittura di Qian, su richiesta della corte nel processo in cui Qian è stato incriminato, ha dichiarato "È perfetto".

Solo i raggi x tradirono l'artista cinese e l'utilizzo di certe paste colorate inesistenti al tempo dell'autore originale[167].

La contraffazione è qualcosa che accade in molti settori e mi ricorda il famoso caso di Rudy Kurniawan, che si è arricchito copiando perfettamente le bottiglie, le etichette, la polvere, l'invecchiamento dei materiali e ovviamente anche l'aroma dei vini più rari e cari. Per anni ha ingannato il mondo intero, anche i più scrupolosi *sommelier*.

---

[166] Ben descritta nel documentario *Made You Look: A True Story About Fake Art* (Barry Avrich, 2020).

[167] *Made You Look, el documental de Netflix que dejó en ridículo al mundo del arte*, Esquire, marzo 2021.

Tutti questi casi di contraffazione potrebbero restare nella memoria come curiosi aneddoti storici perché con gli nft e più in generale con la blockchain il problema può essere risolto definitivamente. Ad esempio, la blockchain della cryptovaluta Vet, è un progetto che vuole combattere la contraffazione a favore della certificazione dell'autenticità di ogni settore, soprattutto del vino, nella prima fase di sviluppo. La costosa e preziosa bottiglia è etichettata con un microchip. La cantina produttrice crea un nft di ogni bottiglia e da lì ogni passaggio della distribuzione viene registrato nella blockchain ed è verificabile da tutti.

Piattaforme nft e collezionabili

Gli nft hanno scatenato l'ossessione. Un mercato enorme che compra e scambia davvero di tutto. E non c'entrano nulla con l'arte nella maggior parte dei casi. Su cryptoslam.io si può monitorare in tempo reale l'andamento del mercato nft. Com'è evidente i mostriciattoli e i nuovi punk hanno creato un valore dove non esisteva. Un videogioco di mostriciattoli diventa una operazione finanziaria, come nel caso di Axie Infinity.
Nell'arte, le piattaforme nft possono avere un filtro di entrata, sono "curate" o liberamente accessibili. Nella maggior parte dei casi quello che va a ruba sono i collezionabili a volte assurdi, come pinguini, i volti stilizzati dei CryptoPunk, CryptoKitties, i coniglietti tridimensionali presenti nella piattaforma Dex Pancakeswap, che formano quella che è definita la "cottage industry"[168]. Le nuove collezioni possono essere consultate su rarity.tools.
La novità è che questo tipo di arte può essere copiata infinitamente, non è quello l'aspetto importante. L'aspetto che istiga l'essere umano è la scarsità, la rarità. Quindi se il CryptoPunk numero #3291 è rarissimo, qualunque cosa rappresenti, anche se visualmente replicabile, può essere venduto a cifre esorbitanti. Il più caro per ora è stato il CryptoPunk 4156 venduto a 10 milioni di dollari. I coniglietti di Pancakeswap possono arrivare a costare decine di milioni. Ognuno.
Chi specula con questi *asset* nft di solito ne compra tre. Uno lo vende per rifarsi dell'investimento. E gli altri "li lascia correre" per vedere fino a dove arriva la loro rivalutazione.
Ho grande difficoltà a metabolizzare questa nuova dinamica, ma me ne sono fatto una ragione. La parte che mi affascina è quella che ho definito in precedenza come la "moltiplicazione del valore". Adesso in questo strambo

---

[168] *CryptoKitties, CryptoPunk and the birth of a cottage industry*, Financial Times, 6 giugno 2018. "Cottage industry" è definita come un'attività commerciale o manifatturiera svolta nelle case delle persone.

nuovo rimescolarsi di carte globale qualunque cosa ha un valore. E il valore come lo abbiamo conosciuto fino a oggi (riassumibile nei soldi) non ha una corrispondenza diretta in questo nuovo mondo. Qualunque cosa ha un valore stabilito da una libera logica collettiva. Per questo il programmatore canadese ha rifiutato una offerta di quasi 10 milioni di dollari per vendere il suo CryptoPunk numero #6046. Ha risposto seraficamente "Non è in vendita". Nell'archivio pubblico si può vedere che l'aveva comprato per "appena" 83 mila dollari.

I famosi CryptoPunk, CryptoKitties o i pinguini, o i simboli fallici (in voga nell'autunno 2021) possono essere anche distribuiti gratis, nei famosi *giveaway*. Se provi a scrivere su twitter #giveaway troverai una valanga di "regali" pronti a riempire il tuo wallet. Questi *disegnini* milionari diventano in pratica una nuova finanza.

L'arte più riconoscibile come tale ha un nuovo spazio nell'universo blockchain. Molte piattaforme mettono in comunicazione collezionisti e artisti.

Nifty Gateway è una piattaforma che ha un processo di selezione molto rigoroso. Sono artisti già affermati e i prezzi sono più alti. Il suo sistema di vendita si basa su "drop" o collezionabili, edizioni limitate disponibili anche per un tempo limitato.

L'impatto di questa offerta, limitata in quantità e tempo fa vendere i "Nifties" (come chiamano i loro collezionabili) in pochi secondi. A differenza di altre piattaforme, consente il pagamento con carta di credito.

SuperRare vende pezzi unici, edizioni esclusive e un'arte diversa, il loro processo di selezione è molto rigoroso e si definiscono come "Instagram incontra Christie's". Hanno creato un social network forte e attivo attorno al loro mercato. Non accettano carte di credito e si può pagare solo con ether.

Più aperto nel tipo di arte e artisti è MakersPlace, mentre Foundation è una piattaforma "community curated" dove gli artisti stessi invitano altri artisti a entrare e vendere le loro opere. Sono loro che scelgono quali opere compaiono sul web, newsletter o social network. Questo potrebbe all'inizio essere molto interessante, ma crea alcune orribili perversioni.

Il sistema capitalista anche nel suo aspetto più collaborativo come la blockchain, ha alla base due concetti tremendi. L'esclusione e la concorrenza. Due elementi perfettamente prescindibili che però continuano a colorare in modo molto intenso la nostra esistenza.

L'arte speculativa della piattaforma Foundation pianta una barriera all'ingresso e questo crea un ambiente più esclusivo e più caro. È attraente per gli artisti e facilita la ricerca per i collezionisti. In un sistema competitivo, qual è l'interesse di un artista nell'invitare un altro artista in un luogo dove l'obiettivo è esclusivamente vendere? A prima vista nessuno. Se un artista che tu hai invitato a unirsi vende una opera ricevi 5 inviti. Preziosissimi inviti. Tutti li cercano, li chiedono disperatamente nei social network. Ci sono concorsi e lotterie per ottenerli. Chi riceve un invito diventa il *re del mambo*. L'orgoglio della superiorità è colmato. Io sono dentro, tu sei fuori. Gli artisti sgomitano per afferrare un invito. L'artista che ha venduto qualcosa tocca l'Olimpo con le dita. Almeno per qualche minuto di profonda soddisfazione. Non sono sicuro che questo favorisca una dinamica positiva o sia una colossale perdita di tempo. *Anyway.*

Un'altra piattaforma è Known Origin, anch'essa guidata dalla comunità degli artisti. Si spinge un po' oltre nell'originalità Async che permette di vendere opere digitali anche per singolo *layer*. I livelli di Photoshop, per capirci.

Il più popolare e aperto è Rarible, una delle piattaforme più utilizzate, con una interfaccia un po' caotica, con molti contenuti artistici. Il suo token Rari distribuito tra gli utenti più attivi, concede il diritto di voto e governa la piattaforma.

Il più grande, spesso descritto come "L'Ebay degli nft" è OpenSea. Grande varietà e quantità di opere, che si integrano ad altre piattaforme come Rarible, MakersPlace o SuperRare. Chiunque può pubblicare e i *gas fee* vengono pagati una sola volta, indipendentemente da quante opere vengano *mintate*[169].

In generale le opere possono essere vendute a prezzo fisso, in un'asta normale o al prezzo d'asta decrescente.

Quando compro un nft me lo ritrovo sul mio wallet?

Dipende dal wallet. Trustwallet te lo fa vedere direttamente nel tuo wallet, per esempio. Nel caso di MetaMask si deve seguire come sempre una istruzione con vari passaggi[170]. In altri casi visiti una pagina web indicata dal *marketplace* dove hai comprato, connetti il wallet a quella pagina e vedrai gli nft acquistati.

---

[169] Fare un upload nella blockchain associando uno *smart contract*.

[170] Trova l'indirizzo dell'NFT. ...
In MetaMask Mobile, tocca la scheda "NFT", scorri verso il basso e tocca il link "+ AGGIUNGI NFT". ...
Trova l'ID dell'NFT. ...
Incolla l'ID nella casella contrassegnata con "ID" in MetaMask Mobile, tocca il pulsante "AGGIUNGI" e i tuoi NFT dovrebbero apparire nella scheda NFT.

LA PRATICA

How to do it, come comprare bitcoin e le cryptomonete, come difendersi nella CryptoGiungla, conoscere gli strumenti principali per entrare nel mercato, le strategie, le fonti, le offerte di finanza decentralizzata, opportunità di investimento

"La distinzione tra investimento e speculazione
in azioni ordinarie è sempre stata utile e il fatto
che questa distinzione stia scomparendo
è motivo di preoccupazione".

Benjamin Graham, nel libro *L'investitore intelligente*

Nel mondo crypto i termini di investitore o di trader, si utilizzano con una intercambiabilità assoluta. Forse è frutto della poca formalità accademica che caratterizza questo nuovo mercato.

In realtà la distinzione tra hold e trade è fondamentale. Hold significa comprare per mantenere durante un periodo di tempo dilatato le proprie cryptomonete. Trade e Spot significano nel gergo quotidiano della CryptoGiungla speculazione e una compravendita continua. La differenza non è solo filologica ha dei riflessi importanti sulla strategia.

Quando compri bitcoin o un'altra cryptomoneta per hold la tua preoccupazione è guardare lontano all'orizzonte. Gli unici grafici che possono interessarti sono il grafico mensile, l'annuale[171] che proiettano la previsione sui prossimi mesi o anni. Non ha senso guardare il grafico di 4 ore o il grafico di una ora, come si fa ogni giorno per il trade, che rispettivamente devono essere consultati per prevedere gli andamenti delle prossime ore o del giorno dopo.

Hold significa puntare su un cavallo vincente e aspettare una lunga maratona per vedere se il tuo fiuto ha avuto ragione. *Hodl*, come si dice nel gergo crypto, significa appoggiare un progetto, credere che tutto ciò sarà utile per

---

[171] Su Tradingview, il portale di grafici più utilizzato, esiste l'opzione (in alto a sinistra) di scegliere il mercato di riferimento. Per bitcoin il più utilizzato è btc/usdt, bitcoin contro il dollaro Tether. L'opzione accanto si riferisce all'importante temporalità del grafico. I più utilizzati, da me e dai guru che seguo, sono il grafico di "4h", el grafico quotidiano "D" e il grafico "S" settimanale. Personalmente tengo d'occhio, in circostanze particolari, anche il grafico di un minuto o di una ora.

la comunità. Molti cryptoinvestitori non vendono i loro bitcoin anche per un motivo ideologico.

Per spiegare l'importanza della strategia di hold la storia di un amico può essere interessante.

Nel 2011 Javi (la storia è reale, il nome no) viveva in Argentina e lavorava nel sociale. È un ragazzo spagnolo brillante, apparentemente timido, ma molto sveglio e sempre pronto al confronto intellettuale. Una mente inquieta che ha sempre cercato la sua essenza più in là dei confini territoriali e famigliari.

L'Argentina all'inizio del secolo XIX era una delle potenze economiche mondiali, però nell'ultima fase del XX secolo viveva un periodo caratterizzato dal tremendo schiaffo economico, un vero e proprio crack, accompagnato da quello che fu definito "el corralito", la restrizione della libera disposizione del denaro. Da un giorno all'altro le banche chiusero le loro casse e i clienti videro diradarsi la libertà di disporre dei propri fondi. "L'inflazione galoppava tra il 20 e il 40%. Se i tuoi fondi erano in pesos in due anni non avresti più potuto comprare nulla" racconta Javi. "I dati ufficiali non concordavano con quello che il popolo viveva nella realtà. Le persone cercavano in tutti i modi di comprare dollari e questo aumentava la inflazione, per questo il Governo proibí i dollari statunitensi. Quando viaggiavo fuori dall'Argentina se pagavo in pesos con una carta di credito pagavo il 35% di tasse". E continua Javi, "Nella calle Cerrito di Buenos Aires si poteva comprare di contrabbando il *dollar blue*, chiamato cosí perché illegale. Era l'unica maniera di comprare del denaro per viaggiare[172], visto che *las casas de cambio* erano quasi tutte chiuse".

Il 2012 segnava la fine dell'incubo perché si chiudeva un ciclo di sdebitamento dell'Argentina.

Un anno prima, nel 2011, Javi viveva con la sua compagna nel centro di Buenos Aires. Un giorno, durante le manifestazioni del 15-M[173] andò a manifestare di fronte all'ambasciata di Spagna. Lì ebbe un incontro che gli cambiò la vita. Un ragazzo che come lui stava manifestando gli parlò per la prima volta del bitcoin. Il 15-M era la più grande ed emozionante manifestazione dell'epoca moderna che occupò la Puerta del Sol di Madrid per ricordare al mondo che i cittadini non sono "Dei burattini in mano alle banche e ai politici" come ripetevano durante la manifestazione. Il 15-M è stata una manifestazione potente *de los indignados,* cosí si iniziarono a

---

172 Il Governo permetteva di comprare nel mercato ufficiale un certo numero di dollari, ma a un cambio molto poco favorevole.

173 Il Movimiento 15-M ha dato vita nel 2011 a una vasta mobilitazione pacifica di protesta iniziata il 15 maggio 2011 in occasione delle elezioni amministrative spagnole. (Wikipedia).

chiamare i manifestanti. Il 15-M evidenziò due aspetti importanti. Che l'indignazione è presente e ha un grande peso nella vita dei cittadini. E che o prima o poi "la gente" prenderà contromisure contro il sistema attuale. Perché tra i manifestanti c'era uno spaccato trasversale della società. Avvocati, medici, attivisti politici, sociologi, soldati delle corporazioni, ovviamente giornalisti, umanisti, artisti. Ma anche matematici, fisici, economisti. C'era di tutto. E il *know how* di queste persone non è secondario. Il bitcoin è nato nel 2009. Il 15-M divampava per le strade di Madrid nel maggio di due anni dopo. Il cuore arancione dell'indignazione per la prima volta, da brace incandescente covata sotto la cenere, era diventato fuoco ardente.

Javi dopo avere conosciuto quel ragazzo scrisse un articolo sul bitcoin "La moneta del futuro?" e si attivò per comprare quella strana cryptomoneta, bitcoin. Per farlo non aveva i rudimenti tecnici e tentava di coinvolgere l'informatico del suo ufficio. Gli scrisse, ma senza riuscire a smuovere le acque. Tentò di spiegargli che il bitcoin già aveva triplicato il suo valore, ma l'informatico si dimostrò scettico e disinteressato.

Chissà cosa pensa adesso quell'informatico ricordando questa storia.

Javi senza vie d'uscita tentò di scaricare la app per minare. Ma fallì nel tentativo.

Un giorno dell'anno 2013, in un bar di Santander, in Cantabria, Spagna, Javi si ritrovò con un altro amico informatico che viveva in Olanda, Pedro. Conversando sono entrati nell'argomento bitcoin e Pedro per iniziarlo al mondo crypto gli pagò le birre in cryptomoneta. È la prima volta che Javi ricevette dei bitcoin, nel Bitcoin wallet[174].

Nel 2014 l'amico Pedro, insieme alla sua compagna, decise di andare a trovare Javi in Argentina. Durante la visita Pedro danneggiò involontariamente un muro della casa di Javi. Per ripararlo ci volle un lavoro di qualche centinaio di euro. Tornato in Spagna Pedro aveva intenzione di inviare i soldi per la riparazione, ma la situazione bancaria tra commissioni enormi, il cambio e le restrizioni vanificava quel minimo sforzo economico riparatore. L'amico offrì a Javi ancora una volta di inviare quella somma in bitcoin. "Se non ricordo male fu il raggiungimento del mio primo bitcoin", racconta Javi. Da quel momento ogni volta che tornava in Spagna si faceva pagare le birre e le cene in bitcoin. Lui pagava con fiat e l'amico gli dava la sua parte in cryptomoneta.

In Javi cresceva l'interesse e andò ad alcune conferenze sul bitcoin tra il 2015 e il 2016.

---

[174] play.google.com/store/apps/details?id=de.schildbach.wallet

Da quel momento è stato attento a conservare i suoi bitcoin in modo scrupoloso, sempre pronto ai cambiamenti tecnologici e con perenne interesse vide come quelle strane monete virtuali, con il passare dei mesi e poi degli anni, diventavano sempre più preziose.

"All'inizio pensai fosse qualcosa di rivoluzionario" confessò Javi, "Però poi iniziammo a scherzare dicendo che quel gruzzolo rappresentava la nostra pensione. Visto che la mia generazione fa poco affidamento sul sistema. Arrivò un po' di delusione quando vedevo che il prezzo saliva e scendeva gestito dalle 'balene'. Stavamo sempre in balìa di salite e discese e della minaccia della proibizione. In altri momenti iniziava l'euforia del *To The Moon*. Io comunque non compravo direttamente. Comprava l'amico mio e me le passava. Il 10 di dicembre del 2017 decisi di vendere una parte di bitcoin per comprare delle cryptomonete più piccole. Sentivo, parlando con i miei amici, che stava salendo il *fomo*[175]. Sapevo che sarebbe caduto bitcoin, come in effetti successe".

In questi mesi di immersione ho sentito spesso dire che comunque sia anche un holder deve ogni tanto incassare dei benefici, come se fosse una strategia consigliata e quasi dogmatica per chi decide di investire a largo raggio. Questo non è un punto facile da pianificare. Quando bitcoin sta salendo bisognerebbe disfarsi di una piccola parte di questo attivo prezioso, anche se le previsioni più ottimiste lo lanciano a un milione di euro.

Non è facile.

Anche perché il passaggio tra crypto e mondo fiat non è per nulla naturale. Quando entri nel mondo crypto non vuoi tirare fuori i tuoi fondi da lì per convertirli in qualcosa che non dà molta fiducia.

Dall'altro lato le previsioni più pessimiste riportano bitcoin sempre a zero. Attendere può diventare sinonimo di un cambiamento radicale di vita materiale in tutti e due i sensi.

Se a marzo 2020 hai comprato bitcoin adesso sei proprio felice. Se ne hai potuto comprare tanti, sei davvero molto molto felice. E se attendi il 2024 o 2028 per vendere, forse la tua vita sarà cambiata in modo sostanziale.

L'altra faccia della medaglia è rappresentata dal fatto che aspettare può farti perdere tutto da un momento all'altro. Sia perché fisicamente puoi perderlo, puoi smarrire le chiavi dei tuoi bitcoin, puoi subire un hackeraggio doloroso o semplicemente può crollare il prezzo ed entrare in una ibernazione lunga anni e anni. Nessuno sa cosa succederà. Ma le viscere degli uccelli o l'oracolo di Delfi possono aiutarti ad avere quella sensazione azzeccata che ti potrebbe portare a cambiare il colore della tua vita.

---

[175] Fear Of Missing Out. Paura di perdere una forte salita dei prezzi.

Nel 2018 il bitcoin ha iniziato a galoppare dai 3 mila fino ai 20 mila euro. Adesso è facile essere anestetizzati da questa cifra, ma una moneta nata dal nulla, supportata da 9 pagine da quel documento word rivoluzionario chiamato *white paper* e da una grande tecnologia sconosciuta, in un mondo pieno di rumore e disattenzione, ha rappresentato una sveglia per il mondo. Bitcoin a 20 mila dollari ha sbattuto il pugno sul tavolo e si è fatto notare globalmente. L'11 dicembre 2017 il bitcoin ha detto al mondo "sono qui, l'idea è valida, ne vedremo delle belle".

Un anno dopo, il 3 dicembre 2018, il bitcoin valeva di nuovo tremila dollari. Un crollo tremendo. Il *fud, fear, uncertainty, and doubt,* la paura, l'angoscia, la fine di un sogno, il "si salvi chi può" è sceso come grandine sul popolo dei cryptoinvestitori, che commettendo l'errore più comune e grossolano, sono fuggiti svendendo il loro asset più prezioso. Ma Javi no. La sua giocata magistrale è stata quella di aver avuto pazienza e fiducia. Ha mantenuto intatto il suo wallet, l'ha fatto crescere, ha iniziato a comprare e ha continuato a tenersi stretti i suoi bitcoin anche in mezzo alla tempesta.

La rincorsa di quest'anno l'ha preso alla sprovvista. Forse non se l'aspettava una nuova corsa verso l'alto. Nel 2020 ha vissuto tutto più da vicino, marcando stretto il grafico per attendere il momento opportuno per vendere tutto. Senza tenere in conto le notizie e le viscere degli uccelli - secondo me con una mossa poco lungimirante - ha aspettato i primi mesi del 2021 e toccando quota 40 mila ha venduto. Perché? "Perché domani potrei essere morto e per paura di perderlo, visto che l'ho sempre lasciato nella app dello *smartphone*" risponde Javi. "Ma sono sicuro che continuerà a salire".

Tre mesi dopo bitcoin a 60 mila. Sei mesi dopo ha sfiorato i 70 mila. Forse qualche rammarico ce l'ha.

In ogni caso ha fatto una giocata maestrale e adesso sta scegliendo in assoluta comodità dove vivere e che casa comprare. Quel buco nel muro in Argentina e la sua sensibilità per i cambiamenti sociali hanno materializzato una casa a due piani con giardino dall'altra parte dell'Oceano, in Europa.

Come si comprano le cryptomonete?

Per iniziare a comprare con Rapanui ci siamo informati a fondo. Video, amici, letture quotidiane, libri. Il processo è facile se hai dimestichezza con internet. Ma come tutto il resto nel mondo crypto ha bisogno di una estrema attenzione.

Quando ho deciso di acquistare cryptomonete per la prima volta ho scelto un momento tranquillo e ho dedicato qualche ora alla prima operazione. Un posto pacifico, senza distrazioni, senza occhi indiscreti e con una connessione sicura.

Un dettaglio importante, da quando ho iniziato a conoscere il mondo crypto non utilizzo più il wifi in giro, negli hotel, nei bar, etc.

Ho portato con me due libretti e una penna. Nel mondo digitale non si usa più la penna, almeno non molto, ma quando compri cryptomonete la penna è importante.

Il primo passo è stato seguire esattamente i consigli illuminanti di Crypto Casey in un video per neofiti[176]. Ho seguito esattamente quello che indica la Casey, una giovane donna che ha l'obiettivo di fare centro con i suoi mille calcoli e smettere di preoccuparsi del denaro arrivata ai 30 anni. È un ottimo consiglio guardare attentamente quel video.

Ho creato una nuova email su Protonmail. Si tratta di un gestore svizzero considerato uno dei più sicuri. In altre occasioni ho creato una mail sicura su gmail. Con il passare dei mesi ho preferito sempre gmail. Una mail sicura ha un nome che è un numero, ha una password di molte cifre e caratteri. Nel mio caso la password ha una ventina di caratteri di tutti i tipi. Ho scritto religiosamente questi due passaggi sui due libretti in modo speculare.

L'email è associata a sistemi di sicurezza a due passaggi chiamati *odg*, che mi mandano un sms per qualunque accesso nel mailbox e l'ho anche connessa a Google Authenticator, una app che sforna codici di sicurezza ogni minuto associati a un account. Attivare Google Authenticator è un *must*, perché serve anche per gli *exchange* e per mille altre situazioni. Quindi meglio farlo subito e dall'inizio.

Sia gmail che qualunque altro operatore indica anche dei codici, molti codici, che servono in caso di smarrimento della password per potere accedere nuovamente all'email.

Sembra una tremenda paranoia tutta questa parte, ma è davvero imprescindibile. Bisogna sempre avere in mente che adesso la banca sei tu e devi dedicare tempo alla tua sicurezza. Queste accortezze, a detta degli esperti, sono un passo obbligato. Così ho seguito i consigli.

Non bisogna fotografare gli appunti sui libretti o salvare sul computer questi codici. Non bisogna scriverli su Whatsapp o su Skype, su Viber e nemmeno su Signal. Non devi farli vedere a nessuno e non raccontarli in un audio o in una email. Devono rimanere scritti solo sui due libretti, per sempre. Un libretto a portata di mano, sempre ben nascosto e l'altro è consigliabile metterlo in un posto sicuro come backup. Un incendio, un furto o uno smarrimento casuale potrebbe farti perdere per sempre le tue

---

[176] *How to Buy Cryptocurrency for Beginners (Ultimate Step-by-Step Guide)* - youtu.be/xYWMzczqgk4

cryptomonete. In molti utilizzano per il secondo libretto la cassetta di sicurezza della banca. Nella mia esperienza purtroppo neanche la banca è un luogo sicuro[177].

La creazione dell'email e ogni altra operazione legata alle crypto l'ho sempre fatta su una finestra del *browser* con la funzione "in incognito" attivata.

Una volta creata la nuova email e annotati tutti i codici e password nei due libretti mi sono diretto alla piattaforma più facile e più cara, ottima per neofiti e per investitori navigati. Coinbase. I motivi che mi hanno spinto a iniziare con Coinbase sono tre. È facile da usare. È sicuro, perché quando cominci a entrare nella CryptoGiungla se sei completamente ignorante meglio andare sul sicuro. Tutto ha nomi strani che non hai mai sentito prima, alcuni sono addirittura buffi, sembrano uno scherzo, come Sushiswap, che ha le monete Sushi e i token Syrop. Comunque al momento attuale i migliori *exchange* sono ovviamente Binance, Kraken, Crypto.com (che adesso è sponsor anche dello stadio di Los Angeles), Kucoin, Ftx, Gemini, etc.

Per avere una idea dei cambiamenti delle piattaforme e rendersi conto con dati certi di quale va bene e quale non più, è bene sempre fare riferimento a web come coingecko.com[178].

Nel mondo crypto ci sono piattaforme di tutti i tipi, ma anche molti *scammer*, siti che ti rubano tutto. Quindi per comprare la prima volta non ho avuto dubbi, sono andato sul sicuro. Il terzo motivo è quello che indica un *modus operandi* in questo sottobosco. Prima di prendere decisioni importanti devi cercare info in giro, nei fori, nei commenti dei tweet, sui giornali. Ogni volta che sorge un problema il *tamtam* della CryptoGiungla risuona e devi prestare attenzione perché sono informazioni importanti. Quindi essere attivi su Twitter, su Discord, su Telegram è imprescindibile. Bisogna allenarsi a riconoscere nel grido collettivo e disordinato le voci delle quali fidarsi.

Per creare un account su Coinbase ho potuto mettere un profilo inventato. Nome inventato, indirizzo inventato. Insomma un profilo anonimo. Ma non è più così. Dall'estate 2020 è obbligatorio, a seguito della direttiva europea del 843/2018, su Coinbase e su tutti gli altri *exchange* il cosí detto *kyc, know your costumer,* conosci il tuo cliente, ossia l'obbligo di identificazione.

---

[177] *Palermo, Quel bottino da cento miliardi*, La Repubblica, 1990. I casi sono molteplici e di ogni epoca. Solo per fare qualche esempio: *Milano, colpo miliardario nel caveau della Cariplo*, La Repubblica, 2001. *Impiegati e clienti chiusi in una stanza, poi l'assalto al caveau*, Palermo Today 2019. *Ladri nel caveau della banca*, LeccePrima, 2018. *Golpe de película a dos cajas de seguridad de una caja de ahorros*, Diario de Soria, 2018. *Desvalijadas 200 cajas de seguridad en un banco de Marbella*, El País, 1982. *Desvalijan las cajas de seguridad tras hacer un butrón en una oficina de Caja Rural Central*, Información, 2011, etc.

[178] coingecko.com/en/exchanges. Per i Dex: coingecko.com/en/dex

Per aprire un nuovo account devi inviare tutto il necessario per identificarti. Foto del passaporto, foto con il passaporto in mano, indicazione dei tuoi contatti, a scapito ovviamente dell'anonimato.

Le piattaforme Dex come Uniswap, Sushiswap e Pancakeswap, che funzionano in modo diretto sui blockchain e permettono di scambiare monete con altri utenti sembrerebbero garantire ancora l'anonimato. Sui Dex comunque non si può scambiare di tutto. Se una crypto moneta è di Ethereum non puoi scambiarla con quella della Binance Smart Chain, per esempio. Bitcoin sui più grandi Dex come Uniswap o Pancakeswap non si può scambiare. Su Binance che è un *exchange* centralizzato sí. Su Coinbase e Coinbase Pro (ottimo e facile da usare, molto consigliabile) pure.

Per un neofita è meglio iniziare da Coinbase, che rappresenta come altre piattaforme la contraddizione di una piattaforma centralizzata al servizio di un mondo decentralizzato.

La blockchain è stata creata per avere una diffusione decentralizzata, mentre ancora per potere comprare delle monete bisogna rivolgersi a piattaforme centralizzate come Binance o Coinbase. I Dex, invece, sono l'espressione pura della libertà del mercato crypto, dove tutti offrono le proprie valute e trovano dei compratori disposti ad acquistarle. L'unico elemento centrale è il software *open source*, trasparente e automatico.

Un altro modo per comprare cryptomonete è rivolgersi ai bancomat di bitcoin che utilizzano la rete Atm. In Spagna stanno proliferando i bancomat di GBTC Finance o BitBase. Anche in Italia sono attivi i bancomat di bitcoin. Sono facili da utilizzare ma hanno l'inconveniente di avere spesso delle commissioni molto alte, che possono arrivare anche al 10%.

Dopo avere creato l'account su un *exchange* arriva il momento di inviare i propri fondi per potere comprare delle cryptomonete.

Si possono inviare i fondi in monete fiat ossia euro o dollaro (Coinbase accetta anche altre valute) sia con carta di credito che con bonifico bancario. Il bonifico è la migliore scelta perché ha commissioni molto più basse.

Prima di effettuare ogni operazione nella CryptoGiungla è bene studiare anche le commissioni.

Per connettere il mio conto ho dovuto fare un bonifico di qualche centesimo come prova, e questa operazione, visti i sistemi bancari attuali, ha bisogno di qualche giorno. A questo si aggiunge ancora qualche eterno giorno per inviare i fondi veri e propri, una volta verificata la connessione tra il conto in banca e l'account su Coinbase che risulta a nome di Coinbase Ireland Ltd. La banca di destinazione è estone, As Lhv Pank[179].

I primi acquisti li ho realizzati con carta di credito, con costi di gestione molto alti. Era un buon momento per comprare, non volevo attendere molti giorni per creare una connessione tra i due conti e per attendere il bonifico. In più cominciai a scontrarmi con un problema increscioso e a tratti irritante.

---

[179] Su Coinbase ho scelto "euro" tra le mie monete e sul lato destro della pagina si apre una doppia opzione. Quella corretta è "deposito". Vi compaiono tutti i dati per effettuare il bonifico.

LA GUERRA DELLE BANCHE

Sei davvero libero di usare i tuoi soldi?

Quando vuoi comprare bitcoin o delle cryptomonete devi effettuare un bonifico o utilizzare delle carte di credito o di debito. Questo significa che devi passare attraverso il famigerato filtro delle banche. Come abbiamo evidenziato in precedenza la relazione con le banche è diventata sempre più squilibrata. A parte le commissioni e una certa lentezza per qualunque tipo di operazione la dinamica reale è che non puoi disporre liberamente dei tuoi soldi. Questo mi sembra un errore degno di correzione legislativa.

Dal primo momento, quando ho cercato di inviare un bonifico o inviare dei fondi con le carte di credito o debito, la banca mi ha messo i bastoni fra le ruote.

Questa storia ha delle sfumature poco chiare e deludenti. Per questo merita di essere raccontata.

Dopo avere letto di queste pratiche ostruzioniste delle banche e avere conosciuto dei casi diretti, ho voluto provare sulla mia pelle e ho comprato su Coinbase, su Binance, su Crypto.com inviando dei fondi in euro. Ho tentato di comprare con quattro differenti banche.

È da non credere quello che è successo. Ho inviato dei bonifici da Sabadell, Bbva, Intesa Sanpaolo e Santander. La dinamica sembra essere sempre la stessa.

Santander è l'unico che, per quanto mi riguarda, non ha mai creato problemi. Questo non significa che non si possano avere problemi con questa banca, ma solo che, nel mio caso, tutte le transazioni sono andate a buon fine senza problemi.

175

Con le altre banche citate ho effettuato il bonifico, tutto sembrava andare per il verso giusto, ma dopo un po' ho ricevuto un messaggio. "L'operazione è stata annullata", senza spiegazioni.

Chiamo il servizio clienti. Sabadell ha un servizio clienti che nella mia esperienza è particolarmente inefficace, ripetono informazioni poco risolutive *in loop*, prima di rispedirti in ultima battuta alla tua filiale per trovare una soluzione.

Anche se abbiamo a disposizione uno *smartphone*, i computer, una connessione in fibra ottica, per poter inviare del denaro, devo uscire di casa in orari di apertura limitati, utilizzare un mezzo di trasporto, parcheggiare, fare la fila per poi pregare un signore incravattato o una signora in *tailleur* solo per inviare i miei soldi dove desidero. Mi sembra una logica tremenda. Mi sorge il dubbio, i soldi sono davvero i miei? Posso disporre davvero in modo libero dei miei soldi?

Questo filtro di controllo non assomiglia apertamente alla parte più oscura del comunismo? Secondo me, senza dubbio, sí. Ma lo mimetizziamo con certosino dovere. Tuttavia se togli la maschera e stai attento, la realtà è questa.

Banco Sabadell ha un servizio clienti molto reattivo su Twitter. Scrivo un *tweet* che riceve una risposta immediata:

"L'operativa di sicurezza è cambiata e per il momento l'operazione dovrà essere fatta nella sede della sua filiale".

Non posso esimermi dall'evidenziare a seguire, una breve storia che non ha nulla a che fare con le crypto, ma mostra chiaramente il rapporto ambiguo che abbiamo con le banche per la gestione dei nostri soldi.

Sabadell a marzo 2021 mi ha bloccato la carta immediatamente dopo un pagamento su Amazon. La risposta ripetuta da vari operatori del call center, testuale, registrata, è stata: "Amazon non è un *marketplace* sicuro"[180].

Mi fa sorridere amaramente questo atteggiamento. Non solo mi scopro limitato nell'utilizzazione del mio denaro, ma anche devo sorbirmi delle spiegazioni poco sensate come questa. Avrebbero potuto dirmi anche: "Mi dispiace, lei non può comprare uno spazzolino o un nuovo gadget tecnologico, senza un motivo. Se ne faccia una ragione".

L'abuso è evidente. Desumo semplicemente che il denaro non è davvero mio e devo chiedere il permesso anche solo per comprare uno spazzolino da denti.

---

[180] Secondo gli operatori di Sabadell il blocco è dipeso da un problema della piattaforma Amazon che non ha adottato un sistema di sicurezza obbligatorio (a livello europeo) di doppia verifica. Di conseguenza, la banca ha il diritto di bloccare la tua carta.

Abbiamo da anni questo esoterico spauracchio, ma questo non è forse il peggiore aspetto del paventato e mostruoso comunismo, cosí come l'abbiamo conosciuto nei regimi totalitari?

Questo capitalismo millantato soprattutto dalle destre, non è forse un comunismo camuffato?

Se il denaro non è mio, né per comprare bitcoin né per uno spazzolino comincio ad avere un grande dubbio su questo sistema.

È inaccettabile non poter disporre liberamente delle proprie finanze.

Questo dovrebbe essere un punto dogmatico del capitalismo, ma l'evidenza è diversa. Su questi temi è necessario un forte dibattito sociale e istituzionale.

La stessa dinamica è successa al Bel Paese. Gli operatori della banca italiana Intesa Sanpaolo, con la proverbiale distanza formale italiana, mi dicono che a loro il mio problema non risulta, che non può essere successo e per concludere mi dicono di riprovare tra pochi giorni. Garantiscono che tutto andrà alla perfezione. Riprovo qualche giorno dopo, senza fortuna. Blocco dell'account e bonifici annullati.

Tra l'altro aspettare qualche giorno, se fai trading, è un problema specifico e molto rilevante.

Armato di pazienza, ho aspettato e sono tornato al punto di partenza.

Nuovamente, "Pagamento rifiutato". Conto bloccato.

La premessa è che sto inviando denaro a Coinbase che è un colosso quotato alla borsa valori di New York, il Nasdaq. Secondo il sistema bancario non posso, non ho la libertà di inviare i miei soldi a questa impresa per acquistare delle cryptovalute.

Anche con la banca spagnola Bbva ho vissuto la stessa dinamica. La posizione di Bbva mi sembra paradossale. Da un lato è una banca moderna, una delle principali al mondo, dall'altro ha finanziato la stessa Coinbase, realizzando una plusvalenza immediata di 250 milioni di euro con il debutto nel Nasdaq. Ma i clienti non possono inviare i propri fondi per acquistare liberamente le cryptomonete.

Il messaggio chiaro appare cosí, "La banca può trarre profitto da bitcoin, ma tu no". Qui la questione si fa delicata.

Quando ho provato ad acquistare con carte o con bonifico, alcune operazioni vanno a buon fine. Altre vengono completate con successo ma dopo un po' il mio account viene bloccato, pin bloccato, account bloccato. In altre occasioni più gravi dopo una operazione accettata, passano i giorni e la stessa operazione scompare dalla cronologia del mio conto. I soldi ritornano silenziosamente sul mio conto senza lasciare traccia.

Altro che trasparenza, questa è già fantascienza, effettuare un bonifico, avere la conferma, attendere i giorni canonici e vedere improvvisamente tornare alla base l'importo dei fondi che avevo inviato senza poterlo consultare nel registro delle operazioni. Non pensavo fosse possibile una cosa del genere, non è certo frutto di una cristallina trasparenza.

Qui risiede un grande cambiamento di prospettiva con blockchain. Tutto deve essere alla luce del sole, consultabile da tutti. La trasparenza segnerà un cambiamento epocale nella nostra società.

Ho chiamato molte volte gli operatori della banca online per sbloccare il mio conto e le mie carte e per chiedere spiegazioni su questo abuso. Le risposte testuali sono eloquenti. "Buongiorno Emanuele, come possiamo aiutarti?", inizia sempre così. Dichiaro ripetutamente il mio caso e la risposta è testualmente "Bbva non consente l'invio di denaro a piattaforme di cryptovaluta". Forte e chiaro senza tentennamenti. Anche queste conversazioni sono registrate. "Capisco il disagio, ma è così. Registriamo la tua denuncia".

La stessa banca che ha creato un *marketplace* di cryptovalute in Svizzera, che ha lanciato il suo wallet New Gen per le cryptovalute e sta investendo su Coinbase (dove sto inviando i miei fondi), non permette ai suoi clienti di inviare i propri soldi per comprare cryptomonete?

"Corretto. L'*argumentario*[181] ci dice che i conti Bbva non consentono di operare con le piattaforme di cryptovalute".

A volte le operazioni sono andate a buon fine. A volte no. Qual è la logica?

"Stanno imponendo delle restrizioni. Se invii o ricevi denaro da una *exchange* di cryptomonete, hai un'alta probabilità che l'operazione venga bloccata. Credimi, il motivo è questo".

Quindi non ho modo di effettuare il bonifico?

"No".

Bbva finanzia Coinbase ma non posso effettuare un bonifico a Coinbase? Non le sembra strano?

"Fai attenzione a quello che ti sto dicendo, Bbva non consente operazioni dirette a un *exchange* di cryptovalute. Altra cosa sono le notizie della stampa sulle partecipazioni di Bbva".

Questo è contemplato nel mio contratto con la banca?

"Non è necessario. La banca può decidere di limitare determinate operazioni. L'*argumentario* di Bbva indica queste restrizioni. Quello che so e non è nell'*argumentario*, ma è semplicemente una mia deduzione personale, è che la legislazione fiscale sta cambiando e finché qualcosa non sarà definito, la banca agirà così".

---

[181] Il libro di riferimento per le risposte del call center fornito dalla direzione dell'impresa.

Voglio andare in profondità e mi metto in contatto con la direzione di Bbva. Trovo una collaborazione molto gentile da parte di Paul G. Tobin Global Head of Communications & Responsible e Luz Fernández Espinosa Innovation Data Engineering e Business & Corporate Communications. Ma dopo settimane di presunte indagini interne non trovo la risposta che mi aspettavo. O forse è proprio quello che mi aspettavo.

La domanda è semplice. I clienti possono o meno utilizzare i propri soldi a loro piacimento, in questo caso per inviare denaro ai normali conti bancari di imprese che si occupano di facilitare la compravendita di cryptomonete?

La risposta ufficiale della Bbva è arrivata forte e chiara. "Non ci sono istruzioni per bloccare i trasferimenti di denaro *fiat* da conti Bbva a operatori attivi nel mondo delle risorse digitali (es. Coinbase, Binance etc.). Non vi è alcuna istruzione al riguardo agli operatori di remote banking o di banca telefonica per vietare i trasferimenti agli operatori del mercato degli asset digitali"[182].

Questa risposta aumenta la mia confusione, ma mi conforta. Tutto questo può essere solo caos interno, a danno del cliente, ma senza una ragione ideologica dietro. Non sono l'unico ad aver capito, a giudicare dal titolo apparso in quegli stessi giorni sul quotidiano economico spagnolo El Economista, di marzo 2021, *Bbva entra in confusione con bitcoin: sconsiglia il tuo investimento dopo aver iniziato a venderlo.*

Da chi dipende o dov'è il problema?

"Al dipartimento di conformità non siamo a conoscenza di questo tipo di problema". Rispondono dal Bbva.

Un operatore di una banca mi ha detto che il motivo risiedeva nelle restrizioni indicate dalla Banca di Spagna, che una volta interrogata mi ha risposto che "Gli scambi di cryptovalute sono di competenza della Cnmv, Commissione Nazionale del Mercato dei Titoli, almeno per quanto riguarda la trasparenza. È un'attività non regolamentata e quindi esula dall'ambito della Banca di Spagna".

Dalla Cnmv la risposta eloquente è stata: "Abbiamo ricevuto la tua richiesta e ti risponderemo il prima possibile". Una risposta non è mai arrivata.

Ho contattato Carlo Messina, amministratore delegato di Banca Intesa Sanpaolo e ho ricevuto una spiegazione da Matteo Fabiani, direttore esecutivo rapporti con i media e le associazioni di Intesa Sanpaolo: "Nella nostra banca non esistono politiche che vietino o limitino lo sviluppo degli investimenti in cryptovalute dei nostri clienti. D'altra parte, ci sono alcune limitazioni operative nei siti di cryptovaluta nei confronti di alcuni Iban

---

[182] Se ti è successo qualcosa del genere, per favore raccontamelo. Scrivimi a crypto@kantfish.com.

identificati che sono stati precedentemente utilizzati per massicce campagne fraudolente o sono stati utilizzati in caso di tentativi di frode contro i nostri clienti.

Per amore dell'integrità delle informazioni, fattispecie che però non rientra nelle specifiche da voi evidenziate, l'unica policy emessa da Intesa Sanpaolo fa riferimento alla decisione della Fca Authority inglese (in vigore dal 6 gennaio 2021) di bloccare gli acquisti da parte dei clienti al dettaglio di ordini in Etf/Etn (Etp) in cryptovalute. Intesa Sanpaolo, Fideuram e Intesa Sanpaolo Private Banking si sono adeguate a questa decisione".

Dalla risposta deduco che in teoria i clienti della banca, se decidono di inviare bonifici agli *exchange* di cryptovalute, non dovrebbero riscontrare problemi. Ma nella mia esperienza ho avuto problemi e ancora una volta non riesco a trovare una risposta soddisfacente. Coinbase o Binance non sono, almeno fino a prova contraria, piattaforme fraudolente. Coinbase è quotata nel Nasdaq con tutti i controlli del caso. Binance malgrado non sia ancora sotto l'egida della regolamentazione in molti Paesi, è considerata un punto fermo e sicuro nel mondo crypto[188].

Avere dubbi su tutto ciò porta a una possibile doppia risposta. Se la banca ha il diritto di decidere sui soldi dei clienti, ci stiamo avvicinando a una pratica degna degli aspetti più oscuri di un regime, terribile e opprimente. Una ideologia tirannica ufficialmente odiata, spacciata per Apocalisse, ma poi applicata in modo molto sottile e immersa nella nostra vita in modo capillare e camuffato da qualcos'altro.

Se così fosse, il concetto base e la bandiera del liberalismo sarebbero morti.

Il dibattito pubblico dovrebbe tenere conto dell'importanza di queste decisioni per non frammentare il sempre più stretto margine di libertà della società.

L'altra possibilità è che le banche non abbiano un controllo esatto e non sappiano nemmeno minimamente cosa stanno facendo. La confusione regna sovrana e da un lato si lancia sulla "torta" crypto "a due mani", ma dall'altro si pongono barriere di contenimento al cambiamento per paura di ripercussioni da parte del governo o, molto più probabilmente, per paura che i clienti li abbandonino per sempre.

---

[188] Binance è stato richiamato all'ordine in molti Paesi e ha dovuto sospendere per un breve periodo di tempo anche i bonifici verso i conti europei, rendendo impossibile il ritiro di denaro *fiat*. In nessun momento ha smesso di operare e ha assoldato, per risolvere i problemi con le istituzioni di regolamentazione del mercato, figure specializzate, personaggi di primo piano come Nils Anderson Roëd, dell'Europol specialista del Dark Web, per identificare operazioni e utenti criminali, come anche Greg Monahan, ex investigatore del Tesoro degli Stati Uniti.

Il sospetto è che alla fine l'ostruzionismo possa essere un modo per cercare di fermare lo tsunami con un dito. I clienti tolgono i loro fondi? Blocchiamoli. Con un subdolo sotterfugio, non ufficialmente. Le cryptovalute non hanno una regolamentazione? Bene, allora siamo noi la legge, sembrano rispondere le banche.

È possibile che la direzione della banca non sia a conoscenza di questi blocchi. In questo caso sarebbe una gestione semplicemente deludente, ma senza risvolti politici.

La posizione ufficiale di questi istituti finanziari è importante. Perché per ora il perdente è il piccolo investitore che non può accedere senza intoppi a un mercato con le offerte migliori.

Di chi è la responsabilità di queste pratiche? Nessuno lo sa. I problemi sono reali per il cliente, ma nell'ufficialità vengono negati.

Qui è dove il mondo sta cambiando. Se le cose sono così preferisco gestire da solo le mie finanze e prendermi la responsabilità di essere diligente. Invece di avere un padre padrone che non mi tratta alla pari. È nel dna di una intera generazione in via d'estinzione, non trattare alla pari. È la loro forza, la forza della burocrazia.

Bbva in Svizzera permette l'acquisto di cryptovalute. La risposta sulla dualità tra la banca di investimento in cryptovalute e la banca che offre i suoi servizi agli spagnoli è molto interessante. Da Bbva hanno chiarito che "la Svizzera è uno degli ecosistemi più avanzati nella tokenizzazione degli asset grazie al supporto delle autorità. Fin dall'inizio, Zug (una piccola città a 30 km da Zurigo) ha attirato importanti iniziative commerciali nel campo delle cryptovalute. Oggi è conosciuta in tutto il mondo come la Crypto Valley ed è uno dei più importanti centri di innovazione nel mondo delle cryptovalute, in cui si trovano le sedi di Ethereum, Tezos o Cardano insieme a numerose aziende dell'ecosistema. Sia il regolatore (Finma) che il Governo svizzero vedono questo spazio come una opportunità per il Paese di affermarsi come un centro finanziario innovativo nei mercati dei capitali e supportare l'ingresso di aziende e banche in questo spazio. Stiamo analizzando i mercati in cui siamo presenti per vedere se sono soddisfatte le condizioni adeguate (regolamento, maturità, conoscenza, domanda, etc.) per lanciare il servizio ai privati e alle istituzioni. L'obiettivo di Bbva è dare ai nostri clienti l'accesso a nuovi mercati per gli asset digitali".

Trovo la contraddizione molto indicativa. Un vero paradigma del nostro sistema. I clienti soffrono le inopinate restrizioni dei loro diritti, gli operatori delle banche affermano di avere ordini superiori per bloccare l'invio di fondi agli *exchange* di cryptovalute, ma sotto i riflettori la direzione della banca dimostra una posizione totalmente crypto-friendly ed entusiasta.

Chi sta pagando la confusione del centralismo finanziario?

I clienti che attualmente non hanno altra scelta se non quella di rivolgersi alle banche per transazioni e pagamenti.

Lo youtuber Jose Mazzucco, del canale *Bitcoin Sin Fronteras*, ha denunciato una storia simile in un video su Instagram. La banca spagnola Bankia, già della Caixa, da un giorno all'altro gli ha scritto esortandolo a prelevare tutti i suoi fondi perché stavano per chiudere i suoi conti, personali e aziendali. Senza una motivazione ufficiale.

"Il motivo non ufficiale è che hanno chiuso i miei conti a causa delle operazioni che effettuo con gli *exchange* di cryptovalute", dice Mazzucco, che ha chiesto aiuto ai suoi follower per trovare una banca che gli permettesse di disporre liberamente dei suoi soldi. Alla fine Mazzucco ha scelto Bbva, non sapendo che questo tentativo di bloccare il capitale dei clienti è per ora una consuetudine diffusa tra le banche. Lo youtuber consiglia di dirigersi alle "banche non banche" anche se per la dichiarazione dei redditi non vanno bene, secondo quanto gli dice il suo commercialista.

Mi chiedo, in questo scenario: è il momento di capire che qualcosa non va? Cos'è il capitalismo? Qual è il piano collettivo?

Le banche saltano sul treno

In pochi mesi tutto è cambiato. La Cina ha proibito e l'Occidente si è affrettato ad accogliere a braccia aperte il mondo crypto. La Cina ha cercato di fare marcia indietro, però l'Occidente ha messo il turbo. E le banche hanno iniziato a scalpitare. Il Banco de España ha attivato una lista dove le banche intenzionate a vendere cryptomonete dovevano iscriversi. La Sec, Securities and Exchange Commission, l'istituzione di vigilanza del mercato statunitense, a ottobre 2021 ha consentito per la prima volta la vendita di Etf fondi bitcoin *futures* negoziati. Santander si è lanciato subito annunciando la vendita degli Etf di bitcoin.

"Investire in bitcoin in maniera istituzionale", cosí si era espresso un presunto esperto italiano difensore della finanza tradizionale per vendere gli Etf ai clienti potenziali in occasione di una intervista su un famoso canale legato al tech, diretto dal bravo guru Marco Montemagno.

Questa dell'"investimento istituzionale" è una maniera al limite dell'ingannevole per mostrare la realtà. Quando compri Etf non compri bitcoin. Almeno non subito. E bitcoin è nato per non avere intermediari, ovviamente chi è intermediario deve industriarsela per salire sul treno crypto. Comprare Etf non ha nulla a che vedere con la rivoluzione decentralizzata.

Questa intervista è ovviamente lo specchio della visione dell'intermediario.

Gli Etf hanno il rischio della volatilità, ma non il vantaggio dell'indipendenza e della gestione diretta dei tuoi fondi.

Gli Etf funzionano più o meno così. Compri un prodotto finanziario che non significa comprare all'atto dei bitcoin. Ma qualcuno li sta comprando per te. Questo stoccaggio costa moltissimo circa un 5%-7% al mese. Le *fee* sono a parte. Quindi per farla breve stai pagando moltissimo per una operazione che potresti gestire da solo senza intermediari.

Quando termina il contratto se il bitcoin è rimasto in 12 mesi allo stesso prezzo o se entra in un lungo inverno allora ti sei rovinato. Hai pagato dei costi enormi e in più hai perso la maggior parte dei tuoi fondi anche a causa della variazione del prezzo.

Gli intermediari istituzionali continuano a ripetere che senza di loro tutto è pericoloso o è un caos. Nell'intervista di Montemagno, l'intervistato, completamente ignorante di crypto, a detta sua, ha riso mentre raccontava in modo troppo superficiale che il mondo crypto è senza regole "come se fosse una partita di calcio senza arbitri. Finirà con tutti che si prendono a pugni". A parte la grottesca metafora, il contenuto di questa sentenza è falso. Il mondo crypto è nato ed è andato avanti, per 13 anni fino a oggi, crescendo molto di più di ogni altra realtà economica esistente al mondo. Da sempre. E questo disordine paventato, questo caos non si è registrato.

Anzi, è nato così, molto organizzato e tutti si sono accorti della magnifica macchina che sta crescendo sempre di più, in tutto il mondo e che è arrivata a mettere piede pure nell'Olimpo della finanza mondiale o essere stata scelta come moneta a corso legale da uno Stato, al punto che le stesse banche vogliono entrare nel business crypto. Tutto questo senza finanziamento pubblico, senza l'aiuto di nessuno, senza chiedere permesso a nessuno e con uno spaccato sociale trasversale dove davvero c'è di tutto dal cassiere del supermercato, all'intellettuale, all'economista, al medico e pure i finanzieri del mondo tradizionale. L'unico *discrimen* che ho trovato è la confusione. Chi ha capito è entrato e ha iniziato una nuova vita finanziaria. Gli altri, in confusione, in mezzo alla nebbia, danno *palos de ciego*, come dicono gli spagnoli, vanno alla cieca. I più pericolosi sono quelli che vanno alla cieca però hanno una opinione. Quelli cercate di evitarli. E sono la maggioranza per ora.

Qual è il problema? Il problema è in realtà una perversione per definizione. Il mondo crypto, per i motivi che abbiamo visto in tutte le precedenti pagine di questo libro, è nato per eliminare gli intermediari. Per questo gli intermediari si emozionano ed entrano in confusione. È strano come un venditore di questi prodotti come gli Etf riesca a dire che il mondo crypto è pericoloso e caotico "però se te lo vendo io, allora fidati". Loro, sono gli stessi del crack del 2008, meritevoli di enorme fiducia.

Il bitcoin è pensato soprattutto per avere una responsabilità diretta sui tuoi investimenti. È ovvio che una istituzione o un'azienda che vuole investire con bitcoin deve organizzarsi per trovare la formula con la quale assumersi la responsabilità dell'investimento di fronte ai propri investitori. Non è la stessa cosa per chi mette a rischio o a frutto i suoi propri capitali.

Quindi gli Etf se capisco davvero cosa sono e che sto pagando delle commissioni tremende, possono essere un prodotto finanziario "comodo" come qualunque altro. E sono i benvenuti. Ma bisogna capire a fondo la dinamica del discredito, per evitarla. Qui come ripetuto più volte non è una lotta di uno contro l'altro. Qui si parla di mondi che hanno un andamento asintotico. Non si incontreranno mai. Hanno natura differente e ognuno sceglierà se stare in uno, nell'altro o, com'è più probabile in tutti e due.

Sono convinto che il più anziano con il tempo scomparirà, per andamento naturale della evoluzione.

Bisogna stare attenti e guardinghi perché le banche e i venditori di prodotti finanziari tenteranno il più possibile di mettersi in mezzo tra gli investitori e i fondi, i soldi.

Se per paura lasci tutto in mano agli altri, alla fine gli altri faranno di te quello che vogliono. Vale per la finanza, ma per la vita in generale. È questo che muove il cuore della CryptoGiungla. Il fatto di ritornare a risolvere problemi reali e di moltiplicare il valore perché sia più distribuito.

Chi viene dalla vecchia mentalità verticistica, gerarchica, ha una certa difficoltà a comprendere la rivoluzione.

"Wallet". Per colpa di questa parola non ho vissuto una sorpresa milionaria. Viviamo in un mondo di ingegneri e alla fine della prima decade del secolo ho iniziato a capire che senza avere una indipendenza informatica non sarei andato da nessuna parte nella giungla. Con le movenze del gatto persiano mi sono buttato in mezzo alla mischia.

Ho iniziato a frequentare i gruppi di Wordpress. La scena era sempre questa, io unico *umanista* in mezzo a decine di programmatori. Ho capito, grazie a questi gruppi, una cosa che avrei confermato nella mia vita. La maniera di ragionare dei programmatori non prende in considerazione la componente strettamente umana nello stesso modo in cui lo fa un umanista. Il programmatore va avanti per risolvere un problema dopo l'altro. É come entrare con il macete nella foresta. Non sai dove stai andando ma continui a farti strada.

Grandi progressi sono stati raggiunti grazie a loro. Ma devo ammettere che la mia impressione è che non abbiano il dono della comunicazione dalla loro. E l'empatia non è esattamente il loro motore. Wordpress in quel periodo, risultava a un primo approccio incomprensibile. Questa caratteristica, del non sapere spiegare bene le cose, ha delle conseguenze quotidiane nella vita di tutti. Quello che mi è successo nel 2011 lo testimonia.

Era una soleggiata mattina di aprile e i tetti di Lavapiés si erano riempiti di rosso. Le tegole antiche ogni tanto venivano interrotte dai vasi fiammanti di fiori e da qualche antenna di vecchie tv. Il cielo di Madrid, come da copione, era di un blu intenso tutto suo. Stavo investigando sulle *low cost* e qualcosa mi fece incontrare ancora una volta la storia di bitcoin che prendeva piede. Avevo sentito parlare, già da un paio d'anni, di questa strana moneta. Ma come è immaginabile non avevo idea di cosa fosse veramente. Sapevo solo che stava crescendo. Arrivai dopo qualche ricerca sulla pagina di acquisto dei bitcoin. Una pagina bianca orribile con una immagine anonima e un bottone stretto e lungo.

Ero pronto a comprare. La carta di credito in mano. E lì apparve nella mia vita per la prima volta la parola wallet. Per comprare bisognava avere un "wallet". Nel 2011 lottavo con Wordpress, con html, però non avevo idea di cosa fosse e come funzionasse un wallet. Cercai di capire le istruzioni indicate con una proverbiale comunicatività dal programmatore. Non capii nulla. La vita mi riportò sulla terra e continuai la mia giornata primaverile senza bitcoin. Se avessi comprato 50 dollari di bitcoin ad aprile 2011, adesso avrei nel famoso wallet l'equivalente di due milioni e mezzo di dollari.

Il wallet è uno strumento fondamentale nel mondo crypto. Perché diventa il tuo rifugio. Di colpo è la cosa inanimata più importante che devi custodire.

La scelta del wallet è il primo passo. Ma è abbastanza facile perché esistono le teste di serie e sono molte. La decisione più importante è sul tipo di wallet. Ce ne sono tre, uno desktop, ossia installato sul tuo computer, uno "caliente" che è una app da istallare sullo *smartphone*, che è il più comodo, e il wallet "freddo" che è il più sicuro perché non sta connesso sempre in rete, ma nasconde le chiavi private di accesso in uno strano pendrive.

Il wallet per ogni tipo di cryptomoneta ha un indirizzo, ossia un codice molto lungo alfanumerico per ricevere cryptomonete.

Quando vuoi riceverle indichi questo indirizzo nel wallet o *exchange* che te li manda e in alcuni secondi o minuti li avrai sul tuo portafoglio virtuale. Questi indirizzi sono unici per ogni cryptomoneta. Questo significa, ed è un punto fondamentale da comprendere bene, che ogni moneta viaggia sul suo network.

L'Universo Crypto sta crescendo. Ogni "costellazione" è una blockchain. Ma tra costellazioni, ossia tra blockchain, non sempre è possibile una comunicazione. Quindi se invio per esempio una cryptomoneta che è installata sulla blockchain di Ethereum devo inviarla attraverso il network chiamato ERC-20[184], che appartiene a Ethereum. Se invio la moneta bnb per esempio, dovrò utilizzare il network Bep20 di Binance. Se nell'invio fai confusione e inserisci un indirizzo della Binance Smart Chain in un portafoglio Ethereum rischi di perdere i tuoi fondi per sempre[185].

---

[184] ERC significa Ethereum Requests for Comments.

[185] *¿Qué hacer si transfiero criptomonedas a una red incorrecta en Binance?*, Cointelegraph, 11 ottobre 2021.

Come faccio a sapere a che network appartiene ogni moneta? La maniera migliore per non sbagliare è informarsi direttamente con l'*exchange* o con la pagina del progetto. Se cerco per esempio di depositare in Binance la moneta Chiliz e cerco "Deposit Chz" o "chz Binance" posso trovare l'informazione sul network corretto in Binance per trasferire chz.

Non devi mai sbagliare e inviare a un indirizzo per bitcoin una differente cryptomoneta, perché rischi di perderla per sempre. I wallet supportano solo alcuni tipi di monete, quindi devi sincerarti se il tuo è adatto per ricevere le altcoin che hai comprato.

Se voglio inviare delle crypto a un amico basta copiare il suo indirizzo corrispondente. Gli indirizzi si copiano facilmente attraverso i Qr code, non è necessario trascriverli a mano. Anzi, è da sconsigliare vivamente il trascriverli a mano. Nessuno lo scriverebbe mai a mano.

Una volta eseguito l'invio è possibile che il wallet o l'*exchange* ti chieda mille conferme. Su Binance si richiedono tre codici per ogni invio esterno. Un codice viene inviato all'email. Un altro per sms. E infine il codice di Google Authenticator che emette un codice nuovo ogni minuto.

Nei wallet puoi consultare quante cryptomonete hai e il loro controvalore in *fiat*, euro o dollari principalmente.

Installare un wallet è facile. Che sia una app, una estensione di Chrome, un wallet "freddo", la dinamica è sempre la stessa. Quando installi il wallet vengono fornite 12 parole di recupero. Possono essere 24 nel caso dei wallet "freddi". Queste parole non le devi mai scrivere su un computer né fotografarle. Le devi scrivere su carta, a mano, su un libretto. Una volta scritte le dodici parole con calma e con tutto il tempo necessario, oltre alle revisioni auspicate, devi fare immediatamente una copia su un altro libretto, un passaggio che già abbiamo affrontato parlando del primo acquisto su Coinbase.

Non dovresti fare più di una copia e la dovresti nascondere in un luogo molto sicuro. C'è chi la lascia in una cassetta di sicurezza in banca. Chi a casa di sua madre o di suo nonno. Se perdi le 12 parole non ci sarà nessun altro modo per accedere alle tue cryptomonete. Le avrai perse per sempre. Se annoti male le 12 parole idem. Se qualcuno ha visto o ha avuto accesso alle 12 parole può accedere direttamente ai tuoi bitcoin e inviarli dove vuole. Li avrai persi per sempre.

Da ricordare in modo dogmatico: nessuna piattaforma, nessun wallet, nessuno mai ti chiederà le 12 o 24 parole di recupero. Le parole chiave di recupero si utilizzano solo e soltanto per iniziativa tua personale. Se qualcuno o qualcosa ti spinge a comunicarle sei di fronte a un caso di *phishing,* un tentativo di furto.

Come primo wallet ho scelto Exodus. Per semplicità. L'ho utilizzato più sul telefono che sul computer. Esistono anche altri molto validi come Coinbase wallet, che è separato dal Coinbase *exchange*, o Trust mobile wallet, oltre al Ledger e il Trezor come wallet freddi, per citare solo alcuni. Poi ho utilizzato sul browser anche MetaMask, imprescindibile per fare mille "cose" importanti nella CryptoGiungla. Ma anche Yoroi, il wallet della blockchain di Cardano, Sollet che è il wallet della blockchain Solana. Tra gli altri. Ce ne sono una infinità. Ma meglio muoversi solo tra i più famosi.

La scelta del wallet nel telefono è la più comoda. Hai sempre a portata di mano la possibilità di controllare come vanno le cose in base al mercato, puoi muovere con un click i fondi o riceverli. Ha solo un problema, visto che rimane connesso ventiquattr'ore su ventiquattro, è più esposto alla possibilità di essere hackerato. Anche il wallet estensione di Chrome è un veicolo di hackeraggio. Quindi è bene lasciare in quel portafoglio virtuale solo il minimo indispensabile per operare[186].

La sicurezza è un aspetto molto serio individualmente e collettivamente.

Siamo in piena guerra cibernetica[187]. Una guerra globale che è stata innescata dagli Stati Uniti che hanno usato per la prima volta nella storia un'arma cibernetica contro un Paese straniero. Contro l'Iran. Poi è stato il turno della Corea. Poi la Russia che ha interferito nelle elezioni vinte da Trump.

Tutto iniziò con gli "Olympic Games", nome in codice dell'operazione che giocarono gli Stati Uniti contro l'Iran. Attacchi informatici con il virus Stuxnet[188]. "Il virus ha preso il controllo di mille macchine e ha ordinato loro di autodistruggersi[189]" ha pubblicato la Bbc, "Nel gennaio 2010, gli ispettori dell'Agenzia internazionale per l'energia atomica in visita a una centrale nucleare a Natanz, in Iran, hanno notato con stupore che le centrifughe per l'arricchimento dell'uranio erano andate in tilt".

Questo fu il primo attacco degli Stati Uniti a un Paese straniero[190] con una

---

[186] Tip per chi ha già una certa esperienza. Il canale *La Mejor Estrategia Criptomonedas* di Youtube racconta in questo vídeo alcuni *tips* di sicurezza per MetaMask: youtu.be/oZlcxNDhQeI. Uno interessante è legato ai permessi illimitati che sono concessi per *default* quando diamo l'ok a una operazione su MetaMask. È una porta d'ingresso per gli hacker. Per annullare questi permessi la piattaforma DeBank può aiutare.

[187] *The Perfect Weapon* (Barry Avrich, 2020). Documentario.

[188] Stuxnet è un worm informatico che colpisce i computer Windows, scoperto nel giugno 2010 da VirusBlokAda, una società di sicurezza con sede in Bielorussia. (Wikipedia).

[189] *Il virus che ha preso il controllo di mille macchine e ha ordinato loro di autodistruggersi*, bbc.com, 2015.

[190] *Obama Order Sped Up Wave of Cyberattacks Against Iran*, New York Times, giugno 2012.

cyberweapon. Lo sferrò Obama utilizzando un'arma che aveva creato una task force israeliana e statunitense durante la presidenza Bush. L'Iran, dal canto suo, dimostrò di essere capace di rispondere a un attacco cibernetico sferrando un colpo di particolare finezza.

Sheldon Adelson, conosciuto in tutto il mondo come il re dei casinò, fu vittima della vendetta iraniana per avere detto in pubblico che gli Stati Uniti erano pronti a lanciare una bomba atomica nel deserto dell'Iran come avvertimento e che, successivamente, sarebbe potuto essere il turno della capitale Teheran. Gli iraniani accecati da questa dichiarazione risposero facendogli saltare il suo business dalle fondamenta. Un attacco informatico fece implodere l'intero impero imprenditoriale del signor Sheldon.

È possibile infiltrarsi in una centrale nucleare per fare saltare in aria il sistema per l'arricchimento dell'uranio. È possibile distruggere il sistema informatico dei casinò a Las Vegas. La sicurezza informatica è senza dubbio un tema centrale della nostra civiltà.

Per questo molti proteggono i propri bitcoin in modo militare. Esiste un bunker sotto i monti svizzeri dove si nascondo migliaia di milioni di bitcoin[191]. Generatori sotterranei, porte blindate antiatomiche, tunnel a prova di terremoti e inondazioni. Secondo Wencer Casares, ceo di Xapo, i bitcoin nei bunker svizzeri rappresentano il 10% del totale, nascosti lì, dentro tunnel che sono veri e propri bunker antiatomici e si diramano nel cuore delle montagne svizzere.

Mervyn G. Maistry, fondatore de Kintaro Capital, dice che secondo i loro studi il mercato crypto raggiungerà nel 2027 gli 8,7 trilioni di dollari 50 volte il valore attuale. Una scelta globale per fuggire dai tassi negativi, debiti, guerre commerciali e crisi economiche.

Il mondo edulcorato che crediamo di vedere, è filtrato dagli occhiali del proprio posto di lavoro o emesso dal rettangolo di una televisione, mentre la tecnologia si è impossessata di noi. E noi di lei.

Siamo dei cyborg o per lo meno dovremo abituarci sempre di più a una nuova dimensione virtuale, che supererà quella fisica. È altamente probabile che questo switch avvenga presto, perché già abbiamo molti esempi eloquenti.

La finanza virtuale è un ottimo esempio. Anche gli attacchi cibernetici che riescono ad arrecare danni irreparabili a macchinari fisici, lo sono. Come per esempio il colpo basso della Corea del Nord alla compagnia Sony, colpevole di avere prodotto un film denigratorio nei confronti del regime. Entrarono

---

[191] *Cryptopia: Bitcoin, Blockchains and the Future of the Internet*, (Torsten Hoffmann, Michael Watchulonis, 2020). Documentario.

nel loro sistema informatico, pubblicarono molti documenti privati, mail interne e lo fecero collassare completamente. Decine di milioni di danni fisici e un danno d'immagine incalcolabile. Un incidente di sicurezza internazionale.

Gli attacchi sono possibili. Se entriamo nel dettaglio, con la lente d'ingrandimento, questi attacchi accadono quotidianamente. Ogni centrale di polizia del centro di una capitale come Madrid, riceve decine di denunce quotidianamente per frodi telematiche. In tutta la città centinaia di persone, di amici, di vicini, di famigliari, sono vittime di una frode cibernetica. La sicurezza digitale è una frontiera da esplorare continuamente. I nuovi attacchi sono capaci di distruggere il mondo fisico. E di rubare.

Le cryptomonete sono oggetti preziosi nel mondo parallelo e nella CryptoGiungla bisogna proteggerli con ogni accortezza. Il popolo bitcoin sembrerebbe seguire le regole con grande disciplina perché ogni errore si paga in modo irreversibile. Non esistono i paracadute.

Per preservare le cryptomonete dagli attacchi, il mezzo più sicuro è il cold wallet, il portafoglio freddo come abbiamo visto, che si divide tra Trezor e il Ledger Nano S che è una specie di pendrive con un piccolo schermo e due microscopici bottoni. Personalmente ho scelto il Legder.

Questo wallet ha il doppio delle parole di sicurezza, ventiquattro e queste password sono nascoste dentro il pendrive, non stanno dunque sempre on line come il caso degli altri tipi di wallet. Per spostare le cryptomonete è necessario connettere il pendrive a internet. Il resto del tempo si utilizza la app per vedere come vanno le crypto che possiedi. Quando le tue password sono lontane da internet sono al sicuro.

Bisogna stare attenti, il Ledger deve essere comprato solo dai link presenti sulla pagina ufficiale. I link di *phishing* proliferano e hanno l'obiettivo di indurti in errore per rubare le tue crypto.

Ho seguito i suggerimenti di Crypto Casey che consigliava l'invio del Ledger a una casella postale a me intestata, per evitare di inserire il proprio indirizzo nelle banche dati del Ledger. La preoccupazione nasce dal fatto che la banca dati del Ledger è stata hackerata nel 2021 e sono stati rubati i dati dei clienti. Da quel momento i tentativi di *phishing* sono aumentati esponenzialmente. Rapanui è una vittima di questo genere di hackeraggio. Le mail che riceve sono molto sofisticate e ti chiedono di offrire informazioni sensibili per poterti rubare. Bisogna prestare molta attenzione perché è come vivere nella baia dei pirati, se commetti un errore nessuno potrà aiutarti a fare marcia indietro.

Ho contrattato una casella postale per farmi arrivare il Ledger e mantenere l'anonimato. La sorpresa è stata che qui in Spagna la casella postale non può ricevere i pacchi di altre compagnie di spedizioni. Quindi lo spedizioniere mi chiamò per sapere dove vivo e portarmi il pacchetto e per mantenere fede all'anonimato alla fine sono andato a prendere il pacchetto personalmente. L'indicazione è stata "la tabaccheria al centro del paese". La mia avventura di spionaggio improvvisato si stava sgretolando.

Sono andato a ritirarlo e la signora giuliva ha chiesto conferma del mio nome gridando tra i clienti che attendevano il turno un inequivocabile "c'è scritto L-e-d-g-e-r qui". In effetti sul pacchetto si poteva leggere chiaramente il dettaglio del contenuto. Insomma un successo per il mio anonimato.

L'anonimato in questa epoca è qualcosa di complicato da raggiungere.

Esistono anche wallet imprescindibili se si vuole entrare nel cuore della DeFi decentralizzata che sono estensioni di Chrome, come MetaMask, Solana wallet, Yoroi, per esempio. Con loro sta fiorendo una idea, che ho sempre avuto e che trovo entusiasmante.

In futuro tutti avranno un wallet aperto e connesso a Chrome o a un altro browser e tutte le operazioni in rete potranno consentire pagamenti e micropagamenti in maniera del tutto immediata. Leggi un articolo, paghi 0,00000001 ether[192], per esempio. Scarichi un pdf di un report, paghi 0.0001 del token Xyz[193]. Piccole somme pagate in innumerevoli token diversi che premieranno gli autori o i servizi offerti su Internet. Anche i contenuti intellettuali potranno avere una ricompensa, che per ora Google, Facebook, Instagram non concedono nonostante le tonnellate di contenuti che hanno fatto la loro fortuna. Sarà molto comodo avere tante cryptovalute e token di tutti i tipi, fungibili e non fungibili per poterle scambiare con facilità e creare una nuova economia, per adesso inesistente, e conseguentemente un nuovo modo di relazionarsi, molto più fluido, più decentralizzato e meno feudale.

---

[192] Cifra inventata.

[193] Token inventato.

Prima di fare click bisogna sapere perfettamente che operazione si sta portando a termine. Non seguire questa regola è un cattivo sintomo e molto probabilmente i tuoi fondi finiranno male.

Esistono infinite fonti dalle quali trarre sapienza e beneficio. Ma tra le mille voci ce ne sono anche molte che assomigliano al Gatto e la Volpe di Pinocchio. Bisogna, come sempre, essere vigili nella CryptoGiungla.

Nella mia immersione un percorso di fonti me lo sono creato.

Per informarmi la Crypto Casey è una istituzione ed è una fonte che sembra molto valida anche per chi comincia. Non solo per quanto riguarda il trading, ma soprattutto per avere dritte o suggerimenti su come investire in DeFi.

La Mejor Estrategia Criptomonedas è uno degli ultimi canali Youtube che seguo, davvero ottimo, è un canale per esperti. Il guru del canale va alla ricerca di offerte incredibili del mondo DeFi. Per affrontarle bisogna avere già dimestichezza.

Quotidianamente seguo Jaime Merino in arte *TradingLatino*, che è uno speculatore puro e ha anche il gruppo privato su Telegram (a pagamento) che negli ultimi tempi si è rivelato una fonte di informazione ottima per imparare a navigare nelle turbolente acque del mercato. Tra pregi e difetti, ha una strategia di trading tutta sua, molto pratica, a volte poco trasparente, ma che sembra avere effetti positivi. Dal momento in cui hai iniziato a seguirlo, in un anno ha triplicato i suoi seguaci. Negli streaming pubblici raggiunge 12 mila persone in diretta. Su Telegram ascolta i suoi discepoli e li accoglie. "Como posso aiutarti?" chiede serafico a ogni chiamata. Tutti sciorinano i loro successi o i loro tremendi errori. Chiedono lumi su come uscirne, su cosa fare, su cosa puntare. È un affascinante spaccato sociale incredibilmente eterogeneo. Ti fa capire che fra la vegetazione della CryptoGiungla si può nascondere chiunque. Dal più ricco al meno ricco. Dal laureato con master, al tipo che ha vissuto alla giornata con il coltello tra i denti. Dal Venezuela, all'Argentina, dal Cile a El Salvador. Ma pure dagli States o dalla Spagna.

I guru sono come le parrocchie della CryptoGiungla. Ognuno sceglie la sua religione, almeno fino a quando sembra garantirgli dei risultati.

Bitcoin Sin Fronteras è un altro canale, trasparente nelle sue intenzioni, ma non ho capito fino in fondo la sua strategia. Mentre *TradingLatino* investe in operazioni brevi, Jose Mazzucco, questo è il suo nome reale del Bsf, investe in operazioni di qualche giorno.

Ivan on Tech è un giovane nerd molto sveglio, molto svedese e molto rispettato con una visione pura da programmatore.

A volte seguo Chico Crypto, un tipo eccentrico, ma con news interessanti su questioni non facili da trovare. John Trader, che su Telegram e Instagram lancia input interessanti. David Battaglia, Tiziano Tridico, *Fun on the Ride*, sporadicamente li ho incrociati.

Ogni giorno leggo molto. Su CryptoPanic, l'aggregatore di notizie, incontro punti di partenza per indagini interessanti. Su Twitter si muove il mondo crypto. Continuamente aggiungo nuovi contatti e seguo nuove conversazioni. Come anche in Linkedin dove ho trovato degli accademici che lanciano dibattiti molto esaustivi sul tema crypto.

È una ottima idea ascoltare su Youtube i canali di Data Dash, Crypto Lark, Crypto Daily, Chriss Dunn, They Call Me Dan, per citarne solo alcuni.

Per le notizie anche Cointelegraph, BitcoinTalk.org che è il foro più grande dedicato al bitcoin. La newsletter di Tradingview mi ha portato notizie interessanti e analisi di mercato, molte firmate da TraderRuarte.

Criptotendencia.com, Criptoninjas.net, theBlockCrypto.com, Diariobitcoin, sono alcune delle fonti che seguo costantemente. Grandioso il lavoro che in Spagna fa l'ObservatorioBlockchain.com.

Sui media principali è sempre la stessa solfa. Bitcoin sale. Bitcoin scende. Il terrorismo. Bitcoin la bolla. Per ora *non ci capiscono nulla*. Una noia.

Dex e DeFi

Alcuni giorni fa il mare di Mallorca regalava dei riflessi brillanti. La costa, pacifica riceveva le onde che parlavano con saggezza del loro passato. All'orizzonte l'isola di Cabrera. Il caldo della primavera permetteva una metabolizzazione perfetta di vitamina D. I ciclisti passavano infilati nelle loro tute colorate. Qualche motociclista si fermava per godere della meritata ricompensa. Eravamo lì seduti con Anna Sconcerti, una amica investitrice offshore completamente immersa nella CryptoGiungla. Mi raccontava le sue ultime deduzioni basate sulle sue recenti esperienze.

Per capire le sue esperienze è importante sapere cosa sono i Dex, come Uniswap[194], Pancakeswap e Sushiswap, per citare solo i più importanti tra le centinaia di *exchanges* decentralizzati esistenti. E anche bisogna familiarizzare con i concetti di *yield farming* e *staking*, che rappresentano il *core business* della finanza decentralizzata, la DeFi, molto attraente perché offre una rinnovata forza partecipativa rispetto al mondo finanziario tradizionale, ormai ingarbugliato, burocratico e avaro.

Nei Dex, gli *exchange* propri del mondo crypto dove la comunità è proprietaria, non una impresa o un ente centrale, vige l'anonimato. Fino a oggi non è necessario identificarti con dei documenti d'identità ufficiali per registrarti o per operare.

Per avere rendimenti passivi costanti, interessanti e con rischi minori, il popolo crypto ha uno schema fisso. Apporta liquidità alla comunità sempre più grande e in cambio la comunità lo ricompensa con interessi mai visti negli ultimi anni nel mondo finanziario tradizionale.

Innanzi tutto è necessario comprendere la distinzione tra *exchange* centralizzati e decentralizzati. Binance è un *exchange* centralizzato, ossia una piattaforma dove comprare cryptomonete e servizi DeFi che mette a disposizione i propri fondi per permettere gli scambi. Le piattaforme decentralizzate invece basano gli scambi sull'apporto di fondi da parte degli stessi utenti. Nei Dex gli utenti apportano liquidità, dando linfa vitale

---

[194] La piattaforma Uniswap è stata lanciata nell'esteso cielo della blockchain solo a novembre del 2018, come *automated market makers, amm,* e nei suoi aggiornalmenti è cresciuta rapidamente al punto da toccare i 135 miliardi di dollari in volume di interscambio, 2 miliardi al giorno di scambi, posizionandosi come uno dei più grandi *exchange* del mondo. Il suo obiettivo è facilitare l'interscambio di token tra investitori di tutto il mondo. Tutto è basato su contratti intelligenti, *smart contract*, che funzionano con il controllo decentralizzato di tutti i programmatori della comunità. Le decisioni si prendono con il voto dell'intera comunità, senza necessità di un filtro centralizzato.
In questo mercato chiunque può accedere in totale anonimato.
La matrice di queste piattaforme e del mondo crypto è competitiva, puramente capitalista. Basti guardare la storia di queste fortunate piattaforme. Uniswap è iniziato su Ethereum, da lì c'è stato uno scisma, un *fork*, ossia un personaggio della CryptoGiungla, Chef Nomi, conosciuto solo con il suo pseudonimo, ha realizzato una copia dell'*open source* di Uniswap e ha creato la propria rete Sushiswap con succulente offerte di token sushi per "rubare" gli utenti Uniswap.
Una volta che la piattaforma è stata lanciata, Mr. Chef presumibilmente ha venduto i suoi sushi pochi giorni dopo, portando a un tipico calo dei prezzi nei nuovi progetti. Lo Chef in qualche modo si è scusato e sembrerebbe essere stato perdonato dalla comunità.

all'*exchange* e facendolo crescere, e partecipano al futuro della piattaforma votando collettivamente le decisioni importanti per lo sviluppo. In un Dex non esiste nessuna entità che abbia messo a disposizione un fondo per facilitare l'interscambio, ma si basa sui *pool* di liquidità. Il prezzo dei token di un *exchange* centralizzato lo determina l'*order book*, il compratore più caro e il venditore meno caro. Su Uniswap e i Dex lo determina un algoritmo matematico, in funzione della liquidità presente nella *pool*[195].

In queste piattaforme ci sono sempre annunci di richieste di liquidità, se un utente vuole apportare le sue cryptomonete per permettere all'*exchange* di funzionare, in cambio avrà un token con desinenza Lp[196] che si può reinvestire per chiudere il cerchio del cosiddetto *yield farming*, un sistema di collaborazione all'espansione del mondo crypto che si coniuga con la possibilità di avere una rivalutazione "passiva" del proprio valore, del proprio denaro. Per dirla in altre parole tu dai i tuoi cryptosoldi e la piattaforma ti offre un token che ha un valore e se lo reinvesti avrai una ulteriore percentuale. Quando vuoi riprenderti i tuoi cryptosoldi, vendi i token Lp, e riprendi i fondi. Avrai guadagnato gli interessi sui tuoi cryptosoldi e gli interessi sul token Lp.

Questi sistemi di *farming* sono uno dei punti più attraenti e più amati dal popolo crypto per i suoi investimenti.

Nelle analisi che sento sui media, tutti si concentrano su quanto possono guadagnare. È ovvio che l'educazione che riceviamo ci mette sul binario di un egoismo cosmico, però in questo caso sarebbe facile vedere che questo sistema va oltre la semplice speculazione. La speculazione è il motore, è la calamita, ma dietro c'è un meccanismo che fa prosperare progetti di tutti i tipi, anche quelli che con il sistema attuale, dove il filtro è solo quello delle banche o della burocrazia, non potrebbero neanche esistere. Questo sistema *sburocratizzato* permette di avvicinare i cittadini alla soluzione dei loro problemi concreti. Se contribuisco con le mie cryptomonete aiuto l'*exchange* a rafforzarsi e permetto agli utenti della piattaforma di avere interscambio fluido tra le monete, quindi aiuto la proliferazione di progetti di ogni tipo e, come motore di questa collaborazione, partecipo vedendo riconosciuta la mia contribuzione con interessi allettanti. In quattro industriosi, ma facili, click.

Esistono offerte che garantiscono rendimenti molto importanti per gli

---

[195] Rapanui mi spiega che "può variare durante un trade se il trade è grande, allora dipende dal mantenere una constante, x*y=k". Io non lo capisco però voi spero di sí.

[196] Se apporto liquidità per gli scambi btc/usdc, per esempio, riceverò un token "btc/usdc Lp (*liquidity provider*)".

investitori.

Nel mondo crypto lo *staking* e lo *yield farming* sono tra gli investimenti che più benefici riconoscono[197]. Esistono occasioni di investimento che possono portare al 50% o addirittura il 100%, perfino un 1000% di interesse nei casi più estremi, senza correre un rischio estremo come rappresentato per esempio dall'*apalancamiento*[198].

Nei Dex posso scambiare cryptomonete, chiedere un prestito o prestare le tue crypto in cambio di un interesse[199].

Tutto è iniziato nel 2020 e da 1 miliardo di marzo il volume è arrivato ai 100 miliardi di dollari degli ultimi mesi 2021. Questo si deve a una evoluzione del mondo crypto e l'arrivo di molte blockchain che funzionano con *gas fee*, con costi legati alle operazioni, molto più bassi rispetto al carissimo Ethereum. Se Ethereum, che come abbiamo visto è la blockchain che ha segnato la vera rivoluzione crypto, continua a esistere malgrado i suoi costi altissimi, è perché i grandi investitori continuano a sentirsi sicuri lavorando sulla seconda rete più grande, dietro solo a Bitcoin.

Fino all'avvento della blockchain più a buon mercato per i piccoli investitori, lo *yiel farming* in Ethereum era poco accessibile perché una operazione può costare 30 dollari, ma spesso anche 70 dollari, in altre blockchain come la Binance Smart Chain si pagano solo pochi centesimi per ogni movimento. La drastica riduzione dei costi apre a ogni tipo di investitore.

Su Coingecko.com si trova la lista dei Dex, *exchange* decentralizzati. Il più grande è Mdex, seguito da Uniswap, Pancakeswap, Justswap, Compound Finance, Sushiswap, 1Inch, 0x Protocol, per fare solo qualche esempio.

Per operare basta avere il wallet MetaMask attivato su Chrome.

Mentre scrivo sto entrando nel Dex, *exchange* decentralizzato, di

---

[197] Il canale su Youtube che seguo per il *farming* è *La Mejor Estrategia Criptomonedas*: youtu.be/yPWTaLw6Vwk

[198] In alcuni broker specializzati puoi investire "con leva", in spagnolo *apalancamiento*. La piattaforma ti permette di investire con un moltiplicatore dei tuoi fondi. Se hai cinquemila dollari, puoi investire per esempio fino a centomila dollari. Ogni investimento aumenta le vincite proporzionalmente. E ovviamente le perdite. Il 90% degli investitori alla lunga perde.

[199] Un esempio. A fine ottobre 2021 su Pancakeswap tra le varie offerte di *farming*, una delle migliori era la cryptomoneta cake in coppia con bnb, veniva dato un rendimento del 200% poi sceso in pochi giorni al 50%. In concreto se investi mille dollari il *roi* è di 605 dollari in un anno, 9650 dollari in 5 anni, 40 dollari in un mese, 9 dollari in una settimana, meno di due dollari se investi solo 20 ore. Se investi 10 mila dollari, il *roi* indica un rendimento di seimila e cinquecento dollari in un anno. in cinque anni 96 mila dollari, calcolando gli interessi del reinvestimento degli interessi dei token LP. Prima di investire è necessario nel calcolo anche tenere presente i rischi strutturali o il rischio derivato dal cambiamento di valore delle cryptomonete investite, l'*impermanent loss,* di cui parleremo in queste pagine.

Pancakeswap per apportare liquidità, ossia investire la coppia di cryptomonete trx/busd. Trx è la moneta di Tron un progetto molto interessante con base nelle Americhe e in Asia, con un focus nella decentralizzazione attraverso la tecnologia. Busd invece è la *stablecoin* di Binance[200]. Prima ho inviato i fondi, la liquidità, ossia le due cryptomonete trx e busd, e ho ricevuto dei token "trx/busd Lp", che ho potuto reinvestire nel meccanismo chiamato *farming*[201]. Questi token Lp - che servono anche per riscattare la liquidità che ho inviato alla *pool* quando deciderò di chiudere l'operazione - li ho reinvestiti in quello che viene chiamato *staking*[202]. Dal punto di vista del cliente, lo *staking* è simile al conto di deposito con interessi di una banca tradizionale[203]. L'interesse in questo caso sarà del 73% e in più verrò ricompensato per il mio "aiuto" con la cryptomoneta dello stesso *exchange* chiamate cake. Una moneta molto promettente nella fase attuale della CryptoGiungla.

Un aspetto interessante, e uno dei maggiori vantaggi, è che i possessori di token Lp ricevono in parti uguali, oltre agli interessi, anche il capitale riscosso con le *fee* pagate per ogni movimento operato dagli utenti. Quando deciderò di riprendere i miei trx e i miei busd depositati dovrò restituire i token "trx/busd Lp" che avevo messo in *staking*, cosí riprenderò i fondi che ho prestato all'*exchange* nel *pool* di liquidità.

Alla prima lettura tutto ciò può sembrare uno scioglilingua in cinese. Ma come annunciato senza studiare non è consigliabile immergersi nella CryptoGiungla. Ci vuole del tempo e delle riletture di questi paragrafi, delle esplorazioni su altre fonti, ma poi quando si arriva al dunque è molto semplice da realizzare, sono davvero 4 click, ingegnosi, ma 4.

Il rischi dello *yield farming* sono vari.

Sul sito BscScan[204], nella sezione che propone la lista delle più di duecento piattaforme decentralizzate per fare *yield farming* si apre una finestra che

---

[200] Ossia la moneta stabile nel suo valore con riferimento al dollaro della piattaforma di interscambio Binance.

[201] I bottoni "liquidity", "farming" e "staking" sono presenti negli *exchange*. Comprendere questi tre concetti apre le porte della finanza decentralizzata. Ottimi i video brevi che ho seguito all'inizio, per principianti, del canale *La Mejor Estrategia Criptomonedas*. youtu.be/twjyz6v0znw.

[202] Molte di queste dinamiche provengono dalla finanza tradizionale. Nel mondo crypto hanno preso una direzione propria, grazie anche alla poca burocrazia che lo caratterizza.

[203] Nella DeFi, i fornitori di servizi infrastrutturali come i *pool di staking* e i fornitori di *Staking-as-a-Service* svolgono il ruolo della banca, eseguendo nodi per protocolli PoS decentralizzati per conto degli investitori. defiprime.com

[204] BscScan è un Block Explorer e Analytics Platform per la Binance Smart Chain.

identifica alla perfezione la situazione. Dice cosí, "Avviso di sicurezza: a causa della natura decentralizzata della Binance Smart Chain, tutti i progetti elencati di seguito sono soggetti a un elevato rischio di mercato, volatilità e potenziali imprevisti. Si prega di fare le proprie ricerche, *due diligence* e comprendere i rischi prima di prendere in considerazione la partecipazione[205]".

Il primo è il rischio di attacchi degli hackers al nostro account o alla stessa piattaforma. Se gli hackers manipolano gli *smart contract* possono rubare i fondi della piattaforma. Non sono infrequenti, decine di attacchi riusciti si sono registrati nel 2020 e 2021 con tecniche ogni volta diverse. Non sono mai stati attacchi capaci di demolire l'infrastruttura. E in alcuni casi il bottino è stato restituito, senza perdita per gli utenti.

Negli *exchange* centralizzati il problema non esiste perché l'impresa di riferimento si fa in teoria carico degli eventuali furti.

Bisogna sempre diversificare, non mettere tutti i fondi a disposizione in un solo *exchange* e investire nelle piattaforme più solide. Dall'altro lato se centinaia di milioni di investitori sono quotidianamente affannati tra click vantaggiosi, una certa fiducia collettiva e ragionata esiste.

Il *Rug Pull* è un rischio legato soprattutto a progetti nuovi. Si tratta di un sistema molto semplice. I fondatori aprono una nuova piattaforma decentralizzata per gli scambi di cryptomonete e dopo qualche tempo chiudono tutto rubando i fondi. Prima di fidarsi di una piattaforma, bisogna studiare e seguire le piattaforme in Twitter e Telegram per vedere se sono attivi e hanno una comunità grande. Bisogna inoltre evitare le piattaforme troppo giovani. Bisogna vedere quanti movimenti al giorno hanno. Il loro *marketcap*. Qualunque sia la precauzione, il rischio comunque è sempre in agguato. Esiste anche un rischio cronico degli investitori. È l'*impermanent loss*. Nel caso preso in esame qualche pagina fa, se ho investito le mie cryptomonete trx e busd nel *pool* di liquidità di Pancakeswap devo calcolare che nei giorni, settimane o mesi che seguono i valori delle monete investite possono variare di molto. La piattaforma equilibra queste variazioni. Potrò ricevere al momento della chiusura dell'operazione una diversa quantità di cryptomonete per uno stesso valore in dollari investiti. È possibile che si verifichi in questo caso un *impermanent loss*. Se avessi mantenuto quelle cryptomonete nel mio wallet, invece di investirlo nel *pool* di liquidità, avrebbero potuto valere di più in questo momento e a causa della dinamica del *farming* al momento della restituzione avrò guadagnato meno in termini di valore. Il calcolo dell'*impermanent loss* ha comunque più variabili da tenere

---

[205] bscscan.com/yieldfarms

presente, perché nel periodo dello *yield farming* una volta apportata la liquidità riceviamo i token Lp che reinvestiti nello *staking* generano interessi che vanno calcolati per capire se alla fine l'investimento è stato positivo. Per calcolare l'*impermenent loss*[206], esistono strumenti online come Dailydefi[207], molto semplice, o il più completo e complesso Advanced Defiyield[208], per esempio.

Altro aspetto interessante è che lo *staking*[209] è diventato un nuovo sistema per minare. Abbiamo visto come la miniera ricompensava i minatori a cambio di un *proof of work*, un calcolo computazionale molto complesso. Questo sistema non è molto efficiente dal punto di vista energetico. Per risolvere la questione il nuovo sistema *proof of staking*, come abbiamo già visto precedentemente, la blockchain ricompensa i minatori che dimostrano avere più liquidità in *staking*. Ossia, si ricompensa il nodo che riceve una maggiore fiducia da parte dei suoi investitori. Gli utenti ricevono degli ottimi interessi, il Dex riceve delle laute ricompense dalla blockchain.

Quando inizi a investire compri e proteggi, fai *hodl*. Poi, se l'interesse continua a essere vivo, inizi con il trading, *apalancado* perché dà possibili forti guadagni in poco tempo, ma alla fine comprendi che il rischio è molto alto. E allora ti concentri sullo Spot. Compravendita quotidiana senza leva, senza *apalancamiento*. Il passo successivo è quando ti accorgi che il DeFi è un mare infinito e se lasci i tuoi soldi a "marcire" su un conto senza fare nulla, stai perdendo enormi opportunità. Queste opportunità sono cosí tante e cosí attraenti che passi tutto il giorno ad ascoltare i tamburi della CryptoGiungla, per vedere se oggi tocca a te comprare qualcosa che ti ricompensi delle tue fatiche in modo inimmaginabile.

Quando capisci lo *yield farming* e lo *staking* hai trovato una boa. Un'oasi di tranquillità tra tante onde giganti, tra tanta volatilità di tutto. Nella CryptoGiungla la volatilità è un vento forte che non smette mai di soffiare. Ogni giorno hai la testa gonfia, come quando vai sulla spiaggia di Lazzáro in Calabria. Queste forme di investimento più tranquille sono alla fine quelle più soddisfacenti e con benefici molto buoni. Per trovare uno schema efficace, tra tutte queste strategie c'è bisogno di esperienza.

"Mi sembra interessante lo schema che commenta Crypto Casey" mi diceva

---

[206] "Guía sobre Impermanent Loss", academy.binance.com.

[207] dailydefi.org./tools/impermanent-loss-calculator

[208] defiyield.app/advanced-impermanent-loss-calculator

[209] Legate allo *staking* si trovano *le sigle* Apy (Annual Percentage Yield) che tiene conto degli interessi composti, mentre l'Apr (Annual Percentage Rate) no.

Anna di fronte al suo *café cortado*. "Lei investe 10 mila dollari e cerca altcoin che hanno una crescita prevista del doppio o del triplo del loro valore. Dei rendimenti ottenuti, 20 mila li riutilizza per un nuovo investimento, mentre il resto lo lascia lì per vedere se un giorno quella cryptomoneta diventerà una delle *top*. I 20 mila dollari non li intasca, 10 mila li investe in nuove altcoin e con gli altri 10 mila compra ether, perché la Casey crede molto in Ethereum". E continua Anna, "Sto esplorando le opportunità della finanza decentralizzata, mettendo da parte gli investimenti con *apalancamiento* perché credo che Casey abbia ragione, le migliori occasioni sono nella DeFi e hanno un rischio molto più basso. Ho appena investito 10 mila dollari convertiti in usdt, ossia la *stablecoin* Tether nella piattaforma BlockFi. Mi danno un 9% annuale. Ogni mese mi pagano una frazione corrispondente e posso ritirare i fondi quando voglio. Su Anchor Protocol, mi stanno dando un 20% annuale".

Molto simile ai depositi tradizionali.

"Sí, però esiste una grande differenza" mi spiega Anna "In questo consiste il progresso della DeFi. Gli investitori mettono il propri fondi dove vedono veramente una opportunità di beneficio, però l'investimento riguarda il progetto che esiste dietro, non solo la cryptomoneta che l'accompagna. Questo sottintende un cambiamento importante perché prima le banche gestivano i tuoi fondi senza comunicarti esattamente in cosa venissero utilizzati, solo ti garantivano i benefici pattuiti. In più dovevi lasciare i fondi bloccati almeno un anno. Qualche anno fa un deposito di Santander mi dava un 1,8%, era considerato eccezionale. Adesso con la DeFi il rendimento è molto alto e non rischio che il mio denaro venga utilizzato per progetti contrari alla mia etica. Prima con un investimento potevo contribuire allo sfratto di un anziano da parte di un *fondo avvoltoio* o stavo contribuendo alla costruzione di una centrale nucleare contraria alla mia ideologia. Con le banche tradizionali non l'avrei neanche saputo. Adesso se faccio *staking* di cryptomonete so in cosa sta investendo la piattaforma con i miei soldi e perché li utilizza. Tutto è molto trasparente nel mondo crypto. Negli *exchange* Dex si arriva ancora più in là. Se metti il tuo capitale in *staking* o *farming* puoi essere proprietario del token, che a parte il suo valore, ti permette di votare per il futuro della piattaforma. Questo cambierà il mondo", conclude Anna.

È sorprendente come una comunità di giovani brillanti abbia creato senza chiedere permesso a nessuno e senza la necessità dell'aiuto di nessuna banca o nessun governo un sistema decentralizzato e di codice aperto dove non esiste un ente centrale che prende le decisioni per tutta la comunità. Tutti collaborano investendo e votando, creando valore con progetti interessanti che risolvono problemi reali. Si entra in un nuovo ambiente aperto a tutti, senza barriere d'ingresso, bypassando la burocrazia e le limitazioni di un sistema dall'aura poco efficiente, basato sull'esclusione.

Questo è realmente il centro, il *core business*, di questa rivoluzione.

La comunità va avanti spinta dal consenso collettivo. Le decisioni sono prese da tutti quelli che posseggono un token del progetto. Nei Dex, a questo proposito, si trova sempre il bottone "votazioni" col quale si può prendere coscienza delle prossime decisioni da prendere, messe all'ordine del giorno collettivo[210]. In questo modo il mercato si sviluppa in una forma organica, secondo le necessità di tutti.

Come commentato nelle pagine precedenti, prendendo in considerazione il saggio ragionamento del giornalista Iñaki Gabilondo, ci hanno martirizzato con il tema del comunismo negli ultimi 20 anni, mettendo l'accento su tutto ciò che è collettivo, tacciandolo di comunismo pernicioso e oscurantista. Ma poi il comunismo nella sua parte oscurantista è quello che abbiamo concretizzato con l'attuale sistema economico-finanziario.

Questa è la risposta della piazza, della gente di tutto il mondo. Niente comunismo, questo è capitalismo allo stato puro, è un distillato di capitalismo che si mescola con la tecnologia di punta. Un hipercapitalismo che arriva più vicino che mai agli interessi collettivi, allontanando il nefasto presagio di una esistenza in mano a una oligarchia che ha perso il contatto con l'essenza delle necessità umane.

Letteralmente dietro a questi mercati esiste la collettività mondiale, che a colpi di tastiera prende decisioni e muove una montagna di denaro. Tutto questo è nato nella libertà più assoluta, senza un controllo autoritario. E ha funzionato.

Il feudo, e il controllo totale come concetto, ha bisogno di una revisione radicale, per la sua manifesta inefficienza, non per voglia di ribellione. Collettivamente dobbiamo prendere delle decisioni più opportune per il progresso e non afferrarci a vecchi concetti solo per mantenere qualche privilegio periferico e controproducente.

L'evidenza ci mette di fronte a un mondo nuovo sviluppato da questa generazione crypto, con una forma differente da quella che abbiamo conosciuto fino ad ora. E fino a oggi molto efficace.

I Governi non potranno fare marcia indietro, perché una volta che "la ruota" è stata inventata è un punto di non ritorno. Quando hai a disposizione "la ruota", nessuno vorrà trascinare una valigia senza ruote.

Tutti sceglieremo la ruota. Anche i Governi.

---

[210] app.uniswap.org/#/vote

Bloccare il fenomeno crypto significherebbe oscurare internet. Troppi interessi, troppo *know how* tecnologico, troppe persone coinvolte. Credo sia complicato mettere in silenzio la comunità più ricca del mondo, la comunità di internet.

Il vero stato globale è fuori dai palazzi e si trova nelle case, nelle tasche di una ampia percentuale di esseri umani. Con internet satellitare, come abbiamo visto, la comunità di internet aumenterà. Quando le persone possono condividere informazione, possono vedere quello che succede in tutto il mondo, quando si possono unire senza percorrere migliaia di chilometri, il risultato è il progresso.

Un punto da sottolineare è che questa rivoluzione digitale è alla portata di chi ha una certa mentalità e una conoscenza di linguaggi che per la maggior parte della popolazione mondiale risultano incomprensibili. Percepisco continuamente uno squilibrio tra l'avanguardia algoritmica e strategica, *versus* la capacità di comunicare. I programmatori, los *geeks*, hanno la parte del cervello destinata alla comunicazione completamente atrofizzata[211].

Senza una traduzione nel linguaggio corrente mi risulta molto complicato comprendere di cosa si tratti. Vedo delle pagine web come Uniswap, Sushiswap o Pancakeswap, piene di disegni propri di un ambiente *marketiniano* e giocoso, ci sono *tortitas* che volano, mentre i miliardi vengono accumulati nelle *pool*. Il linguaggio utilizzato non è prodigo di spiegazioni per chi non ha una certa esperienza ed è in linea con una inclinazione naturale assolutamente ingegneristica. Ovviamente questo crea una barriera d'entrata per molte persone. E la conseguenza indiretta è che questa attraente possibilità di godere di opportunità finanziarie allettanti si riduce ai più preparati sulla programmazione, la computazione, sulla navigazione nella Rete.

I cervelloni del codice incomprensibile già dominano il mondo. Prima i programmatori lavoravano per altri, per dei capi, per le imprese, stavano sempre al servizio di altri e seguivano le loro direttive. Adesso sono dei falchi liberi, sono aquile reali nel cielo del nostro sviluppo collettivo. Andiamo a tutta velocità verso qualcosa che cerebralmente funziona meglio, ma che avrebbe necessità di una maggiore varietà umana nel prendere le decisioni per il progresso collettivo. La mancanza dell'influenza di altre menti - non solo quelle matematico-razionali - nello sviluppo del movimento potrebbe essere un grande limite.

Un mondo diretto solo ed esclusivamente da cervelloni che parlano un idioma incomprensibile può essere un problema. Per ora chi ha inventato e

---

[211] Sto ironizzando in modo iperbolico.

costruito questo nuovo sistema ha un vantaggio e ne sta beneficiando, prima di tutti gli altri.

Molti mesi dopo la conversazione con Anna ho preso dimestichezza con lo *yield farming*, lo *staking* e i *pool* di liquidità. Pancakeswap per me è stato il primo approccio con i Dex, la considero sufficientemente semplice ed efficace per essere utilizzata senza previamente aver fatto un dottorato in ingegneria. In più è molto rispettata e sembrerebbe offrire alte garanzie di sicurezza. È basata sulla Binance Smart Chain e dunque le commissioni che si pagano per le operazioni sono bassissime. Prima di entrare in queste piattaforme e operare è necessario e indispensabile avere una certezza sui rischi e la gestione di questi rischi che ognuno si vuole assumere, sulla base delle conoscenze a disposizione. La decisione di ognuno dipende dalla sua peculiare situazione non assimilabile nella maggior parte dei casi a nessun'altra.

Per poter operare è necessario avere un wallet connesso alla piattaforma decentralizzata di interscambio di cryptomonete. Per entrare su Pancakeswap i wallet della Binance Smart Chain sono TrustWallet, MathWallet, TokenPocket, WalletConnect, Binance Chain Wallet, SafePal Wallet. MetaMask, che è il wallet che utilizzo, anche se è legato a Ethereum ha la possibilità di essere utilizzato sulla blockchain di Binance[212].

MetaMask è una estensione di Chrome. Si attiva con un click[213]. Poi è

---

[212] Esiste un procedimento per connetterla alla Binance Smart Chain.

[213] Il processo è sempre lo stesso: bisogna scegliere una password, bisogna scrivere in un libretto fisico le preziose parole chiave indicate dal wallet ed è immediatamente pronto per ricevere e inviare le cryptomonete.

necessario inviare delle cryptomonete per potere pagare i costi, i *gas fee* legati a ogni operazione.

Quando entri in un Dex il primo passo è collegare il wallet alla piattaforma e immediatamente si possono permutare le cryptomonete esistenti nell'*exchange*, scegliendo il bottone *swap*, si può partecipare nella piattaforma contribuendo con liquidità, con l'opzione *liquidity* o investire nello *yield farming* e nello *staking*[214]. Nei Dex si trovano anche altri servizi od offerte come gli nft, uno degli aspetti speculativi in crescita continua nel mondo DeFi.

Esiste anche la possibilità di offrire al mercato la propria moneta. La procedura è semplice per chi ha dimestichezza con la programmazione ed è gratuita.

In pratica il Dex è un mercato enorme, collettivo e non-profit[215].

Al momento di comprare, seguendo una dinamica comune in tutta la CryptoGiungla, bisogna studiare bene ogni cryptomoneta, prima di fare *swap*. È imprescindibile avere una conoscenza profonda di ciò che si compra, perché i mercati sono un *humus* fertile per le *shitcoin*[216], appellate così dalla comunità crypto in modo molto eloquente.

I Dex hanno una veste grafica singolare. Pancakeswap, per esempio si ispira alle frittelle tipiche delle colazioni anglosassoni. La pagina web non sembra celare le fortune finanziarie di una generazione, ma appare come un luogo amichevole con i tipici *pancakes* che volano sugli aridi numeri, le percentuali di rendimento e le cryptomonete. Pancakeswap è giovanissimo, è nato nel settembre 2020 e si muove sulla blockchain di Binance Bep-20 che ha l'enorme vantaggio di avere dei costi molto bassi rispetto alla rete di Ethereum. Ha una capitalizzazione di mercato[217] di 4,8 miliardi di dollari. Quotidianamente si scambiano 1,9 miliardi di dollari.

Quando apporti i tuoi fondi vieni ricompensato, come abbiamo visto, con un token Lp e se lo fai fruttare in *farming* vieni ricompensato nella cryptomoneta cake, che oggi ha una ottima forza di mercato e buona prospettiva futura. Domani chissà.

---

[214] Uno strumento interessante che fa *tracking* dei maggiori *staking* esistenti è stakingrewards.com. Offre anche un sistema per calcolare i benefici.

[215] academy.binance.com/es/articles/what-is-uniswap-and-how-does-it-work

[216] Cryptomonete che non valgono nulla, che non hanno nessun progetto dietro e che spesso sono una truffa.

[217] Il valore di mercato totale dell'offerta circolante di una cryptovaluta. È analogo alla capitalizzazione flottante nel mercato azionario. Capitalizzazione di mercato = prezzo corrente x offerta circolante. (coinmarketcap.com).

Quando fai *farming* puoi avere interessi del 5%, 50%, 80%, 200%, anche del 1000% in casi speciali. Esiste anche la lotteria e per completare il parco giochi esiste anche una gamificazione della finanza. Crei un profilo, ti unisci a un team ed entri in competizione per degli obiettivi comuni. In questo modo si toglie l'aura austera degli ambienti finanziari e tra colori e giochi puoi entrare in un sottobosco dove il premio è la tua libertà e indipendenza finanziaria. Perfino divertendoti. Almeno fino a quando la tua situazione non diventi una tragedia, più che una commedia, e perdi i tuoi fondi. Sembra un gioco, ma non lo è. Ma invece lo è. Ed è reale. Ti può fare guadagnare molto. Ma se abbassi la guardia ti stampa un pugno "tra occhio e occhio", come dicono in Spagna.

Quindi, *repetita iuvant,* per entrare è necessario dello studio per potersi assumere la responsabilità fondata su informazioni certe e adattate alla propria situazione personale che nessuno può conoscere a parte te stesso.

Insieme ai rischi ci sono i benefici, per questo milioni di persone investono ogni giorno.

Le commissioni sulla blockchain di Binance come abbiamo visto, sono infinitamente inferiori rispetto alla blockchain di Ethereum, ecco perché la competizione tra queste due blockchain sta raggiungendo il suo apice. Da un lato Ethereum, che è la seconda blockchain dopo Bitcoin, la più utilizzata per tutti i tipi di applicazioni. Ma il suo sistema prevede costi operativi molto elevati. Troppo alti. Ogni operazione ha costi davvero esorbitanti. Carichi una foto, 100 dollari. Cambi un nome, 30 dollari. Compri un dominio in Ethereum, 70 dollari che con il passare del tempo sono diventati 200 dollari. Per questo motivo, la comunità crypto sta passando alla rete Binance molto più economica.

La fiducia nell'ambiente decentralizzato e globale della blockchain è importante. Pertanto, per garantire la loro qualità, le piattaforme decentralizzate sono controllate da regolatori riconosciuti dal sottobosco cryptografico.

Pancakeswap è stato verificato da Certik. Uniswap è stato verificato da Consensys Diligence[218]. Mentre Sushiswap sembrerebbe non essere mai stato certificato.

Esistono imprese che si occupano della revisione, controllo e certificazione degli *smart contract* come le reti HashEx[219], CoinFabrik, Smart Contract Audit, tra i molti altri. In questo modo un certificato attesta la qualità dei processi e la fiducia degli investitori.

---

[218] certik.org; consensys.net.

[219] hashex.org, coinfabrik.com, smartcontractaudits.com.

I Dex indicati su Coingecko.com sono più di 150.

Un amico, Carlos, mi ha mostrato l'importanza di puntare su un cavallo eventualmente vincente prima che diventi "famoso". Una nuova blockchain, nata nel febbraio 2021, sembra promettere un futuro radioso. Il suo nome è Solana[220]. La sua valuta è il sol. Uno dei suoi *exchange* è Raydium e permette il trading, lo *swap*, il *farming* e lo *staking*. Il token dell'*exchange* si chiama ray. Carlos vuole essere un pioniere nell'avere ray e sol, così ha iniziato ad apportare liquidità a questo Dex per ricevere in anteprima i ray, per accumulare una moneta che promette una generosa rivalutazione negli anni.

Il modo in cui l'abbiamo fatto è interessante e anche molto tecnico. Può essere utile raccontarlo per capire la dinamica.

Il primo passo è avere pronto il wallet. Comincio a rendermi conto che è difficile ricordare quanti wallet ho e quali sono. Ho iniziato con uno, poi il Ledger, poi Crypto.com, poi Binance, poi Yoroi, poi Wave Keeper, Exodus, Coinbase wallet e mi rendo conto che serve qualcosa come MetaMask. Oggi è il turno del portafoglio Solana. Ognuno ha una password e misure di sicurezza, parole di sicurezza, sistemi di autenticazione con codici "a tempo". La gestione si fa sempre più complicata e mi rendo conto dell'importanza di avere tutto in ordine e con un *excel* aggiornato costantemente. Il rischio è di perdere completamente il controllo. Anche perché con il passare dei giorni aumentano le operazioni, aumentano i dettagli, aumentano le opportunità, i rischi, il *fomo*, il *fud*, le voci, le notizie, le stupidaggini che ascolti in giro. A volte mi sento come la signora di "Requiem For a Dream"[221]. Mi domando come mai siamo arrivati a questo. Poi ripenso al feudo e scelgo senza tentennamenti di ricominciare a vivere in questo emozionante videogioco. Ma una bussola solamente non basta per muoversi nella CryptoGiungla, ho bisogno di un gps.

Tornando al punto, l'idea era quella di atterrare sulla piattaforma dalla veste grafica molto poco comunicativa con la cryptomoneta sol già nel wallet Sollet, per potere acquisire nell'*exchange* la cryptomoneta ray con la finalità di lasciare nel *pool di liquidità* la coppia di cryptomonete ray/usdt. Ciò significa che la piattaforma con questa liquidità potrà garantire lo scambio di crypto usdt e ray ai suoi utenti. In cambio abbiamo ricevuto la moneta chiamata Lp. Con questi token "ray/usdt Lp" abbiamo potuto fare *staking*, cioè depositarli per ricevere un interesse del 118%. A parte l'interesse molto considerevole, la speranza è che la blockchain in questione fiorisca e diventi

---

[220] Molto criticata dal popolo crypto per essere stata concepita con un sistema poco decentralizzato.

[221] *Requiem For a Dream* (Darren Aronofsky, 2020). Film.

molto forte, e così anche il token del suo *exchange* possa rivalutarsi x10, x20, x100, x1000. Se ciò accadrà sarà stato un investimento che ci renderà molto felici. Se non succede, avremo perso tutto o parte dell'investimento.

Carte di credito e debito

Il mondo crypto e il mondo fisico non hanno ancora molti ponti tra loro. Ma stanno crescendo e le cryptovalute vengono utilizzate per spese di ogni tipo. Soprattutto con carte di debito o di credito collegate ai wallet. Chi le usa normalmente non spende i propri bitcoin, spende *stablecoin*, cioè cryptovalute con un valore stabile riferito al dollaro. Nonostante ci sia anche chi spende i propri bitcoin per gli acquisti quotidiani, la dinamica più comune è convertire denaro fiat - dollari o euro - in una *stablecoin* come usdt, usdc, busd, ad esempio, e da questo momento avere i propri fondi pronti per il mondo delle cryptovalute. Molti degli *exchange* offrono carte di debito Visa e MasterCard come ponte verso il mondo fisico. Crypto.com, Binance, 2gether e presto Bit2Me (Coinbase e BlockFi solo le rilasciano negli Stati Uniti), offrono carte di debito e di credito collegate ai wallet. In questo modo, le cryptovalute possono essere utilizzate per pagare nei milioni di stabilimenti in tutto il mondo della rete Visa e MasterCard. Nella scelta delle carte di credito o debito, come sempre bisogna prestare molta attenzione, e soprattutto indirizzare la scelta su quelle che permettono un resoconto valido per la dichiarazione fiscale. Molto presto PayPal si unirà a questi grandi consentendo il pagamento con cryptovalute in Europa, qualcosa che offre già negli Stati Uniti dall'inizio di questo 2021. Si attende una mossa anche da parte di Amazon, che secondo molte voci del sottobosco sta preparando già la sua cryptomoneta.

Kantfish.eth

Nelle peripezie della CryptoGiungla ho scoperto la possibilità di registrare il mio dominio nella blockchain di Ethereum. Non potevo perdere l'occasione. Quando costavano pochi centesimi, molti investitori hanno passato ore e ore a registrare domini di grandi aziende o personaggi famosi. Perché come ogni altro token, potrebbe essere molto prezioso in un prossimo futuro, ovvero potrebbe essere un ottimo valore di scambio su cui speculare, aprendo la possibilità di una rivendita vantaggiosa.

Con una spesa esorbitante di 70 dollari pagati in ether tramite il wallet MetaMask, adesso ho il mio dominio sulla blockchain di Ethereum. L'ho acquistato come se fosse un dominio Internet, ma funziona solo su questa blockchain.

A cosa serve? Potrebbe essere utile in futuro o almeno lo spero. Per ora, l'applicazione chiara è quella di poter indicare questo facile dominio per ricevere bitcoin, ether, ada o vet nel mio portafoglio, invece del solito indirizzo '0x4abe5tjssaieOH8755...'.

Al momento i domini .eth sono accessibili solo tramite browser di tipo Tor. Tuttavia è una tecnologia nuova e in espansione e, forse, nel prossimo futuro risolveranno Dns convenzionali e leggibili da qualsiasi browser. In altre parole, questo dominio potrebbe essere utilizzato su un browser come Chrome o Safari nel prossimo futuro.

Lo comprai a maggio 2021. Senza un vero perché. Per fiducia nel mondo nft e nel mondo crypto.

A novembre 2021 arrivò una grande notizia.

Di colpo, grazie a questo dominio ho avuto un contatto diretto con la realtà decentralizzata Dao.

Per avere acquisito questo dominio sono stato integrato nella comunità, ho ricevuto dei token di gran valore e che possibilmente si rivaluteranno ancora di più nel futuro e sono diventato un votante sulle questioni della comunità Ens. Incredibile, vero?

Arrivò la notizia in un baleno, notizia di eccellenza, agite con urgenza, c'è un *airdrop* di Ens. Un *airdrop* è "la distribuzione di un token o moneta di cryptovaluta, di solito gratuitamente, a numerosi indirizzi di portafogli. Gli *airdrop* sono principalmente implementati come modo per attirare l'attenzione e nuovi follower, con il risultato di una base di utenti più ampia e un più ampio esborso di monete"[222]. Il messaggio che arrivò: "Aiutaci a decidere il futuro dell'Ens. Con il lancio di token Ens e il modello Dao, la comunità sarà autorizzata a governare il protocollo Ens".

Ens compie un passo importante nell'ulteriore decentralizzazione della *governance* del protocollo Ens. Consentirà ai membri della comunità di dirigere il suo sviluppo, la tesoreria della comunità e i parametri tecnici. Il tuo nome Ens, kantfish.eth nel mio caso, è il tuo nome utente e profilo web3, un nome per tutti i tuoi indirizzi crittografici e il tuo sito web decentralizzato.

Come viene distribuito il token in questo *airdrop*?

---

[222] Wikipedia.

La metà dei token sarà assegnata alla tesoreria della comunità Dao che può essere governata dai possessori di token. L'altra metà dei token è divisa tra contributori in un *airdrop* retroattivo per gli utenti.

Qualsiasi indirizzo che abbia mai posseduto un nome .Eth è idoneo per l'*airdrop* retroattivo. Vengono conteggiate le registrazioni passate e future, limitate a 8 anni. Gli account con il set di record del nome Ens principale riceveranno un moltiplicatore 2x.

Adesso potevo votare. Il voto è senza *gas fee* e si svolge off-chain utilizzando Snapshot.

Tra le questioni delle quali sono stato investito dalla comunità: "Ci auguriamo che queste regole formino la base per una comunità forte. Per ratificare un determinato articolo della Costituzione è necessaria l'approvazione a maggioranza dei due terzi dei voti espressi nella prima settimana. Modifiche future a questa Costituzione possono essere apportate a maggioranza dei due terzi e almeno l'1% di tutti i token partecipanti. La proprietà del nome non deve essere violata. La *governance* di Ens non attuerà alcuna modifica che violi i diritti degli utenti di Ens di conservare i nomi di loro proprietà.

Qualsiasi reddito generato dalla tesoreria dell'Ens deve essere utilizzato prima di tutto per garantire la redditività a lungo termine dell'Ens e per finanziare lo sviluppo e il miglioramento continui del sistema dell'Ens. I fondi che non sono ragionevolmente necessari per raggiungere questo obiettivo possono essere utilizzati per finanziare altri beni pubblici all'interno del web3, come ritenuto opportuno dalla *governance* dell'Ens. La *governance* dell'Ens non assegnerà fondi a una squadra o a un individuo che non si impegni a sostenere gli stessi principi delineati in questo statuto nell'uso dei fondi assegnati. La *governance* di Ens può offrire finanziamenti per un bene pubblico non correlato a Ens o Ethereum, purché ciò non influisca sulla redditività a lungo termine di Ens".

Si dovrà votare su tesoreria, contabilità basica, ricerca di progetti su cui investire. Al momento dell'*airdrop* la tesoreria Ens aveva ricevuto 46 milioni di dollari pagati dagli utenti per i domini. Non era stato speso molto, solo 700 mila dollari per borse destinate alla comunità crypto e 2,5 milioni per la fiscalità. Il progetto di diventare Dao era originario e non sono mai stati accettati fondi di investitori. Adesso è il momento in cui il denaro ritorna agli utenti quando il sistema Dao e il protocollo Ens sono pronti e operativi per fare funzionare la comunità. L'obiettivo è mantenere la infrastruttura e migliorarla, oltre a investire per lo sviluppo della comunità. La quantità di token ai beneficiari dell'*airdrop* è stata definita dalla quantità di implicazione, da quanto tempo e per quanto tempo si è comprato il

dominio. E se il dominio era associato a MetaMask come primario.
Ogni dominio ha ricevuto tra i 12 mila e i 30 mila dollari in token ens. Un mese dopo l'*airdrop* il token si è rivalutato in maniera considerevole.

Quando il bitcoin crolla, il terremoto scuote l'intera CryptoGiungla e tutte le altcoin, le monete "altre", tutte quelle che non sono bitcoin ed ether.

Bitcoin è il re della CryptoGiungla.

Il suo dominio nella capitalizzazione di mercato sul resto delle altcoin era di circa il 65-70% nel 2019 e nel 2020, scendendo a maggio 2021 ai minimi del 45%.

Questa metrica di *dominance* è fondamentale perché mostra dove si concentra l'attenzione del capitale. Più bassa è la *dominance*, maggiore sarà l'attenzione degli investitori nel mercato delle altcoin. In altre parole, se la *dominance* è bassa significa che il capitale ha lasciato bitcoin ed è passato alle altcoin.

Bitcoin ha una capitalizzazione di mercato di mille miliardi e cent'ottanta milioni di dollari[228], seguito da ether con 533.697.831.236 dollari. Queste due cryptovalute giocano un campionato a parte, per ora, sono le due più forti, sono i punti di riferimento del mondo crypto.

Ether di solito segue bitcoin, ma non sempre. Nelle ultime settimane di aprile e maggio 2021, ether si è dissociato molto dall'incertezza di bitcoin, andando ad esplorare i suoi massimi storici e superando di valore i 3.000 dollari. A ottobre ha superato i 4200 dollari. Per arrivare i 4500 dollari a fine novembre 2021. Tutti si aspettano che arrivi a 10 mila dollari. Qualcuno azzarda anche i 20 mila dollari.

---

[228] $1.177.729.925.522 - (coinmarketcap.com).

Dalla terza valuta in avanti, che per ora è bnb, la cryptomoneta di Binance, vengono chiamate altcoin e rappresentano "le altre cryptovalute".

Il capitale si sposta da bitcoin ad altcoin quando il re della CryptoGiungla sale molto lentamente o si mette in un "rango"[224], cioè rimanendo a lungo a un livello di prezzo senza scendere o salire fortemente. Lateralizzare, si dice. L'investitore assetato di opportunità, in questa situazione di stallo, sposta il suo capitale verso le altcoin alla ricerca di guadagni sempre più alti e veloci. Le altcoin in quel momento sono incoraggiate e iniziano forti rialzi di fronte a tale domanda, in quella che è nota come altseason.

Quando il bitcoin si risveglia e inizia a salire molto rapidamente, gli investitori tornano sul loro mercato principale, abbandonando le altcoin e causando forti discese dei prezzi.

Questa dinamica è ben chiara al popolo crypto.

La capitalizzazione di mercato definisce quali sono le cryptovalute top10, top20, top100[225]. Le prime 10 altcoin del ranking sono fedeli alle mosse del re. Se bitcoin sale, loro salgono, se scende, scendono pure loro.

Queste cryptomonete amplificano questi movimenti e nascondono grandi sorprese, le migliori sorprese, che possono generare profitti (e perdite) di x5, x10, x20.

Le sorprese e le svolte narrative del prezzo possono essere estremi quanto più piccole siano le cryptovalute. Se hanno una capitalizzazione di mercato minore, solitamente al di fuori della top 100, possono portare a formidabili benefici e roboanti perdite. Il trader, nella sua abilità e studio, cerca di prevedere in ogni momento dove andrà la domanda e cerca di anticiparla.

Di solito si comprano le crypto che sono tra le prime 20 del coinmarketcap.com, i trader più azzardati vanno sulle top 100. I più preparati superano questa soglia ed esplorano tra le 13 mila cryptomonete esistenti.

La sfida è scoprire quale sarà il prossimo cavallo vincente. In generale, la strategia di entrata e uscita per le altcoin non è facile. Per trovare il momento giusto in cui vendere o quando investire in una altcoin "piccola" c'è una sorta di roadmap da seguire. Si può riassumere così, in sette passaggi.

---

[224] Il "rango" è l'entrata in stasi a un determinato livello del prezzo, in spagnolo.

[225] Dato consultabile su coinmarketcap.com

Uno. Per capire se il prezzo di una altcoin è pronto per salire si analizza il grafico di questa cryptovaluta confrontandolo con il bitcoin[226].

Due. In coinmarketcap.com vengono filtrate le cryptovalute con una capitalizzazione compresa tra 5 e 20 milioni. In altre parole, quelle piccole, ma non troppo piccole.

Tre. In coingecko.com, si valuta il volume per confermare che non è un progetto morto e che c'è davvero interesse e volume di scambio, se c'è un flusso di compravendita rilevante. Devi trovare anche il modo per sapere se il volume è reale o è il risultato del lavoro di un bot. Il *washtrading*, come viene chiamata questa pratica poco ortodossa dei bot, può essere smascherata con metodi dettagliati raccolti in molti video di YouTube.

Quattro. La cryptovaluta deve essere presente su più *exchange*. Se si trova solo in una o due, preannuncia un rischio molto alto per l'investimento.

Cinque. Il trader controlla se è un progetto attraente, che risolve problemi reali. Studiare il *white paper* è il primo passo, poi bisogna visitare il web, sapere qualcosa sul team di progetto, leggere la *roadmap*, vedere se i social come Discord, Twitter, Telegram sono attivi e con contenuti aggiornati. Si tiene presente anche se il progetto di quella determinata cryptomoneta è stato verificato, se ha un certificato di qualità e da quale agenzia è stato emesso. Lo studio di una cryptovaluta può avvenire con una lente di ingrandimento e c'è chi, prima di investire, indaga anche il codice *open source* su GitHub dove è depositato il codice sorgente della blockchain in questione.

Sei. Il trader attento guarda quali sono i prossimi eventi in programma. Se esistono *updates* imminenti, *miles stones* di sviluppo, notizie che possono far saltare il prezzo. La tempistica degli aggiornamenti è sempre accompagnata da un certo entusiasmo del mercato. Su coinmarketcap.com/es/events si controlla il calendario degli eventi annunciati.

Sette. Altri dettagli che definiscono se una cryptovaluta può fare molto bene sono, ad esempio, la partecipazione della comunità alla sua *governance*, la possibilità di fare *staking* con questa cryptovaluta, la verifica analitica del grafico per vedere se ha già raggiunto il suo massimo storico, vedere se i *competitor* hanno un grande volume di *marketcap*, perché questo significa che il mercato in cui si muovono è florido e la crypto che ci interessa in futuro potrebbe avere le stesse performance dei suoi *competitor*.

Gli investitori iniziano normalmente comprando bitcoin.

Solo dopo avere studiato a fondo il mercato si aprono alle altcoin.

---

[226] Normalmente le analisi si studiano sul grafico riferendo il valore di una cryptomoneta a una *stablecoin*, generalmente usdt, busd o usdc. Mentre in questo caso si valuta l'andamento della cryptomoneta su Tradingview in comparazione con bitcoin. Per esempio vet/btc, 1inch/btc, eos/btc etc.

Nell'esperienza di molti in un portafoglio crypto ci sono in media una ventina di cryptomonete e la divisione può essere questa, per fare un esempio del budget disponibile per investimento, 50% in bitcoin, 25% in alcune top10 altcoin, 15% nelle top50 cryptovalute, 5% nelle top100 cryptovalute e 5% nelle rischiose e più redditizie chiamate *moonshot*, che se tutto va bene una di loro ti porterà in orbita.

Uno youtuber, JrnyCrypto, specialista di altcoin, ha indicato lo schema che usa con i suoi investimenti in cryptovalute. Tiene sempre presente di recuperare come primo passo il suo investimento, incassa così periodicamente dei profitti e una parte li reinveste in altre altcoin. Se una altcoin ha raggiunto x5, ritira il suo investimento iniziale, il resto lo lascia e poi, poco a poco, raccoglie i benefici nel tempo. JrnyCrypto mantiene nel suo wallet per più tempo solo le altcoin che hanno un progetto che considera solido. E, punto importante, gestisce tutto con un *excel*. L'ordine è importantissimo.

La primavera 2021 sembrava aprire una *altseason*, un momento ottimale per investire in cryptovalute di piccole o medie dimensioni. Ma soprattutto la fine del 2021 ha regalato un autunno che sembrava propizio per le altcoin, mentre bitcoin saliva verso il suo massimo storico per poi rimanere quieto appena sotto i 60 mila dollari.

Tra le più ambite altcoin c'è un vortice di nomi ricorrenti.

In questi ultimi mesi tra le più ricercate e quelle che ho sentito nominare di più nei consessi dotti degli esperti ricorrono dot, link, iota, xrp, trx, vet, cake, ltc, sol, ray, axs, bnb, ada, eos, xmr, rose, avax, theta, matic, mana, enj, sand, gala, per citarne solo alcune.

Tra gli amanti delle altcoin c'è sempre una passione smisurata per qualche progetto in concreto. Per esempio dot, del progetto di blockchain Polkadot, promette di essere l'internet delle blockchain, ossia stanno studiando il sistema per mettere in comunicazione e potere operare tra blockchain distinte. Il progetto sembra molto solido e soprattutto sembra essere molto necessario, per questo tra gli investitori si nota una forte fiducia verso questa crypto, che sembra avere il profilo perfetto per essere custodita nel wallet freddo, quello più sicuro, quello dedicato agli investimenti di lunga data. Sol e ray promettono anche se sol non ha la giusta dose di decentralizzazione per essere amata fino in fondo. Vet, del progetto VeChain che studia per risolvere problemi relativi ai diritti d'autore e all'autenticità. Axs che è la cryptomoneta del videogioco Axie Infinity, un assoluto tsunami del mondo crypto che sta crescendo senza freno e promette un futuro radioso come le cryptovalute mana, enj e sand che sono monete di *gaming* o dei mondi paralleli virtuali dei Metaversi, come Decentraland.

Per trovare la migliore cryptovaluta, un valido aiuto arriva dai gruppi privati dei guru su Telegram. Oggi mentre facevo colazione al sole, dopo una lunga notte di studio, mi è arrivato un messaggio.

Compra: xrp/usdt

Prezzo: 1.05-1.10$

Tempo: 48h

Rischio: Medio

Stop Loss: Sí 0,97$

Investimento: *5%*

Non destinare più del 5% del tuo capitale a questa valuta.

Il messaggio indica di acquistare xrp associato al valore del dollaro Tether. Dovresti comprarlo nel *range* di prezzo indicato.

Dell'intero budget che stai destinando agli investimenti, questa cryptovaluta dovrebbe rappresentare il 5% del totale.

Le altcoin si comprano su i molti *exchange*, il principale è Binance. Esiste la possibilità di fare *swap* tra monete sui Dex come Uniswap, Pancakeswap etc. o *exchange* come Poloniex, Hotbit, Okex, Gate.io.

Il vantaggio delle altcoin è che possono salire in modo repentino. Ma possono con la stessa velocità scendere. Se scendono e sei in perdita dovrai aspettare la risalita che può arrivare a essere lunga dei mesi. E non si sa mai quando il valore di una piccola cryptovaluta diminuirà improvvisamente e forse scomparirà per sempre.

Continuamente mi arrivano domande di lettori, amici, sconosciuti su LinkedIn, Instagram, Whatsapp. Un amico celebrava la sua prima entrata nel mondo crypto acquistando su Crypto.com. Sono sempre molto felice quando qualcuno comprende la portata del fenomeno e vuole farne parte. Avverto sempre sui rischi e su cosa iniziare a studiare. Anzi, su cosa avrebbe dovuto studiare prima di comprare. Su bitcoin ed ether non ci sono grandi problemi al momento. Ovviamente se compri, come ha fatto l'amico, nel momento di caduta libera del mercato devi essere cosciente che dovrai mantenere i nervi saldi e non vendere quando scende di molto tutto il mercato. Devi avere investito una cifra che non pesi eccessivamente sul tuo fare quotidiano e devi avere la capacità di attendere che il mercato risalga. Non è una buona idea comprare senza avere idea della dinamica di mercato e alla prima caduta tosta vendere tutto. Questo non si fa, l'ho sentito centinaia di volte in conferenze, discussioni, blog, tv, da guru ed esperti. Ha una sua logica.

L'amico mi disse che avrebbe voluto comprare la cryptomoneta civic. Ce ne sono 13 mila, questa non l'avevo mai incrociata nel mio cammino.

Che fare quando siamo di fronte a una situazione di questo tipo?

Dopo avere fatto le valutazioni che abbiamo visto nelle pagine precedenti, nel caso in questione, a proposito di civic e dove si vende devi stare attento in che blockchain è stata creata. In questo caso fa parte del network di Solana (Solana è una delle grandi blockchain, sta crescendo molto). Per capire quale *exchange* offre questa moneta si può andare su Coingecko[227].

Nella scelta delle altcoin bisogna essere molto guardinghi. Nella CryptoGiungla bisogna affidarsi ai guru per capire quello che succede, almeno all'inizio della propria avventura. Alcuni sono sinceri, ma altri no. E ti consigliano delle monete solo per fartele comprare e poi sfilarti il malloppo con destrezza. Come?

Un brillante tweet[228] riassumeva la dinamica solita nel sottobosco crypto, allertando sul fatto che con le piccole crypto bisogna stare molto attenti.

Diceva cosí parafrasando un "non vi fate fregare".

"Sveglia! Ogni youtuber sta facendo cosí...

1 Una impresa paga uno youtuber per una recensione della sua moneta

2 Lo youtuber compra la moneta

3 Lo youtuber pubblica e diffonde la sua recensione sulla moneta in questione

4 La moneta fa un balzo in avanti strepitoso

5 Lo youtuber e l'impresa vendono tutto e lo buttano nella spazzatura

6 Lo youtuber e l'impresa hanno fatto i soldi

7 Tu perdi i tuoi soldi".

Altseason

Capire l'*altseason* significa fare un passo avanti nel trading e nel mondo crypto.

Come accennato in precedenza esiste una dinamica solita, quando il bitcoin rallenta il capitale si muove verso le valute più piccole.

Questo capitale iniettato in mercati più piccoli genera aumenti di prezzo memorabili.

Questa è in breve l'*altseason*, un momento in cui se studi bene le opportunità puoi moltiplicare x2, x3, però anche x10 o x20, in alcuni casi x100 o più il tuo investimento. Se metti mille euro ti ritrovi con 2mila, 3 mila o 10mila, 20mila. Centomila. In pochi giorni. Ovviamente non è facile e non mi stancherò mai di ripetere che a fronte di guadagni stratosferici, la maggior parte delle persone perde i propri fondi. Con pazienza bisogna studiare bene

---

[227] Nel caso in esempio: coingecko.com/en/coins/civic#markets.

[228] twitter.com/hex_bull/status/1382067331363405825?s=24

il panorama e sapere che la fisica dei vasi comunicanti tra il mercato dei bitcoin e il mercato delle altcoin genera molto interesse tra gli investitori.

Un esempio. Nel 2017, alla fine del precedente ciclo di bitcoin, c'è stato un tonfo magistrale del re della CryptoGiungla bitcoin, come abbiamo visto. Questo ha aperto una fase caratterizzata dal balzo delle altcoin. Come quella che si sta vaticinando per gli ultimi mesi del 2021.

Xrp, ether, doge, ad esempio, hanno aumentato il loro valore molto tempo dopo il crollo dai 20 mila dollari di bitcoin ai 3 mila dollari. Con effetto ritardato le altcoin hanno avuto un momento d'oro che è durato per circa 4 settimane.

Invece di vendere bitcoin per realizzare subito un profitto, è più redditizio (e più rischioso) passare la quantità di bitcoin che vuoi vendere a ether, o un'altra cryptovaluta forte, aspettare l'altseason per qualche altra settimana, e poi prendere maggiori profitti.

Alcune hanno raggiunto il 50% di aumento nel tragico 2017.

Alla teoria delle *altseason* va aggiunto un corollario importante. Nessuno sa quando inizia la caduta e quando finisce l'*altseason*. L'importante comunque è capire la logica di queste dinamiche. Solo gli esperti possono usare questa dinamica con cognizione.

Tutte le cryptomonete hanno una storia più o meno interessante. Però non tutte le monete sono lo specchio di un progetto serio e molte, come ho appena ricordato, sono veri e propri *scam*, ossia delle fregature complete. Visto che il metodo per creare una moneta e metterla sul mercato è abbastanza semplice, - ho sentito dire da un guru, molto elegantemente, che "puoi creare un token tuo mentre sei seduto sulla tazza del bagno" - e visto che la creazione di una pagina web e di un documento in pdf è alla portata di tutti, sono nate le *shitcoin* con l'unico obiettivo di rubare i soldi a chi investe credendo in loro.

Nell'universo crypto anche una moneta nata per scherzo ha un suo peso. Dogecoin è una cryptodivisa derivata da Litecoin che utilizza come *mascotte* un cane Shiba Inu del meme di Internet Doge diventato famoso nel 2013. Un cane con delle frasi graziose è l'oggetto del meme in questione. Un tweet generoso diceva, "La diferencia entre #bitcoin y #dogecoin es que #bitcoin es una inversión, #dogecoin es una religión ... es posible que #dogecoin supere todas las predicciones. Los fundamentos no importan en religión ..."[229]. Il doge si mina più rapidamente rispetto al bitcoin e utilizza il programma di

---

[229] La differenza tra #bitcoin e #dogecoin è che #bitcoin è un investimento, #dogecoin è una religione... è possibile che #dogecoin batta tutte le previsioni. I fondamentali non contano nella religione...

crittografia Scrypt. La sua velocità è evidente anche nelle transazioni e il suo numero chiuso di unità è di cento miliardi di doge, contro i 21 milioni di bitcoin.

Jackson Palmer, cofondatore di dogecoin, era critico sulle cryptomonete però amante del meme, lanciato da un maestro elementare, di un cane con uno sguardo indimenticabile. Un giorno su Twitter ha scritto "Investire su dogecoin è il prossimo *bombazo*". Il tweet si è incendiato. E lui fu lesto a comprare il dominio Dogecoin.com e mise il cane del meme del maestro elementare sulla moneta. Creò una app per lanciare la moneta. E rapidamente si creò un network di persone che hanno portato Dogecoin a essere tra le prime dieci crypto per capitalizzazione di mercato.

Il 20 dicembre 2020 il ceo di Tesla e fondatore di SpaceX, Elon Musk lanciò un tweet epico. "One Word: Doge" riferendosi alla cryptomoneta del cagnolino meme. Il suo valore aumentò del 25% in poche ore. La moneta è arrivata a conquistare la posizione numero 4 tra i token della DeFi, finanza decentralizzata, e viaggia su una capitalizzazione di quasi 70 miliardi di dollari. A novembre 2021 viaggiava in decima posizione con un *marketcap* di 30 miliardi di dollari.

Ho deciso di comprare poche unità senza un vero perché. O forse perché come ha detto Elon Musk in una intervista informale "Sarebbe davvero fantastico avere come moneta globale un meme". Fino ad ora ha dato una gran soddisfazione. E grandi schiaffi ai suoi investitori. Puntare su un meme che non ha un progetto vero e proprio dietro è come giocare alla *roulette*, può andarti molto bene o molto male.

Esistono più di 13 mila monete virtuali oltre al bitcoin. Districarsi nella nube delle monete candidate ad esplodere non è cosa semplice. È come puntare su un cavallo vincente, nel mio caso senza sapere nulla dei cavalli.

Per farmi una idea ho seguito alcuni youtuber. Il primo che mi ha dato una idea più precisa e dove ho ricevuto indicazioni concrete è stato Ivan on Tech. Con lui ho scoperto Vet, che si è rivelata un investimento x10. Cioè se hai comprato dieci adesso hai cento. Se hai comprato cento, adesso hai mille.

Ho imparato da subito che è importante comprendere bene i rischi connessi al mercato delle altcoin. Se bitcoin è volatile le altcoin sono anguille volanti.

Bisogna avere le antenne drizzate per capire le prossime regolamentazioni, le nuove tecnologie che si stanno sviluppando che possono cambiare il corso dell'andamento delle monete. E di noi stessi.

Ether è la regina della foresta. Le sue proiezioni di crescita indicano dai 4 mila dollari attuali fino ai 10 o 20 mila dollari. È il centro di tutto il mondo crypto, perché le applicazioni più importanti sono tutte posizionate sulla costosa rete di Ethereum. Anche se sono nate molte altre costellazioni blockchain ether resta una delle monete forti su cui puntano gli investitori con esperienza. La Crypto Casey è una fan assoluta di ether.

Ada, Cardano, per ora è una bomba inesplosa. È una blockchain *open source* disegnata per transazioni e come sistema operativo diffuso capace di accogliere applicazioni di differente natura. Se Ethereum ha segnato l'era crypto 2.0, Cardano si propone come una nuova fase 3.0 caratterizzata dalla filosofia dei suoi creatori che ricordano "Ada è la unica cryptomoneta che utilizza una filosofia scientifica e un focus orientato all'investigazione". Anche i nomi scelti lasciano intravedere questa scelta ideologica. Il nome della blockchain viene da Girolamo Cardano, filosofo, matematico di Pavia, in Italia, che aveva inventato la teoria della probabilità e i numeri complessi, fondamentali quattro secoli dopo per descrivere il mondo quantistico. Mentre la moneta ada, è ispirata ad Ada Lovelace una matematica e scrittrice del secolo XIX, celebre soprattutto per i suoi studi sulla sua macchina calcolatrice e considerata la prima programmatrice di computer. Tra i suoi scritti, infatti, si trova il primo algoritmo riconosciuto a essere stato processato da una macchina.

Nel 2017 Charles Hoskinson, cofondatore di Ethereum, poi uscito a muso duro, lanciò la sua Ico per la riscossione dei fondi e si raggiunsero i 63 milioni. Una settimana dopo ada aveva raggiunto il limite dei 600 milioni di dollari, per poi vivere anni di incertezza. Nel 2021 è arrivato il boom di ada che in meno di due mesi ha raggiunto il suo massimo storico che continuiamo a vivere in modo latente in questo periodo. Cardano promette migliori contratti intelligenti e a un prezzo molto più basso per le transazioni rispetto a Ethereum.

Una delle più interessanti che ho incrociato, per esempio, è VeChain, un progetto iniziato nel 2007 e poi lanciato sul mercato nel 2015 dall'ingegnere elettronico Sunny Lu, proveniente da Louis Vuitton, e da DJ Qian, con l'idea di apportare soluzioni tecnologiche riunendo la blockchain, con Internet of Things e l'Intelligenza Artificiale. VeChain è un progetto specializzato nel *supplies management*, per evolvere nell'offerta di servizi diretti a una vasta gamma di industrie differenti. Per esempio nel settore del vino VeChain può aiutare i fabbricanti a fermare la falsificazione e le vendite non autorizzate con i Vethor token. Come? Una etichetta chiamata Rfid permette di avere un sensore in ogni bottiglia e i dati del sensore vengono raccolti in una catena di blocchi in modo tale da mantenere tracciato il percorso di ogni bottiglia nel processo di distribuzione.

VeChain sta creando una piattaforma simile a Ethereum sulla quale costruire contratti intelligenti e applicazioni decentralizzate. Il 2017 fu un grandissimo anno per la cryptomoneta vet che è arrivata a occupare il quattordicesimo posto del ranking generale delle cryptomonete. La capitalizzazione è arrivata a superare i 13 miliardi di dollari. Anche il santone definito *bitcoin Jesus*, Roger Ver, controverso personaggio che ha spinto bitcoin al successo nei suoi primissimi passi, assicura che il progetto VeChain sarà di utilità pubblica perché lotta contro le falsificazioni e permette che i mercati siano più sicuri.

A novembre 2021 è avvenuto qualcosa di molto importante nel mercato. Mentre bitcoin, secondo le previsioni, stava scendendo alcune altcoin non hanno seguito il suo andamento. Mentre tutto il mercato stava in rosso fuoco, le cryptomonete legate al Metaverso, a Decentraland, continuavano una costante salita. Mana, enj, sand, continuarono a salire permettendo di investire con beneficio in un momento dove la caduta generale preannunciava il lungo inverno. O per lo meno era un falso allarme.

Ico, l'embrione delle altcoin

Tutti i progetti del mondo crypto iniziano con un germe, un seme. Un primo respiro di vita chiamato Ico, il rivoluzionario meccanismo di finanziamento delle nuove imprese.

L'acronimo sta per Initial Coin Offering - molto simile a Ipo, Initial Public Offering, ovvero l'offerta pubblica di vendita - e segna la nascita di un nuovo token.

Nella blockchain, come abbiamo visto nelle pagine precedenti, viaggiano i token. Ci sono diversi tipi di token. Gli utility token che consentono l'interazione tra gli utenti dei servizi di un'azienda o di un'app. I security token, che sono equivalenti alle azioni della società. Appartengono a una società digitale e rappresentano una forma di investimento o partecipazione a essa. Altre sono le cryptomonete, le *stablecoin* e token non fungibili, i famosi nft.

Una cryptomoneta è un token che viaggia sulla sua propria blockchain, come per esempio bitcoin che si muove sulla blockchain di Bitcoin o ether sulla blockchain di Ethereum. Dall'altra parte, i token che non hanno la propria blockchain. Anche se possono essere utilizzati come metodo di pagamento, fondamentalmente sono creati per incoraggiare l'interazione in una comunità più ampia o in un progetto creato su una determinata blockchain.

Creare un token è molto semplice. Basta indicare in una blockchain un nome, un simbolo, un numero iniziale di token e i loro decimali, cioè la possibilità di frazionarli e stabilire se possono essere bruciati, cioè distrutti, se si possono minare, oppure creare, se possono essere messi in pausa, inserire nella *blacklist* o deflazionare. Esistono aziende o servizi che consentono di creare token con un *form* web semplice e veloce, senza dover scrivere una riga di codice. Sono a pagamento o gratuite come mywish.io, tokenmint.io, cointool.app[230], vittominacori.github.io[231] o tokenmaker.org, per citarne solo alcune tra le molte.

Se vuoi creare un token, il codice è relativamente semplice. Nel caso dei token Erc-20, il linguaggio di programmazione è Solidity. Molto simile a Javascript, quindi per chiunque conosca questo linguaggio, o Java, o qualsiasi altro C-type, è relativamente facile. Esistono anche molti *template* o codici base su Internet e nella comunità aperta del mondo crypto, che possono essere copiati e riutilizzati modificando solo le caratteristiche del proprio token. In meno di una ora puoi avere un token. Per pagare i *gas fee* hai bisogno di un wallet come MetaMask per immettere il tuo token nella blockchain. Si consiglia inizialmente di eseguire un test su una blockchain di prova come Rinkeby, Ropsten, Kovan, tra gli altri. Una volta verificato, può essere caricato sulla blockchain di Ethereum. Affinché questo token abbia una certa credibilità, è conveniente eseguire un audit o richiedere una verifica[232].

Una volta creati, verificati e immessi, i token esistono già sulla Blockchain e possono essere trasferiti tra i wallet di quella rete.

Dopo aver lanciato il token è possibile passare al mercato. L'Ico è l'aspetto più regolamentato che esiste nelle cryptovalute, sebbene i regolamenti per disegnare Ico dipendano da ciascun Paese.

L'Ico è in pratica un processo di raccolta fondi, una sorta di *crowdfunding*, per un progetto e non equivale all'acquisto di "azioni" di una società, perché non si acquisisce alcun tipo di partecipazione. È un contributo di fondi, acquistando token della società pagando con cryptovalute o con fiat. L'economia dell'Offerta Iniziale di Monete ha raccolto 27 miliardi di dollari, una cifra che è aumentata notevolmente dal 2017 al 2019.[233] Inoltre non ha bisogno di grandi formalità come nel caso della vendita di azioni o dello stesso *crowdfunding*. Nel caso delle Ico si mettono a disposizione i token e se il progetto è solido e apprezzato dalla comunità gli investitori compreranno con un click la moneta su un *exchange* per partecipare della enorme crescita

---

[230] cointool.app/eth/createToken

[231] vittominacori.github.io/bep20-generator

[232] www.toptal.com/ethereum/create-erc20-token-tutorial
levelup.gitconnected.com/how-to-create-a-cryptocurrency-token-15a898e2bb8d
trustwallet.com/blog/how-to-create-your-own-bep20

[233] *Las 10 Icos con el mayor retorno de la inversión*, es.cointelegraph.com.

del lancio.

Esistono Ico molto solide, che trovano sin dai primi passi un equilibrio nel loro prezzo di riferimento. Mentre nel caso delle Ico meno solide il token, una volta lanciato sul mercato, si incendia immediatamente e trascorre qualche ora *on fire*. Il prezzo sale come la schiuma di una birra. Tutti comprano, comprano. E poi improvvisamente tutti vendono, vendono. Il nuovo token genera così nuova ricchezza solo per i più agguerriti e lesti del mercato. Dopo questo momento di euforia iniziale si registra il lento declino verso un interminabile oblio.

In questo meccanismo, può succedere di imbattersi in nuove cryptovalute che sono *scam*, truffe. Non hanno nessun progetto vero alle spalle e tutto ciò che vogliono è cavalcare questi momenti esplosivi per speculare il più possibile.

Prima di comprare si dice "Dyor, Do Your Own Research", informati bene. La CryptoGiungla ha una comunicazione molto confusa però si può trovare tutto, se si cerca bene.

Alcuni dei siti web più amati dagli speculatori più estremi sono coinlist.co, icowatchlist.com, icotokennews.com/icos, topicolist.com. Qui puoi metterti in lista d'attesa per acquistare le nuove altcoin in embrione, prima che vadano sul mercato. Una occasione che può cambiarti la vita. O perdere, a seconda di come va l'investimento.

Questo sistema è simile a un *crowdfunding* e anche con le Ico esistono diverse possibilità. Il *soft cap* stabilisce un minimo, se non viene raggiunto i soldi vengono restituiti, come nel classico *crowdfunding*. L'*hard cap* stabilisce un massimo, se lo si raggiunge ferma l'Ico. *Uncapped with fixed rate*, è senza limite di quantità o contribuenti e con durata illimitata, con prezzo di cambio fisso e sconto per i primi investitori. Il *capped with fixed rate*, con tasso fisso è una Ico a tempo limitato con un prezzo fisso e un numero limitato di token, *first-come-first-serve*, chi arriva per primo ne approfitta. Infine la *dutch auction* una vera e propria asta al rialzo.

Non tutti i token possono entrare in un *exchange* centralizzato. Perché un token finisca su Binance o su un altro *exchange*, deve passare attraverso un processo di selezione in cui vengono analizzati il progetto e il suo potenziale di interesse e la sua potenziale richiesta sul mercato.

Un minatore nel tuo garage

I computer minatori possono essere grandi edifici industriali situati in qualsiasi parte del mondo. Ma può anche consistere in un computer nel tuo garage.

A fine aprile andai a trovare degli amici che hanno un ristorante in pieno centro a Madrid. Commentai l'imminente pubblicazione di questo libro (in spagnolo) e di colpo mi ritrovai con l'ennesima sorpresa. La capillarità del fenomeno mi investì in tutta la sua purezza. L'amico maestro pizzaiolo Luca, con il quale confabuliamo soprattutto sulla pietanza principe napoletana, esclamò candidamente:

"Io sto minando ether".

Rimasi sorpreso e incalzai: "E che sai di cryptomonete?"

"Nulla", mi rispose.

Mi spiegò che suo padre un giorno gli disse, "perché non chiami il tuo fratellastro e ti fai montare una di quelle cose che gestisce lui da lontano? Puoi farti un denaro extra".

Luca ha seguito il consiglio e si è messo di buona lena a investire per fabbricare il computer necessario per la miniera. Il fratello, da remoto, ha programmato tutto e adesso segue il mantenimento dalla Romania. Il computer a casa sta acceso tutto il giorno e Luca ricava circa mille euro al mese in cryptomonete ether.

Luca ha coinvolto anche Alfonso un amico che si è unito a un ulteriore amico cubano Roberto. Non sapevo che in così poco tempo tutti si fossero uniti alla rivoluzione blockchain con scopi evidentemente lucrativi e, per ora, forse, poco ideologici.

"Come hai fatto a montare il computer per minare?" gli chiesi immediatamente.

"Non è per nulla semplice, i componenti vanno a ruba nel mercato secondario, mentre nel mercato primario o sono troppo cari o sono introvabili" mi spiegò Alfonso, che è un tipo che se si mette in testa qualcosa sbatte la testa fino a raggiungerlo e mi elencò letteralmente tutto il necessario in un monologo quasi teatrale. Lo riproduco integralmente perché a qualcuno potrebbe fare risparmiare molto tempo.

Alfonso mi spiegò, "Ho speso quattro mila euro e ho impiegato un mese per trovare tutto il necessario. Ho comprato su Amazon in Spagna e in Italia o su Wallapop[234]. Per costruire i computer è necessaria una placca base - esistono vari tipi come Asrock h110 pro btc - una memoria 8gb, un alimentatore. Per la scheda grafica esiste su internet una lista di schede video capaci di minare. Vanno a ruba. Io ho avuto fortuna perché una signora me l'ha venduta visto che le zie di suo figlio gli avevano regalato questa scheda per i videogiochi, ma lui ha sbottato che era antica e non gli serviva. Il figlio fa tornei di videogiochi. Meno male che non l'ha voluta.

---

[234] La app di compravendita di seconda mano che va per la maggiore in Spagna.

Per le schede tra le più famose la 1660 super (attenzione che la 1160 non va bene) o la Rtx 3070 che produce 58 megahash, la Rtx 3080 capace di 90 megahash, la Rtx 3090, poi è necessario un alimentatore, da valutare in base alla potenza delle placche. L'insieme della potenza delle placche non deve superare l'80% della capacità dell'alimentatore. Ho comprato il Corsair 1200w che è molto buono. La CPU, ossia il processore, è delicato e si monta sulla placca base con una pasta termica. Sulla placca base è impressa la lista delle cpu compatibili, io ho preso la intel i3 7500. I cavi che uniscono l'alimentatore, il *riser* e la scheda video devono essere sufficientemente lunghi, li ho trovati su Amazon Italia il 6 *pines femmina* e il cavo da 8 *pines maschio* adx. Per l'estate visto il caldo servono dei ventilatori extra e una spina intelligente con controllo di potenza che si possa gestire dalla app, cosí puoi spegnere tutto anche se sei fuori di casa e puoi controllare il consumo. Per gestire il computer ho scaricato una app Hiveos Farm che connetti e controlla che tutto vada bene alla temperatura adeguata.

Un programmatore dalla Romania si è collegato alla placca base e ha installato Linux, completando il setting del software. Abbiamo indicato il nostro wallet su Binance e automaticamente la macchina invia gli ether che miniamo a una media di circa di mille dollari al mese. Paghiamo una cifra irrisoria per il mantenimento remoto del software e in casa paghiamo per ora circa 25 euro al mese di elettricità".

Gli consigliai velocemente di utilizzare un wallet freddo per conservare a lungo termine le monete. Né Alfonso, né Luca avevano mai sentito parlare del wallet "freddo" Ledger.

TRADE II
Tra Guru e Balene

Erano le 3 del mattino del 23 di febbraio 2021 quando aprii Quantfury, una app dall'icona verde, che in modo alquanto sospetto non è disponibile negli Stati Uniti e in Canada, ed è stata segnalata dalla Cnmv[235] spagnola come non autorizzata[236].

Nel sottobosco delle crypto, ancora non regolamentato succede che si utilizzino delle piattaforme che non hanno il sigillo di garanzia dell'autorità. Quantfury è una di quelle piattaforme di trading che va per la maggiore, soprattutto per i trader neofiti. Un'altra molto utilizzata è Bingbon. Ma più che trading sono piattaforme di scommesse perché in realtà non stai comprando bitcoin o altre crypto. Per comprare cryptomonete le piattaforme più utilizzate sono Coinbase, completamente regolamentata. La più utilizzata da chi è più maturo, ma anche più complessa e completa è Binance, dove è possibile comprare migliaia di cryptomonete e anche avere le funzionalità utili per fare trading.

Binance è considerata la migliore però non è esattamente intuitiva. Quantfury o Bingbon sono fatte apposta per permettere l'accesso ai neofiti, con pochi bottoni e grafica molto intuitiva.

---

[235] La Comisión Nacional del Mercado de Valores (Cnmv) è un organismo spagnolo di regolamentazione collegato alla Segreteria di Stato per l'Economia e il sostegno alle imprese del Ministero dell'Economia e della Trasformazione Digitale. Fondata nel 1988, è responsabile della supervisione dei mercati mobiliari in Spagna. (Wikipedia).
In Italia corrisponde alla Commissione Nazionale per le Società e la Borsa (Consob).

[236] Update: da fine aprile è stata accettata legalmente come broker nelle Bahamas.

Il fatto che sia accessibile ai neofiti deve subito fare scattare i sistemi di allarme personali. Se non si pagano commissioni per entrare nelle operazioni, se non si paga quando le operazioni restano aperte molti giorni, se non si paga quando entri *apalancado*[237], "con leva" in italiano, come invece avviene nelle piattaforme professionali[238], se tutto è facile, intuitivo, se ti "prestano" anche dei soldi per operare molto al di sopra delle tue reali possibilità, ovviamente devi sapere sin dal primo istante che quando le cose si manifestano in questo modo nel mondo iperbolicamente antisolidale del capitalismo, questo significa che "il prodotto sei tu".

Cosa significa? Sono certo che sai benissimo cosa significa. E se non fosse così, potrebbe essere un campanello d'allarme che ti suggerisce di lasciare perdere l'idea del trading.

Devi essere sufficientemente sveglio, guardingo e diffidente per non finire nelle fauci del mercato.

Non avevo mai pensato o immaginato di fare trading. Potrei ammettere senza timore che è l'antitesi di quello che avrei creduto di imparare un giorno. Dall'altro lato sono sempre stato inquieto e ho scelto di immergermi continuamente in mondi nuovi per esplorarli e, dove possibile, raccontarli.

La grande novità di questo fenomeno è esattamente l'accesso "facile", il potere entrare in questi mercati fino a oggi inaccessibili ai più, con una bassa barriera d'entrata. Molto bassa. Un telefono smart, qualche abilità tecnologica e una connessione a internet. E questa facilità è un'arma a doppio taglio. Da un lato offre una democratica possibilità di accedere al mercato, però bisogna stare molto attenti perché il 70% degli utenti perde. Secondo molti questa cifra nella realtà sale al 90%.

Molte persone credono che il trading di bitcoin e delle cryptomonete sia un modo per farsi ricchi. E può esserlo, ma è anche un modo per rovinarsi, almeno con la stessa grandiosità.

All'inizio era tutto sufficientemente oscuro per me, da non capire molto delle logiche del trading *apalancado,* "con leva". Nella app di Quantfury[239] campeggiano due grandi bottoni sovrastati da un numero a sette cifre che cambia continuamente e che indica il prezzo di mercato in tempo reale, ossia il valore di bitcoin espresso in dollari e riferito alle quotazioni di

---

[237] In italiano significa "con leva". Nelle prossime pagine si spiega cosa significa.

[238] Nelle piattaforme tradizionali di trading le operazioni aperte si pagano anche in base al tempo. Più lasci aperta una operazione più paghi.

[239] In seguito spiegherò in dettaglio come ho iniziato a fare trading "con leva".

Binance[240].

Il momento per entrare nel mercato è il concetto chiave. Io, invece, da neofita sono entrato la prima volta senza avere nessuna nozione concreta in merito.

Quando credi che sia arrivato il momento opportuno per entrare nel mercato puoi utilizzare l'eloquente bottone "Buy"[241], indicando la quantità del tuo budget che vuoi investire e, se lo desideri, anche l'importantissimo *stop loss* e il *target*.

Lo *stop loss* è un ordine di vendita automatica. Quando compri lo *stop loss* deve essere al di sotto del tuo prezzo di entrata e serve a farti limitare i danni in caso di discesa repentina del prezzo. Con questo ordine di vendita automatico eviti di fare aumentare le tue perdite se il prezzo scende in contrasto con le tue previsioni.

All'inizio non avevo idea di come utilizzare lo *stop loss* e pensavo fosse un gioco da ragazzi. Invece ho capito poco a poco, attraverso le prime nozioni pratiche di cryptotrade, che è imprescindibile la comprensione di questi due momenti: quando entrare e dunque aprire una operazione e quando mettere (o non mettere) lo *stop loss*.

Un altro fattore strategico è capire quando vendere. Il *target* serve a indicare un ordine automatico di vendita a un certo prezzo superiore al valore di entrata dell'operazione.

Prima di entrare a operare dovresti avere una strategia chiara, che è il frutto di molte variabili. Con il tempo ho imparato che la strategia inizia dall'entrare nel momento adeguato e non in qualunque momento. Sembra ovvio, ma è l'errore più comune tra i neofiti.

Non si entra per emozione. Entrare quando entrano tutti non è per nulla una buona idea. Nello stesso modo vendere quando vendono tutti è un suicidio che annuncia la molto probabile perdita dei tuoi fondi.

Per decidere queste variabili ci vuole un po' di esperienza e molta pratica, accompagnata all'analisi dei grafici del mercato.

Lo *stop loss* e il *target* sono strumenti utili soprattutto quando non puoi seguire minuto per minuto l'andamento del prezzo. Per esempio se stai dormendo. O viaggiando. O sei al lavoro e non gli puoi stare dietro. Sono molto utili anche nei momenti di grande volatilità. Quando il prezzo sale o scende in modo nevrotico in poche ore, può rovinare la vita di migliaia di

---

[240] Binance è una plataforma de interscambio di cryptovaluta con più di 100 risorse digitali. Dal 2018 è considerata la piattaforma di scambio con il maggior volume commerciale del mondo. (Wikipedia).

[241] Se scommetti sulla salita del prezzo. Se vuoi, invece, investire sulla flessione, il pulsante corretto sarà, intuitivamente, "Vendi".

persone o invitarle tutte a entrare nell'Olimpo.

Nei momenti di euforia o di panico, infatti, può succedere che le piattaforme collassino e molto spesso non ti permettono di vendere o comprare proprio mentre qualcosa di importante sta succedendo. Immagina una discesa repentina del prezzo e tutti che si affrettano in preda al panico a vendere. La app collassa e tu non riesci a vendere. Succede davvero. Con un ordine automatico è più facile che l'operazione vada a buon fine.

Un altro esempio. Immagina di stare dormendo proprio mentre crolla il prezzo di bitcoin. Potresti risvegliarti e non avere più nulla dei fondi che hai investito. O se il prezzo raggiunge solo per qualche istante un *pico*[242] molto in alto, che potrebbe farti avere dei tremendi benefici se non hai fissato un *target* perderai questa occasione.

Se non fissi questo limite, o stai incollato allo schermo ogni secondo o è molto difficile che tu riesca a vendere nel momento più opportuno.

Un altro dettaglio fondamentale, è avere ordine e tenere presente la fondamentale distinzione tra comprare per fare *hold* e comprare per trade.

Quando ho comprato in Coinbase i miei primi bitcoin, o in Binance, o in crypto.com ho scambiato denaro *fiat*, nel mio caso euro, con bitcoin, o altre monete come ether o ada etc. Sono diventato proprietario di cryptomonete che ho conservato nel mio wallet, per mantenerle in *hold*. Questa operazione è finalizzata a mantenere queste monete per lungo tempo, forse per settimane, mesi o anni, fino a quando per rivalutazione o per perdita di valore deciderò di disfarmene.

In molti *marketplace* di trade, come quello che sto utilizzando, il meccanismo è diverso. Quantfury è più vicino a un casinò che a un mercato. I bitcoin che si inviano per iniziare a investire sono reali, ma quando si entra a operare è tutto un gioco virtuale, la piattaforma simula l'acquisto. In caso di vincita la app deposita nel wallet del tuo account la quantità di bitcoin reali che hai vinto o toglie dal tuo account i bitcoin che hai perso. Ma in realtà durante l'operazione non stai comprando proprio niente. È più vicino a una agenzia di scommesse che non a un mercato vero e proprio.

Apalancado

La prima operazione, il 23 di febbraio 2021, durò 30 secondi. Persi immediatamente. Rientrai subito per rivalsa e l'operazione durò un minuto. Persi di nuovo. La terza durò un minuto e quaranta secondi. Un'altra perdita. Finalmente al quarto tentativo entrai bene, con *suerte*, e in 3 minuti riuscì a

---

[242] Una cima, in spagnolo.

chiudere in attivo. Solo all'ottava entrata riuscì nuovamente a chiudere in verde.

Le entrate in queste piattaforme possono essere molto *spicy*, piccanti, nel senso che se il tuo budget è di 5 mila euro, per esempio, puoi puntare con *apalancamiento*[243] fino a quarantamila euro. Se il tuo budget è di 25 mila dollari puoi entrare con 500 mila dollari. Questo significa che se il prezzo sale, stravinci e puoi farti ricco.

Una delle storie più incredibili che ho conosciuto in prima persona si riferisce a questo investimento "dopato". La racconterò con entusiasmo e in modo dettagliato nelle prossime pagine.

Senza una idea chiara e matematica di cosa stessi facendo ho iniziato a investire con un moderato *apalancamiento* di "x2,5". Ogni aumento di prezzo generava più del doppio di vincita e ogni discesa del prezzo aveva un valore analogo. La pericolosità di investire "con leva" è dovuto al fatto che le discese del prezzo ti fanno arrivare con più velocità al tuo limite, rappresentato dal tuo *stop loss* o dal tuo limite di budget. Se hai messo uno stop a una certa cifra arrivi prima se sei entrato *apalancado*, ma lo scenario di gran lunga peggiore è quando la discesa del prezzo è *magna* e non hai messo uno *stop loss*. In questo caso se il prezzo scende di un 30-40%, cosa molto possibile nel bitcoin, vieni liquidato con ogni probabilità, ossia perdi tutti ti tuoi fondi, e non solo con la quota che hai investito, ma con l'intero budget associato al tuo account.

Quando entri con leva devi essere certo che la probabilità di salita del prezzo sia massima. Se, di converso, scende sei fregato. E se la leva che hai scelto è un x20 o x50 una discesa minima del prezzo di bitcoin del 5-10% ti porta al macello insieme a tutti i tuoi fondi.

È importante avere una capacità di calcolo livello *excel* per potere prevedere gli scenari possibili e calcolare il margine di discesa massimo che puoi sopportare per non perdere tutto il tuo budget. Fortunatamente Rapanui mi ha fornito nelle settimane successive una tabella dove potere fare i calcoli necessari per essere cosciente delle molte decisioni da prendere per investire[244].

L'*apalancamiento* è un'arma a doppio taglio. L'aspetto attrattivo di vincere molto in poco tempo richiama i neofiti come mosche col miele e lì scatta la trappola sistematica del mercato che li ingabbia e li ingurgita, liquidandone a

---

[243] In italiano è "con leva". Nella app che ho utilizzato il livello di apalancamiento è un Setting che si può scegliere dal proprio account. Lo chiamano "trading power". Un'arma da maneggiare con estrema attenzione.

[244] Per scaricare questo *excel*, lascio per gentile concessione di Rapanui, questo link excel.kantfish.com

migliaia, ogni minuto, ogni ora, ogni giorno. Quando tutti dicono che il prezzo salirà, scende. Quando tutti credono nell'apocalisse, il prezzo va come un "rocket ship on its way to Mars", come un razzo verso Marte. Centinaia di migliaia di persone perdono ogni secondo, si rovinano, ipotecano le proprie case, perdono, perdono disperatamente, per seguire il sogno di farsi ricchi in poco tempo e potere stare tranquilli il resto della propria vita.

Stare tranquilli è diventata la nuova utopia dei nostri tempi.

Poi ci sono quelli scaltri, che si informano, che seguono dei calcoli, che studiano ogni giorno, ogni ora il mercato, che seguono delle simulazioni con i propri calcoli *excel* ed entrano, sempre rischiando, ma con i piedi di piombo, con la sicurezza che se le cose vanno male sanno cosa fare. E con uno studio del rischio che ti porta a sapere quanto investire e quanto eventualmente perdere in ogni operazione e nel portfolio del complesso delle tue operazioni. Così se perdi, almeno non perdi tutto in un colpo solo.

Guru meditation

Da quella notte del 23 febbraio la mia giornata si è stravolta. Sono "tra color che son sospesi"[245] e il *boa constrictor*[246] del trading mi ha agganciato. Fino a notte fonda consulto Twitter, Telegram, leggo Cointelegraph, seguo le ultime news sulla app Cryptopanic e soprattutto attendo avidamente i nuovi video in diretta o in differita dei guru su Youtube. Il grafico di Tradingview è perennemente attivato e consultato su tutti i miei schermi, tra computer e *smartphone*. Il mio studio è diventato uno showroom di grafici in perenne formazione.

Sono a letto vedo il grafico. Vado in auto e al semaforo vedo il grafico. Cucino e mi siedo al desco e ogni tanto vedo come va il grafico. Il grafico è un essere vivo che ti accompagna nelle 24 ore, una ossessione. Un "vediamo come va".

Che emozioni mi riserva? Sarò felice o triste. Un meccanismo molto simile a quello descritto negli esperimenti che hanno portato alla nostra dipendenza da social network ben descritti dal libro *El enemigo conoce el sistema* della giornalista Marta Peirano. Una spruzzata di endorfine continua o di

---

[245] "Ero tra coloro che sono sospesi", questa è la frase con cui Virgilio nel secondo canto dell'Inferno della Divina Commedia si rivolge al Sommo Poeta per esortarlo a proseguire nel cammino che ha intrapreso. (Divina Commedia, Inferno, Canto II).

[246] Il *boa constrictor* è un serpente appartenente alla famiglia dei Boidi, molto temuto poiché capace di uccidere anche grandi prede avvolgendole e soffocandole nelle sue spire. L'origine del nome lo si deve al termine latino *bova* (biscia d'acqua). (Wikipedia).

adrenalina in emulsione con l'ossitocina[247].

Per capire davvero cosa succede nei grafici ti serve all'inizio l'aiuto di qualcuno che per anni ha analizzato come si formano le candele verdi e rosse. Il movimento del prezzo apparentemente non ha una logica, ma invece sembra che certi andamenti ricorrenti aumentino le probabilità, non le certezze, su quello che succederà domani, tra un mese o perfino tra un anno. È un atto di fede, ma con una certa guida.

Per analizzare i grafici all'inizio non ho trovato di meglio che seguire i guru di Youtube. Sono gratis, sono assurdi e sembrano sempre sapere quello che dicono. Ma.

Sí, ma. Perché devi stare molto attento a quello che dicono prima di credere in qualcosa.

I guru servono a decifrare il linguaggio oscuro del mercato e del prezzo. Sono dei traduttori esoterici, scrutano il futuro guardando al passato e basandosi sui segni inequivocabili lanciati dal prezzo. In realtà questi segnali non sono per nulla infallibili e ognuno dice la sua e spesso ogni indicazione è in conflitto con sé stessa e con gli altri esperti.

La confusione regna sovrana e l'unica certezza è che qualunque mossa nel mercato avrà un solo responsabile. Te stesso. In caso di vincita ti sentirai un re. Penserai a un futuro radioso e soprattutto libero. In caso di perdita resterai solo e abbandonato in posizione fetale.

Un tutto o niente che rende questa pratica come un piacere perfetto. Non ti soddisferà mai fino in fondo.

Il mondo degli youtuber è una vera e propria manifestazione reale e fedele della CryptoGiungla.

In preda al mercato ho iniziato a seguire con attenzione il *TradingLatino*, in arte Jaime Merino, e *Bitcoin sin Fronteras*, ossia Jose Mazzucco, che sono diventate la fonte principale di "segnali per entrare nel mercato". Ho seguito in questi mesi molti altri, ma questi due guru sono diventati all'inizio i miei punti di riferimento.

In pratica per poter operare su Quantfury è stato sufficiente aprire un account nell'app e inviare al wallet una determinata quantità di bitcoin, corrispondente al budget che ho scelto di dedicare agli investimenti.

È assolutamente necessario sapere quanto si può perdere senza rimpianti, è un calcolo da fare prima di iniziare e si deve tenere in conto che questo budget può scomparire con la stessa velocità con cui si potrebbe

---

[247] L'ossitocina è un Giano Bifronte. Si pensava che il ruolo dell'ossitocina fosse legato all'amore, benessere e solidarietà sociale, ma uno studio della Northwestern Medicine pubblicato su Nature Neuroscience ha dimostrato che può causare anche sofferenza emotiva e stati d'ansia, derivate da situazioni stressanti.

moltiplicare.

L'invio dei fondi è facile, si scannerizza un QRcode[248] o si copia il lunghissimo codice, che rappresenta la chiave pubblica del tuo portafoglio, e dopo il *send,* l'invio, i fondi arrivano in pochi minuti, dopo avere ricevuto tutte le autorizzazioni necessarie della blockchain che confermano la provenienza dei bitcoin dando l'ok all'operazione verificata.

Nelle app di trading esistono una moltitudine di mercati dove potere operare. Ho scelto il principale mercato di riferimento btc/usdt, che indica il prezzo di bitcoin riferito al dollaro.

In realtà nel mondo crypto ci si riferisce al prezzo non del dollaro tradizionale, ma dell'usdt, una cryptomoneta che fa parte della categoria *stablecoin,* che mantiene un valore fisso rispetto alla moneta *fiat* dollaro statunitense. Questo dettaglio merita una fotografia a parte.

Fiat significa in latino "che sia fatta", metaforicamente "creato dal nulla", secondo alcuni ha anche un riferimento biblico "Et Lux Fiat", ossia "sia fatta la luce". Le monete non garantite da un controvalore[249], come il dollaro degli ultimi cinquant'anni, sono le monete ufficiali emesse dagli Stati, che in epoca moderna vengono messe in circolazione sulla base della volontà del governo e hanno valore solo in base all'imposizione diretta ai propri cittadini legata alle tasse.

La *stablecoin* usdt è stata creata dalla compagnia Tether con questo scopo e il suo valore fisso è quello del dollaro. Per sempre. Questo vuol dire che la moneta usdt è stata "programmata" per avere sempre un valore di 1:1 rispetto al dollaro[250].

Malgrado dietro questa moneta usdt ci sia all'origine una storia opaca di banche taiwanesi, e che oggi sia sotto la lente di ingrandimento perché i suoi conti sembrano non tornare, circa l'80% del commercio della blockchain di Bitcoin si gestisce in riferimento a questa *stablecoin* che ha il vantaggio

---

[248] Il codice QR (in inglese *Quick Response code,* "codice di risposta rapida") che basta fotografare con lo *smartphone* per accedere a una informazione. Nel caso del wallet l'informazione è un lunghissimo codice che identifica il tuo portafoglio. Il *QR code* ha molte applicazioni differenti e in tempi di covid si è diffuso per la consultazione dei menu nei ristoranti, per esempio.

[249] Le monete che non hanno un controvalore sono definite monete fiduciarie, mentre le fiat dovrebbero avere un controvalore. Il dollaro non è più una *fiat* dai tempi di Nixon.

[250] In verità bisogna fare attenzione perché anche le *stablecoin* hanno una certa fluttuazione, normalmente minima, però spesso consistente. Per esempio nel cambio tra due *stablecoin* legate al dollaro come usdt e usdc, per fare un esempio, il cambio può arrivare ad avere una differenza consistente. In concomitanza con grandi crolli o i boom di bitcoin anche le *stablecoin* hanno un contraccolpo e hanno registrato sui grafici delle cadute storiche, brevi, ma intense o delle impennate di prezzo in brevi lassi di tempo.

rispetto alle altre cryptomonete di rimanere protetta dalla proverbiale volatilità che ha sempre caratterizzato bitcoin e le altcoin. Per gli scambi è la più utilizzata[251]. In molti prevedono un terremoto in caso di crack di questa *stablecoin,* che potrebbe fare tremare l'intera CryptoGiungla. Il motivo è l'assenza di dati chiari sulla corrispondenza tra questa cryptomoneta e le relative riserve in dollari.

Cosa sono i "segnali" lanciati dai guru?

Come raccontavo nelle pagine precedenti una delle chiavi per non finire in pasto al mercato è capire quando entrare e quando uscire da una operazione. I guru di Youtube oltre alle loro spiegazioni quotidiane che sono online quasi sempre alla stessa ora, hanno sempre un gruppo privato legato a Telegram dove lanciano in ordine sparso per i propri adepti i segnali di entrata e di uscita. Ovviamente a pagamento.
TradingLatino, il primo che ho seguito anche nel gruppo "vip" ti tempesta di messaggi in cambio di 40 dollari al mese, pagati sulla piattaforma Patreon.
Rapanui ha iniziato a seguire il signor Mazzucco.
Mentre sei al bar, mentre stai lavorando, o sei dal dentista o stai facendo una intervista, arriva il "tlingtling", il suono che ti avvisa di un nuovo messaggio su Telegram.
Sono messaggi diretti, spesso senza ulteriori spiegazioni che indicano cosa comprare, tra altcoin, bitcoin ed ether, a che prezzo comprare, se mettere *stop loss* e a quanto, quanto volume del proprio budget investire e il tempo stimato dell'operazione con relativo livello di rischio. I messaggi importanti sono anche quelli legati alla vendita, indicata nel momento più o meno esatto in cui operarla. Mentre stai passando sul rullo della cassa una vaschetta di verdure al supermercato può arrivare l'avviso di Jaime. È il momento di comprare o, ancora più urgente, è il momento di vendere. Il mercato è veloce e famelico, vuole ingurgitarti e se ne frega se non è il momento giusto per seguirlo. Ogni momento può essere cruciale.
Quindi ti apparti un momento, verifichi il grafico di 4 ore, poi quello di una ora, io guardo anche quello di un minuto per perversione personale. Poi cerchi di calcolare quello che succederà e pianifichi uno *stop loss.* Mentre i clienti in fila ti fissano come se stessi giocando a Candy Crush. Che ne sanno loro che stai rischiando un sacco di soldi con quel click. La cassiera ti fissa.

---

[251] Anche il dollaro del *marketplace* Binance chiamato busd è molto utilizzato dagli utenti di questa piattaforma, che è una delle più grandi al mondo. Altra cryptomoneta molto rispettata e considerata sicura è usdc.

Tutti ti fissano, mentre nascondi lo schermo per non fare vedere le cifre e creare scompiglio nel fragile equilibrio di questa strana società capitalista. Alla fine clicchi su "Buy". Hai realizzato una operazione in 45 secondi netti. Paghi la spesa la metti nel carrello arrivi in auto, carichi la spesa nel bagagliaio, ti siedi al volante e controlli subito come va con bitcoin. E lì immancabilmente vedi che stai già perdendo una signora cifra.

L'essere umano probabilmente è mosso dalla fame di una adrenalina continua. Dell'incertezza continua. Della sfida. Il successo e la sconfitta. La prova di te stesso. Tu contro le candele verdi e rosse. Tu verso un destino dove la libertà finanziaria te la deve dare la lotteria della Manolita[252], con la sua incredibile fila di sei ore, o il casinò del trading.

Sei bravo se produci e se fai i soldi. Se invece sei utile agli altri e a te stesso in altro modo senza fare soldi, sei uno sfigato. Un *looser*. Non sei catalogato. Se non sei controllabile, allora qualcosa va male secondo il feudalesimo moderno.

Anyway, i segnali dei signori youtuber ti fanno risparmiare molto tempo, ma non sono sempre efficaci al 100%. Anzi, sono spesso una nuova fonte di emorragia se non li affianchi a una strategia tua personalissima. È necessario ascoltare più fonti e farsi una idea propria prima di lanciarsi nel mercato, come detto più volte.

L'idea migliore è non seguire solo un guru. Non fidarsi di una sola voce è una saggia decisione. È necessario ascoltare più punti di vista e il motivo principale sta nel fatto che la tua situazione non coinciderà mai con quella di nessun altro. Solo tu sai quello che succede con il tuo portafoglio di investimenti, quanto è il tuo rischio calcolato, quanti asset aperti hai.

Fidarsi ciecamente delle indicazioni di uno youtuber non mai è una buona idea. Anzi, nella mia esperienza è un errore.

Ogni guru segue uno stile di trade differente. Per esempio Jaime imposta la sua strategia per un trading *intradía*[253], mentre il signor Mazzucco sceglie operazioni un po' più lunghe di qualche giorno.

Per corroborare la situazione del grafico e analizzare la situazione con una

---

[252] La prima volta che a Madrid vidi la fila nel negozio di biglietti della lotteria, non potevo credere fosse vero. Una fila lunga centinaia di metri che faceva il giro da calle Preciados arrivava a Gran Via, faceva il giro del palazzo e scendeva di nuovo verso la piazza di Callao, all'altezza della Fnac. Chiesi a qualcuno da quanto stava aspettando e mi disse "Da sei ore". Appesi al filo della fortuna si spera di avere una vita migliore. Anche se poi le statistiche registrano un dato globale sorprendente sulla tassa di suicidi tra i vincitori della lotteria. Cosa è il successo?

[253] Trading rapido da un giorno all'altro.

visione generale, uno molto sveglio è Ivan on Tech[254]. Per una visione più generale ma consistente anche Crypto Casey[255]. Tra i più pittoreschi che ho sentito *Bitcoin al día*, uno spagnolo che ha le coronarie deboli e il modo di fare più di un fanatico che di un trader. L'italiano Tiziano Tridico ha un approccio corretto e asettico. Coin Bureau presenta molti dati e comparazioni. Tutto il contrario di The Moon un ragazzo amante della tautologia. Poi c'è l'eccentrico *Fun on The Ride*, un tipo davvero sui generis che scova notizie interessanti e le racconta in un modo molto originale.

Bisogna sforzarsi per dar loro credito, ma ormai i parametri di cosa è corretto e cosa no, di chi ti puoi fidare e di chi no, sembra che siano sepolti nelle tombe coi nostri nonni. Nella mega giungla mondiale e nella CryptoGiungla tutto può essere vero e tutto può essere falso, meschino. Lo saprai solo vivendo.

La differenza tra buoni e cattivi del film western, nel mondo che si prepara all'era del post-umanesimo non è cosí chiara.

Di chi ti puoi fidare? Dello Stato? Del Governo? Del vicino? Del tuo capo? Della tua banca? Dei tuoi amici?

L'inquietudine di una era *liquefatta*[256] ha i suoi pro e i suoi contro. E un tipo con gli occhiali da pagliaccio può letteralmente cambiarti la vita in positivo, molto più degli zombie che vedi in tv o degli esseri uniformati dietro alle giacche tutte uguali e le cravatte colorate che si sbattono tutta la vita per poi comprare qualcosa che gli dia una piccola goccia di adrenalina in una esistenza senza nessun obiettivo trascendentale.

In questa foresta nera di voci fuori controllo, tutti parlano male di tutti. Brutto segno.

Alcuni youtuber si specializzano nel "buttare peste" contro i loro concorrenti diretti, utilizzando toni duri e gridando costantemente alla truffa. Il gran maestro è Master Maveric, un assoluto censore. Ogni giorno si occupa di pescare uno youtuber trader e insultarlo, spiegando perché il metodo che segue è una vera e propria fregatura. I suoi video attaccano Daniel Muvdi, componente del team di Quantfury, David Bataglia, *TradingLatino*, *Bitcoin al día*, tra gli altri.

Per esempio, parlando del youtuber The Moon, molto seguito con quattrocentomila followers iscritti al suo canale, Maveric analizza i suoi

---

[254] Il canale di Ivan on tech è www.youtube.com/channel/UCrYmtJBtLdtm2ov84ulV-yg

[255] www.youtube.com/c/CryptoCasey

[256] Liquid Modernity è una categoria sociologica che serve a definire lo stato attuale della nostra società secondo il sociologo Zygmunt Bauman

video e sottolinea la capacità di dire tutto e il contrario di tutto nell'arco di qualche minuto. La tecnica denunciata è intuitiva. Se dici tutto e il contrario di tutto avrai sempre ragione. E lì risiede il *core business* degli youtuber a caccia di consensi. Il giorno dopo il presunto guru riprende la conversazione dicendo "come vi avevo detto ieri..." e mostra il video dove diceva esattamente la verità omettendo scientificamente la parte dove invece ha sbagliato clamorosamente.

Maveric non perde occasione a sua volta di contraddirsi ripetutamente e di martellare con la vendita di un corso da 350 euro ai suoi fedeli. Non sembra essere presente in lui nessuna preoccupazione di cadere nel delitto di diffamazione.

Si parla e si sparla, ci si insulta senza peli sulla lingua. E in ogni canale ho sentito parlare male degli altri, il che non è per nulla un buon segno.

Alcuni trader mostrano i loro investimenti in tempo reale, altri no. La sensazione è che questi trader in generale stiano guadagnando soprattutto vendendo servizi ai loro seguaci, piuttosto che facendo trading come predicano. E, punto d'ambiguità, molti sono pagati direttamente dalle piattaforme di trading.

Faranno gli interessi dei propri seguaci o l'interesse delle piattaforme?

Dubbio amletico di facile soluzione.

Quanto guadagnano?

Quantfury sembrerebbe pagare i suoi "megafoni" circa tremila dollari al mese.

TradingLatino, per esempio, sembrerebbe essere stato assoldato da Quantfury nel passato, una relazione terminata malamente dopo uno scontro pubblico con il ceo della piattaforma Lev Mazur, che in barba alla privacy e all'*aplomb* ha mostrato pubblicamente le operazioni del *TradingLatino* per sottolineare come presumibilmente mandasse allo sbaraglio i suoi seguaci facendoli perdere sistematicamente. Da allora sono acerrimi nemici e non mancano le occasioni per farlo sapere.

Questi youtuber sfuggono a qualunque tipo di intervista e non amano rispondere alle domande dei giornalisti. Brutto segno.

TradingLatino, che seguo quotidianamente, mi genera sentimenti contrastanti. Ha il fare del predicatore, ripete, martella sempre gli stessi concetti, sempre con gli stessi schemi e dice spesso mezze verità, occultando al suo popolo di fan le sfumature di alcune decisioni sbagliate. Non ammette facilmente di avere preso una batosta in una operazione. Non ho mai sentito nei primi mesi da quando lo seguo un "ho sbagliato" da parte sua. Negli ultimi mesi ha cambiato atteggiamento diventando una chioccia per migliaia di persone. Ogni giorno per una ora risponde alle domande della sua tribù nel gruppo privato di Telegram. Si imparano molti dettagli dall'esperienza di migliaia di persone. Un mosaico di esperienza formato da molti piccoli tasselli.

Jaime su Telegram manda segnali a una tribù di 5 mila persone, che se moltiplichiamo per 40 euro al mese...

La sua strategia consiste nel guardare tre indicatori su grafici di temporalità distinte, 4 ore e un giorno soprattutto. Oltre all'indicatore del "volume importante", che offre un dato fondamentale per l'analisi. L'unico non gratuito su Tradingview. Con questi indicatori e sette anni di esperienza nel cryptomercato, guida la sua comunità verso una strombazzata vittoria costante e senza grandi strappi. Si vince in teoria poco alla volta, ma in modo costante. Almeno questa è la teoria. In pratica a volte Jaime non è esattamente coerente. E nemmeno infallibile. Ma la sua strategia è vincente? Spero di poterlo confermare.

Le balene e le trappole del cryptomercato

Nel sottobosco crypto molto spesso i guru-youtuber-trader parlano di fenomeni naturali molto strani.

Il più famoso è l'avvistamento delle balene.

Nell'oceano turbolento e imprevedibile di bitcoin esiste ogni tipo di tesoro e di pericolo. In acque profonde vivono gli esseri mitologici del cryptomare, le "balene". Sono degli esseri enormi che vivono nell'assoluta oscurità che ogni tanto si risvegliano per dare un colpo di coda e scuotere il mercato. Con un movimento smuovono i banchi di pesci piccoli - come me in questa prima operazione - per poi mangiarli vivi.

Si chiamano "balene", ma hanno i denti aguzzi dei vampiri. Le balene sono grandi accumulazioni di bitcoin controllate da "qualcuno" che decide di vendere repentinamente una grande quantità di moneta per fare entrare incertezza e cosí falciare i deboli della catena alimentare del mercato e fomentare la paura tra i più deboli di cuore che commettono sotto stress l'errore più classico, vendere. I deboli, fedeli del così chiamato *fud, fear, uncertainty, doubt*[257], venderanno nel momento della discesa.

Vendere quando scende il prezzo e comprare quando sta galoppando fa parte della psicologia umana, che reagisce alle situazioni in modo completamente spontaneo dando spazio nel contesto crypto a una carneficina continua.

---

[257] Per manipolare il mercato e aggiungere paura, incertezza e dubbio si utilizzano strategie di ogni genere, dalle notizie false alle vere e proprie manipolazioni di mercato.

Quando il prezzo inizia a salire entra in gioco il *fomo, fear of missing out*, la paura di perdere l'occasione. Mentre il prezzo sale come se avesse una iniezione di elio, tutti corrono a comprare per non perdere il treno. Errore. Le balene secondo le teorie denunciate ripetutamente dai guru muoverebbero il mercato per farlo cadere in queste occasioni, per farlo retrocedere ed entrare in una situazione di stallo, di incertezza. Chi ha operazioni aperte molto rischiose con *apalancamiento*, viene liquidato. I pessimisti di fronte all'incertezza vendono e il prezzo scende.

Quando la balena è sazia, ricompra grandi quantità di bitcoin e il prezzo riprende la sua corsa verso l'alto. Per le balene è una strategia speculativa perfetta.

L'apparizione delle balene nelle spiegazioni degli youtuber mi ha dato una nuova prospettiva della mia personale emorragia iniziata il 23 febbraio. La spiegazione più sentita in questi giorni era "Adesso siamo in balìa delle balene".

Mentre la CryptoGiungla si divide tra quelli che sperano di vedere questa galoppata *to the moon* e gli altri che credono in un nuovo calvario al ribasso per i prossimi mesi, il ragionamento corretto è quello obiettivo.

Se il prezzo scende si aprono nuove opportunità. Che significa? Che ogni volta che il prezzo scende il trader continua con la sua idea e comprerà. Per poi rivendere quando tutti compreranno e il prezzo sarà nell'acme.

I trader comprano dalle mani dei pessimisti e vendono ai più incalliti ottimisti.

È un gioco infinito e svincolato da qualunque altra notizia o valore.

Nella presunta manipolazione a piacimento del prezzo nel mercato da parte delle balene, molti youtuber parlano dei grandi broker come presunte balene, perché i broker conoscono la posizione degli *stop loss* dei propri utenti e se fossero davvero loro stessi delle balene - con la capacità di manipolare il mercato vendendo o comprando grandi quantità di bitcoin - giocherebbero con un vantaggio enorme sul mercato e potrebbero influire continuamente per ingurgitare liquidità.

Se faccio crollare per qualche secondo il valore del bitcoin e liquido le posizioni di migliaia di vittime sacrificali, avrò una notevole liquidità da raccogliere con le mie fauci.

Tra le denunce di altra natura da parte degli utenti si registra la presunta scomparsa degli *stop loss* senza un motivo giustificato. L'investitore pensa di essere protetto, ma a sua insaputa il paracadute scompare e le perdite di budget diventano importanti in occasione di una caduta del prezzo. C'è anche chi ha avuto problemi a ritirare i propri bitcoin "vinti" e chi denuncia il blocco arbitrario dell'account senza un motivo, con conseguente perdita di tutto il budget. Altra truffa consiste nel bloccare le operazioni della piattaforma quando il prezzo sale con effervescenza. In un momento di euforia, per esempio, non permettere di comprare o di vendere, per impedire di avere vincite cospicue.

Fino a oggi, a dire il vero, nelle uniche occasioni, poche, nelle quali è successo qualcosa di erroneo la piattaforma che utilizzo per ora, Quantfury, ha ripristinato lo *status quo* nel giro di pochi minuti.

"A luta continua a vitoria è certa"[258]

Mentre mi trovavo sballottato e in pericolo in mezzo all'Oceano con la mia operazione aperta dal 23 di febbraio, l'atmosfera diventò pesante. I giorni a seguire furono un coro di lacrime. Lo youtuber che ho battezzato come "niño atacao"[259] vaticinava la catastrofe. Il prezzo poteva arrivare a crollare fino a 42 mila. E se scendeva ancora, era praticamente l'inizio di una lunga agonia che sarebbe durata degli anni. Per me sarebbe stata una catastrofe, proprio all'inizio della mia avventura.

Nella storia del bitcoin esistono dei punti di non ritorno e in quel momento sono i 42 mila dollari. Pochi mesi dopo il bitcoin scese fino ai 28 mila, per risalire a fine anno a quasi 70 mila.

Come diceva Graham, il prezzo è imprevedibile. Nessuno sa se domani la bolla scoppierà e rimarrai con monete che non valgono nulla o se la fiducia collettiva ti porterà ad avere gli asset migliori della storia a tua completa disposizione senza intermediari.

Si attende da tempo una lenta o repentina caduta del prezzo. È una dinamica ciclica. L'ultima volta era successo nel 2017, quando il bitcoin dai 20 mila era crollato in pochissimo tempo ai 3 mila per rimanere fluttuando a quella cifra per due anni. Dai 5 mila, in una scalata infernale nel 2020, è tornato al *bull run* per iniziare una galoppata fino ai 60 mila dei giorni primaverili del 2021. Chi è entrato nel mercato nel 2021 si è abituato a vincere. Ma il vento in qualunque momento, probabilmente nel 2022, cambierà o ancora peggio il vento cambierà proprio in questi giorni.

Il guru Jaime continua a ripetere "comprate, comprate" perché la sua strategia è comprare ogni volta che il prezzo si abbassa. Ma quando stai perdendo molto e non hai una grande esperienza, non hai nessuna voglia di comprare ancora.

Ho deciso di non ascoltarlo svincolandomi dalla sua strategia. Ho capito che

---

[258] Uno slogan del MPLA durante la guerra di indipendenza in Angola nel 1975.

[259] Canale *Bitcoin al día*.

la strategia devi cucirtela su misura, non puoi andare avanti ascoltando solo quello che ti dicono di fare.

Ho messo in pratica la pazienza, una dote imprescindibile in questo ambiente così strano e arido. Ho pensato così, ripetendomi "non voglio perdere, non voglio chiudere in perdita e voglio sperare di concludere con una vincita consistente". Scelgo il rischio, ma non la sconfitta, con la speranza di una risalita del prezzo. In fondo molti speravano nel traguardo dei 90 mila dollari a dicembre 2021. Ed invece scese a 42 mila.

Questa strategia attendista mi toglie la possibilità di continuare a speculare fino a quando l'operazione non sarà chiusa e mi lascia nel limbo della possibile perdita clamorosa.

Il coraggio e soprattutto la fiducia, sono i concetti più importanti in questa giungla.

Passarono 19 giorni di agonia, di studio, di linee verdi e rosse, più rosse che verdi, di notizie strampalate, di messaggi del guru come fossero acqua nel deserto. Una agonia che piano piano con il passare dei giorni si trasformò in insensibilità, fino a scivolare nell'indifferenza di chi ha la sicurezza di avere azzeccato la strategia.

Il 14 marzo chiusi l'operazione con il prezzo di bitcoin a 61 mila dollari.

Una vittoria clamorosa, traumatica e rocambolesca.

La *suerte* del principiante.

Il salto storico

Mentre scrivo è ricominciata la giostra di emozioni, perché senza pace sono subito rientrato. Forse è la volta buona che il bitcoin possa raggiungere i 70 mila dollari. E sinceramente voglio assistere all'evento con una posizione aperta e possibilmente molto *apalancada*.

Tutto di nuovo è in gioco, bitcoin non è riuscito a rompere il suo massimo storico di 61.800 dollari. Dopo la rocambolesca operazione che mi ha visto protagonista nella più grande caduta del prezzo di bitcoin in poche ore, sono rientrato con più giudizio e ascoltando le indicazioni del guru, malgrado la percezione di ambiguità che registro nei suoi comportamenti continui a essere presente e a crescere con il passare dei giorni.

Il 18 marzo Jaime ha lanciato su Telegram un dictat. "Comprare bitcoin, adesso". Il prezzo a 57,8 mila dollari. Siamo in attesa della grande cavalcata verso il massimo storico.

Armato di grande entusiasmo e sotto il consiglio sapiente del guru sono entrato con molta forza.

Poche ore dopo ero di nuovo in perdita profonda perché il bitcoin

prendendo in contropiede la CryptoGiungla scivolò ai 56 mila dollari.
Iniziava un nuovo lungo, lento, angosciante calvario.

Bitcoin a 53 mila dollari.

Jaime lancia una bomba di fumo e abbandona i suoi fedeli non facendo ammenda del suo errore e ricominciando la sua solita solfa di "compra adesso che è in basso", "noi compriamo in basso e vendiamo in alto", senza fare nessun riferimento al fatto che avessimo comprato in alto su indicazione sua.

Se il guru sbaglia la responsabilità è tutta tua. Se il guru azzecca la giocata le vincite sono tutte per te.

Ero forte della mia prima operazione e avevo già capito la logica.

Se hai sufficiente capitale sul tuo account, tale da permetterti di non essere liquidato con una oscillazione al ribasso di un 30%, hai molta probabilità - non la certezza - di salvarti nelle situazioni aperte e pericolose senza uno *stop loss* che ti faccia da paracadute[260].

Il 24 marzo dopo giorni sfiancanti di attesa e una continua caduta del prezzo è arrivato come un vento caldo uno di quegli eventi eccezionali che movimentano il mercato.

Il tweet di Elon Musk "Now you can buy Tesla with Bitcoin". Il ceo di Tesla, famoso per la sua passione nei confronti di bitcoin e per la sua visione marziana del futuro umano lanciava quello che rappresenta una grande notizia per la CryptoGiungla.

Se gli operatori del mercato accettano la stravaganza di questo gioiello tecnologico e benedicono il suo valore, questo rende, secondo le teorie economiche predominanti, il bitcoin un attivo rispettato e che potrà mantenere la sua forza negli anni.

Il 29 di gennaio il cambiamento della descrizione del profilo di Twitter di Elon Musk, quando semplicemente mostrò la parola bitcoin sul suo profilo fece schizzare il prezzo di 10 mila dollari in una ora. Nel suo profilo era apparso un "bitcoin" senza null'altro.

Un mese dopo il signor Musk dichiarava di avere acquistato 1,5 miliardi di dollari in bitcoin. Un'altra iniezione di fiducia. Un'altra grande occasione speculativa per il signor Musk.

L'annuncio che adesso si può comprare un'auto Tesla con bitcoin ha avuto automaticamente un effetto. Bitcoin ha immediatamente abbandonato i 53 mila dollari per tornare ai 56 mila.

---

[260] Può risultare oscuro il significato di queste frasi, ma dopo un po' di necessario studio possono essere comprese e condivise.

Iniziò dunque una risalita fino al massimo storico dei 61 mila dollari? No. Si rivelò un fuoco di paglia.

Il 25 marzo il tonfo era orribile e bitcoin toccava 50 mila euro.

Il cuore in gola. Le vite spezzate in America del Sud, negli Stati Uniti, in Asia, Africa, Europa e Oceania. Vite ipotecate e adesso bruciate dall'imprevedibile movimento del prezzo. Ogni discesa di questa magnitudo si porta dietro l'odore di cenere, le lacrime di un popolo intero che spera nel colpo grosso per avere una vita tranquilla.

La vita tranquilla come utopia.

La notte del 27 di marzo, mentre tutti incrociavano le dita perché il prezzo non rompesse il limite dei 47 mila dollari, il bitcoin ha dato un colpo di coda e si è riportato di nuovo a 55 mila dollari.

Rifletto paziente. Ancora una volta mi trovo in balìa delle onde. Il mio budget nelle mani del fato.

Questa volta sono molto più preparato, più cosciente, ho anche una strategia e seguo un guru marcandolo stretto. Anche cosí mi trovo in una nuova operazione con una entrata pessima. Rischio di nuovo di perdere tutto. Le notizie nefaste riprendono a cadere a pioggia sul popolo crypto. Twitter a lutto. Youtube dispensa anatemi. Il mio guru invece di raccontarla giusta, si nasconde e non fa chiarezza. Continua imperterrito a ripetere le stesse cose intercalando un caratteristico "lo ve' allí", "lo ve' allí", ma senza l'ombra di un conforto per chi come me l'ha seguito in questo naufragio.

Nelle sue prediche online, che coincidono con le nostre quattro di mattina europee, elude, non affronta la questione. Mi sento, ancora una volta abbandonato e soprattutto solo. E ricordo, quando vinci sei il re. Quando perdi resti solo in posizione fetale.

Il 28 di marzo il trader Ruarte, un guru che è arrivato nel mio mailbox attraverso la newsletter di Tradingview, mi presenta per la prima volta un *patron armónico* chiamato *bat*. È un cambiamento di tendenza temporale per ritornare alla tendenza precedente. È ridondante però è così.

Il *patrón bat* è di "retrocesso e continuazione" e si produce quando una tendenza inverte temporalmente la sua direzione, però dopo riprende la sua direzione originale.

Che significa? Che presto ritornerà a crescere il prezzo del bitcoin, anche se le notizie dei guru parlano di un rimbalzo, per poi continuare a scendere.

Salirà o scenderà? Il dilemma è sempre il solito, ribadito ogni giorno.

La possibilità auspicata da tutti è che ricominci a galoppare, per la rivoluzione che rappresenta, per continuare il viaggio verso un nuovo eldorado virtuale che creerà molto probabilmente un mondo molto diverso rispetto a quello che abbiamo vissuto fino ad ora.

Jaime con gli archibugi del *curandero* ha sfoderato i segnali dei grafici di 1 ora e di 4 ore. Secondo lui lasciavano pochi dubbi. La "direzionalità positiva con pendente negativa"[261] indicava chiaramente che iniziava un momento complicato.

Ancora una fila di notti insonni mi attendeva. Tutto avviene di notte. Mentre in Europa si dorme gli Stati Uniti sono *on fire*. Verso le 6 am si sveglia l'Asia. E io non dormo.

Stare dietro a tutte le notizie e alla volatilità si converte in un lavoro totalizzante.

Mentre gli *stockmarket* normali staccano di sera e dormono di notte e nei weekend, il mercato di bitcoin e delle cryptomonete non chiude mai. 24 ore al giorno, sette giorni su sette. Quindi sei condannato senza pausa ad aspettare gli eventi per fare la tua prossima mossa. Non c'è sabato, domenica o week end. Non c'è Pasqua, né capodanno. La reperibilità è costante, come nei lavori della mia generazione.

Ogni movimento verso l'alto può essere glorioso e in poco tempo può attribuire più introiti di un mese intero di lavoro dalle 8 di mattina alle 8 di sera. Ogni momento può essere traditore o la svolta. Può essere la gloria o la rovina in un pendolo infinito.

Per essere trader devi avere una strategia chiara, razionale e soprattutto, come detto più volte, non emozionale. È lì dove sbagliano tutti i neofiti. Leggono "Bitcoin supera il suo record" e corrono a comprare. Poi arriva una discesa di 10 mila euro in 4 ore e fanno apparire come uno spirito aleggiante nella CryptoGiungla il businessman Daniel Steven Peña, famosissimo in Rete per avere gridato dal palco di una conferenza il celeberrimo "Bitcoin is going to zero!... Zero!" che vaticinava la fine della cryptovaluta.

In questa attesa di settimane ho capito una cosa che mi sembra efficace. Chi ti racconta tutte le notizie del giorno per spiegare cosa succederà di solito è una trappola. Se ti fanno mille linee sul grafico tra triangoli e linee varie è una trappola. Quelli che sottolineano l'ovvietà del "può salire o può scendere" lasciali perdere. Una volta un amico mi ha mostrato il suo metodo. Sul grafico aveva disegnato almeno 25 linee. Non si capiva niente. E infatti in quel momento le cose non andava bene per lui.

Molto meglio avere le idee chiare per sapere cosa fare prima che le cose succedano. Ognuno ha la sua maniera di prevedere il futuro e se sei uno nuovo devi prima ascoltare e imparare dai guru che ti ispirano più fiducia.

---

[261] Gergo tecnico che identifica il mantra della strategia utilizzata dal trader che seguo si basa sullo studio degli indicatori sqzmom LB e ADX.

Il problema è che il coro di voci è evidentemente contraddittorio. Anche uno stesso trader può dire tutto e il suo contrario in uno stesso video.

La complessità dell'analisi del grafico sta nel fatto che le variabili sono molte e imprevedibili tra questioni storiche, modelli che si ripetono, imprevisti e ogni tipo di algoritmo di supporto. Non è semplice azzeccare. A questo si aggiungono comportamenti eccezionali del prezzo che non seguono nessuna regola.

Per avere una strategia servono degli indicatori. Quando gli indicatori si allineano in una certa maniera si può azzardare una previsione per il futuro.

Senza emozione, se vedi un segnale di entrata entri. Se stai vincendo vendi per raccogliere i benefici.

L'importante è la base, ossia capire quando entrare e quando uscire da una operazione.

Fibonacci: il matematico italiano legato al futuro

Per avere una probabilità maggiore di azzeccare cosa succederà nel futuro devi studiare.

"Non è necessario avere degli studi particolari" secondo quello che dice Graham nella sua Bibbia del trading, ma certi concetti tecnici devi impararli dal primo minuto.

Il primo concetto da comprendere è la storia. Il grafico di bitcoin e le deduzioni che si possono fare derivano dalla sua particolarissima storia. Anche se il trading tradizionale regala le basi per l'analisi del grafico, quello che vale per bitcoin non vale per l'ether e meno per le monete *fiat* o per altri tipi di asset come l'oro, per esempio. La storia di bitcoin ha poco più di dieci anni e in questo tempo ha formato un suo dna in continua evoluzione. Studiare cosa è successo prima di oggi è fondamentale.

Il passato ci indica due concetti imprescindibili, le "resistenze" e i "supporti". Quando il prezzo non supera una determinata cifra vuol dire che "ha incontrato una resistenza". Quando non va giù più di un certo livello, vorrà dire che ha trovato un "supporto".

Quale discesa di prezzo posso sopportare prima di essere buttato fuori dall'operazione perdendo tutto il mio budget? Che probabilità esiste che il prezzo scenda sotto a un certo livello?

Per rispondere entra in gioco il matematico italiano Leonardo di Pisa, anche chiamato Leonardo Pisano, Leonardo Bigollo o semplicemente Fibonacci. Nei discorsi dotti degli youtuber si sente nominare spesso questo nome. Il matematico toscano che nel XIII secolo in Europa scoprì l'utilità pratica del sistema numerico indo-arabo rispetto a quello dei numeri romani e fu il primo europeo a descrivere la sequenza numerica battezzata con il suo nome. Questa successione numerica è continuamente presente nel gergo del trading. È uno schema applicabile sul grafico che indica le percentuali che sono utilizzate per determinare i livelli di resistenza o supporto, individuare le fasce di prezzo, identificare i prezzi *target* che dovrebbero raggiungere le quotazioni di un determinato asset finanziario e determinare il periodo di tempo che potrebbe durare uno specifico movimento di mercato. Queste informazioni possono essere utilizzate dal trader per creare strategie e approfondire l'analisi di mercato[262].

Questo vuol dire, per essere brevi e meno tecnici, che esiste uno strumento grafico che puoi usare per conoscere con quale probabilità il prezzo scenderà o salirà fino a un certo livello.

Fibonacci è solo uno dei migliaia di strumenti esistenti. Il grafico di Tradingview forma le sue candele con il passare dei secondi seguendo il prezzo di mercato della cryptovaluta. La curva principale è accompagnata da altre curve che calcolano differenti dati, come il volume degli scambi - importantissimo per capire quando entrare in una operazione - che ci indicano quando comprare o quando stare in allerta.

Nella strategia del guru che seguo gli indicatori principali sono quattro. La linea bianca, del cosiddetto Adx, danza insieme a quella dell'impronunciabile Sqzmom_lb[263], e le due curve insieme a quella del volume indicano le migliori entrate e uscite dal mercato. Sono abbastanza indicative e non sempre sono fedeli al futuro. Altri indicatori accarezzano, appoggiano, sostengono la curva del prezzo. Il più famoso è l'Eme[264].

Attraverso questi parametri il prezzo che sembrava fluttuare apparentemente in libertà, in realtà segue certe barriere invisibili.

Se riesci a restare in silenzio per ore osservando, pensando, congetturando, puoi affrontare quella cosa di così elettrizzante e inutile che è il trading. Sembra un continuo lancio in aria della moneta congetturando se uscirà testa o croce.

Quando studi, impari, sperimenti e segui molti guru che ripetono quotidianamente il loro mantra. Ti rendi conto che in realtà vedere il volo di corvi neri nel cielo è davvero un presagio di sventura.

---

[262] I livelli o relazioni più utilizzati dai trader nel Forex e in altri mercati sono i seguenti: 23,6%, 38,2%, 61,8% e 161,8%. www.tecnicasdetrading.com/2010/06/fibonacci-forex-trading.html

[263] Come indicato in precedenza sono indicatori che possono essere attivati in Tradingview.

[264] Se la curva principale del prezzo tocca l'Eme, mentre la curva del volume sale e la curva bianca mostra un andamento "alzista", è possibile prevedere che il bitcoin salga.

Se i parametri si incrociano in una maniera determinata, visto lo storico e gli andamenti passati, le similitudini, l'incrocio di grafici deve farti presagire qualcosa a prescindere da quello che stanno raccontando tutti gli altri nello stesso momento. Osservare i grafici del bitcoin (come qualunque altro asset) vuol dire comprendere come metafora la realtà multistrato della nostra esistenza.

Il "piacere" perfetto del trading, che non ti soddisfa mai, neanche di fronte alle vincite più gratificanti. Ti occupa costantemente e hai qualcosa da fare e da pensare tutto il giorno. Se lo fai bene e sei accompagnato dalla buona sorte puoi guadagnare molto di più di quanto avessi potuto immaginare fino a quel momento.

Mi richiama l'attenzione un concetto che ripete spesso il guru che seguo. "Il mercato è fatto per portarti via i soldi. Se qualcuno guadagna è perché gli altri perdono". Quantfury parla dei suoi utenti sottolineando che il 70% perde.

Il primo obiettivo dunque è non perdere.

Tutte le disgrazie, sono sempre una buona occasione per imparare. Le discese repentine del prezzo sono la linfa vitale dei trader, che salvano il mercato comprando mentre tutti vendono. Sono dei legionari che amano il rischio.

Per captare il momento opportuno, per entrare, per prima cosa come abbiamo visto, si deve studiare il grafico del passato. Ma quello che importa è il futuro.

Nessuno sa in che momento il prezzo crollerà e bitcoin ci ha abituato a discese continue, come nel 2017 che da 20 mila dollari è passato a 3 mila, per poi aspettare altri 3 anni prima di passare da 3 mila a 60 mila in due anni. Compreso questo, il 2021, è l'anno del consolidamento del bitcoin e del mondo crypto.

La mia operazione è aperta da due settimane e affronto i primi giorni di aprile del 2021 lanciato dentro il mattatoio maldestramente dal mio guru.

Il bitcoin riposa a un ritmo lento. Il volume di scambi è basso. C'è poca euforia. L'aspettativa di rompere il record storico rimane un miraggio.

Bastian Montoya è un tipo sveglio che ho avuto la possibilità di conoscere qualche anno fa. È un ragazzo della mia età più o meno che racchiude due caratteristiche interessanti nello stesso individuo. Da una parte è ingegnere con la mente formattata per calcoli di schemi ripetitivi. Dall'altra ha un inquietudine creativa che lo ha portato a fare lavori che coinvolgono in qualche modo l'emozione.

Il nome, per volontà più mia che sua, lo abbiamo scelto insieme, perché in questa società malgrado il denaro sia il santo Graal e sia l'obiettivo numero uno della quasi totalità dei cervelli umani, è qualcosa di cui liberamente e apertamente non si parla.

È paradossale, ma è cosí.

A volte puoi vivere con una persona per anni senza sapere qual è il suo stipendio. O conoscere quanto guadagna tuo padre. È paradossale e anche un segno inquietante della perversione di questa organizzazione collettiva.

Bastian si è lasciato convincere a non utilizzare il suo vero nome e ho caldeggiato questa ipotesi per proteggerlo. La sua storia è quantomai interessante e potrebbe attirare l'attenzione di malintenzionati e "amici" invidiosi, quindi preferisco raccontarla senza esporlo a inutili e antipatici rischi.

Bastian ama passeggiare per le montagne quando ha un po' di tempo libero e la sua filosofia di vita incredibilmente interessante.

"Non sono mai stato ricco, ma ho sempre avuto tutto e anche più del necessario, ma negli ultimi anni il mio vero obiettivo è stato lavorare con la massima efficienza e il meno possibile" racconta Bastian. Nel suo algoritmo il

4x4x4 è sempre stato un punto di arrivo, una strategia di vita per vivere bene con i suoi figli e la sua amata consorte. Quattro ore al giorno, quattro giorni a settimana, quattro mesi all'anno.

Non è ancora riuscito a realizzare questo schema, ma adesso ci sta andando molto vicino, riuscendo, se tutto va bene, anche a migliorarlo.

Fino al *lockdown* del 2020 nel suo lavoro, che andava a gonfie vele, aveva capito che doveva alzare i prezzi per ridurre i clienti e offrire un servizio di qualità. Con l'arrivo della peste moderna tutto si è fermato. E la sua mente da ingegnere ha iniziato a cercare vie alternative.

Sin dai miei primi passi nel mondo crypto, un anno fa, ci siamo scambiati informazioni utili per addentrarci nella CryptoGiungla. E piano piano Bastian si è fatto strada con il macete, nella *mata,* a una velocità che mi ha impressionato.

Per una casualità della vita involontariamente sono stato la scintilla che lo ha portato a concretizzare qualcosa che covava da anni.

"Credi davvero che sia ancora un buon investimento?" mi disse a marzo 2020. Si convinse in fretta.

Mentre io compravo i miei primi satoshi, lui metteva il suo capitale, i risparmi degli ultimi anni, nel vortice del bitcoin. Ha iniziato comprando uno intero bitcoin a marzo. Poi con la sua mente inquieta e ingegneristica ha iniziato a studiare di tutto del mondo crypto, finanza decentralizzata, occasioni folli di investimento.

Fu lui ad avvisarmi dell'arrivo dell'*halving* a maggio.

"Quando ho iniziato a marzo avevo dei dubbi. Da anni studiavo il protocollo di bitcoin avidamente da un punto di vista ingegneristico perché è incredibilmente interessante, la parte informatica e matematica sono di una perfezione allucinante. Ma dal punto di vista speculativo il prezzo era di 30 dollari, era salito moltissimo e in quel momento non avevo molto da investire. Molti parlavano della bolla, che sarebbe tornato a zero e ho lasciato perdere. Mi sono pentito molto di questa decisione" ammette Bastian.

"Nel 2020 avevamo deciso di comprare una casa e avevo un po' di soldi che decisi, senza avere nessuna conoscenza del mondo dell'investimento, di fare fruttare in fondi e azioni. Fu in quel momento che tornai all'idea del bitcoin, il protocollo mi affascinava nuovamente, ma ancora una volta non ero sicuro, perché molti parlano ancora della bolla e avevo un po' di timore a entrare. Di colpo però è diventata una ossessione e ho cominciato a studiare seriamente la parte economica. Scoprì l'alta probabilità del bitcoin di aumentare il suo valore negli anni e diventare una riserva di valore, per il suo numero limitato di unità e per l'impossibilità che nessuna istituzione o governo possa influire nel suo andamento imponendo la creazione di più moneta. In qualche modo il suo prezzo è destinato ad aumentare. Gli alti e bassi sono fisiologici, ma sui mezzi di comunicazione tradizionali ogni caduta è l'occasione per ricordare che bitcoin è una bolla e andrà a finire a zero. Studiando l'andamento del bitcoin possiamo dire dunque che è una bolla ogni quattro anni", ironizza Bastian.

Il continuo errore di prospettiva dei mezzi di comunicazione li porta troppo spesso a non comprendere fino in fondo il protocollo del Bitcoin e a dimostrare di non conoscere i cicli di *halving*.

"Quando avevo più di 6 mila dollari ho comprato un bitcoin. Tornando indietro avrei comprato molto di più" confessa Bastian, facendo un ragionamento ricorrente nel mondo crypto. "Nel tempo ho creato un portafoglio molto più differenziato, con tante cryptovalute e sono affascinato dal mondo della finanza decentralizzata, ma ancora non lo capisco perfettamente. Pur comprendendo appieno la parte tecnica di bitcoin, con la DeFi sento che qualcosa mi sfugge. Conosco gli *smart contract* e l'ambiente Ethereum, ma non fino in fondo le dinamiche dei *pool di liquidità*, per esempio, ecco perché voglio approfondire lo studio" e continua Bastian, "Mi affascina come ora, senza dipendere da alcun soggetto centrale, posso compiere operazioni che prima, si potevano realizzare solo con l'intermediazione della banca. Adesso possono essere decentralizzate e senza dipendere da un governo che prenda una decisione che ti stravolga tutto".

Bastian continua: "Questo è il futuro ed è ancora in embrione, una fase totalmente emozionante".

Bastian si informa molto su internet e segue vari youtuber. *Fun on The Ride*, per esempio, è un umorista, ma parla del mondo crypto in modo generalista, ho appreso molte notizie grazie a lui, *Bitcoin Sin Fronteras*, *Bitcoin al Día*, in inglese seguo Ivan On Tech, un ragazzo molto preparato, anche se a volte non capisco il suo inglese, Bitcoin Express per le nuove valute, Crypto Casey che però mi stanca perché mi risulta ripetitiva[265] e Crypto Boy, che propone opportunità molto all'avanguardia, prima che vengano messe sotto i

---

265 Personalmente credo che seguire Crypto Casey sia una ottima idea. E in generale seguire molti trader e portali di notizie è imprescindibile per calarsi nel mondo crypto con la cautela e la preparazione necessaria.

riflettori. Ad esempio ora lo seguo e sto cercando di entrare nel mondo Ico[266] comprando in anticipo le monete di nuovi progetti".

Un giorno, parlando con un amico, Bastian scoprì che c'erano delle piattaforme che ti prestavano soldi per il trading, come Quantfury, per esempio.

"Non ci potevo credere" dice Bastian, "All'inizio non mi piaceva perché perdevo, ma dopo averlo studiato bene ho capito che potevo appartenere a quel 10% di persone che guadagnano facendo trading".

È andato molto più in là e si è buttato nell'arena come un gladiatore.

Quantfury ti consente di investire con *apalancamiento*, in italiano "con leva" e Bastian ha iniziato a investire *apalancado* con risultati impressionanti.

"Investendo 100 dollari ne ho guadagnati 13mila in poco tempo", racconta. Era marzo e il mercato cominciava a mostrare segni di crescita esponenziale. Il momento era propizio, il vento soffiava in poppa.

"In realtà, con la stessa velocità ho perso i 13mila euro" confessa Bastian Montoya, che spiega "non ho gestito bene il rischio e non ho messo lo *stop loss,* cosí una forte caduta del prezzo mi ha liquidato tutti i fondi del mio account". Il più classico degli errori.

"Questo mi ha aiutato a imparare e, visto che il meccanismo mi aveva portato ad avere buoni risultati in poco tempo ho deciso di investire rischiando molto di più. Ho fatto alcuni calcoli e ho deciso di investire 10 mila dollari con l'obiettivo di farli diventare 1 milione di dollari. Sapevo che era possibile. Il mese scorso, quando bitcoin ha raggiunto 64 mila dollari, vedevo scritto 500 mila dollari sul mio account di Quantfury".

Con 10 mila dollari vuoi guadagnare un milione in un anno?

"Esattamente".

Come hai fatto esattamente?

"Se giochi a 20x (leva che moltiplica il tuo investimento per 20) hai un rischio elevato. Se il prezzo scende del 5%, hai un'alta probabilità che il tuo account venga liquidato. Pensavo che bitcoin sarebbe salito e sono convinto che ci siano punti di non ritorno, prezzi a cui bitcoin non tornerà mai. Con queste premesse ho dedotto che se fossi riuscito a entrare nel mercato in un punto di non ritorno con una forte leva, avrei potuto realizzare l'obiettivo. Ho fatto un paio di tentativi falliti e l'ultimo sono entrato sotto i 16 mila

---

[266] Come abbiamo visto, quando parte il progetto i token venduti per raccogliere fondi e, in certi casi, per partecipare attivamente al progetto registrano uno sprint verso l'alto raggiungendo una rivalutazione impensabile rispetto al valore di partenza. Poco tempo dopo tutti vendono e si stabilizzano al loro prezzo normale o, in altri casi non rari, il progetto e i suoi token scompaiono dalla crypto-mappa. Bisogna sapere su che cavallo si punta per non regalare i propri fondi all'astuto mercato crypto.

dollari, ho aspettato una di queste "figure di analisi"[267] trading chiamate di accumulo e sono entrato prudente con un 5x che resiste a un calo del 20%. Sono stato fortunato, quando bitcoin ha rotto il famoso massimo precedente di 20 mila dollari nel 2017, ha iniziato una corsa fino a raggiungere d'un fiato i 25 mila. Non è mai tornato al valore della mia entrata, ossia di quando ho acquistato. In questo modo ho aspettato che andasse sempre più in alto e a ogni piccolo *retrocesso* aggiungevo un budget di 25 mila dollari. All'inizio la percentuale di 25 mila sui circa 50 mila dollari che stavo investendo era tanta, ma sul totale di 100 mila, ogni volta che aggiungevo 25 mila non incideva troppo sullo *stop loss*, che si è mantenuto intorno ai 20 mila, prezzo al quale bitcoin non è mai più sceso. In questo momento il mio *stop loss* è sui 30 mila dollari. È salito perché mesi dopo il mio ingresso, Quantfury ha sbloccato livelli più elevati di *apalancamiento* a cui non ho potuto resistere e ho investito ancora di più. È un rischio, perché il prezzo potrebbe tornare sui 30 mila e in questo caso perderei tutto quello che sto guadagnando".

Quale strategia di uscita hai considerato?

"Ora, secondo il grafico, lo *stock to flow* di bitcoin dovrebbe raggiungere i 100 mila dollari ed è probabile che la *fomo*, l'emozione del mercato, possa lanciarlo a 150 mila dollari per poi retrocedere con una brusca caduta. Ho intenzione di anticipare tutto questo e vendere quando bitcoin raggiungerà gli 80 mila. I miei guadagni supererebbero il milione al lordo delle tasse".

Quindi più che una cifra stai calcolando il sentimento del mercato per uscire prima.

"Esattamente. Sono abbastanza sicuro che raggiungerà i 100 mila dollari, ma non ho intenzione di rischiare. Mia moglie mi dice continuamente di chiudere questa operazione e godermi i 500 mila euro, ma voglio aspettare ancora un po' perché ho un piano e devo seguire la mia strategia. Se faccio bene mi cambia la vita lavorativa, non dipenderò più dal lavoro per la mia indipendenza economica".

Stavi parlando di tasse.

"Sì, ho calcolato che un quarto sarebbe andato via con le tasse".

Non hai pensato di fuggire alle Bahamas?

"No per niente. Quando il tema è stato affrontato dagli youtuber mi sono informato e ho visto che in tema delle cryptovalute ci sono persone che vanno in Andorra, Portogallo e soprattutto a Cipro e in Georgia. Personalmente, non ho intenzione di trasferirmi dalla Spagna e sarò molto felice di contribuire mentre sono qui".

---

[267] Elementi che nei grafici si ripropongono costantemente e vengono studiati per tentare di "prevedere" il futuro del prezzo.

Come vivi quando da un giorno all'altro guadagni centinaia di migliaia di euro?

"Prima ero molto nervoso. Non avrei mai pensato che sarei finito a fare trading e devo ammettere che ho passato molte notti insonni. Molto stress. Questo non mi è piaciuto per niente. Ora non guardo nemmeno il mio wallet, faccio finta di non averlo. Le emozioni sono importanti. Quando hai delle cryptomonete e vedi che salgono molto non vuoi venderle e quando scendono, che è in realtà il momento di comprare, le vendiamo. Sono istinti umani esattamente contrari a quanto si deve fare nel mercato".

Se per qualche motivo perdi in questa operazione?

"Lo tengo in conto, è calcolato. Credo di avere la stessa possibilità di *portarla a casa* che di perderlo. Viviamo in una epoca davvero folle. Sto già guadagnando molto con il trading di cryptomonete e con altri investimenti, ma tengo presente che da un momento all'altro posso perdere il mezzo milione che sto guadagnando per ora. Potrei perderlo con una brusca caduta del prezzo, ma potrei anche avere dei problemi a ritirare tutta questa somma di denaro dall'app. Spero non ci siano sorprese in questo senso".

Come cambia la tua vita con questo nuovo capitale?

"Ho intenzione di lavorare in modo più rilassato e scommettendo su ciò che mi piace davvero. Ogni giorno sto molto tempo con i miei figli e questi soldi mi permetteranno di organizzare un futuro migliore anche per loro. Sto per fare un portafoglio di crypto per loro e sto studiando un meccanismo di 'regalo futuro' che sblocca le monete solo dopo un certo periodo di tempo, l'ho letto nel libro *The Bitcoin Pattern* di Saifedean Ammous".

La migliore cryptovaluta che hai comprato?

"I migliori erano iota ed ether che ho comprato per 220 dollari, è già più di un x10. Anche il Bnb di Binance è andato molto bene. Come speculazione dura e pura la cryptovaluta Maineiborali mi ha dato ottimi rendimenti, raggiungendo il 320% in Daomaker. Bitcoin è una scommessa sicura, mentre le crypto più piccole sono pura speculazione. Non è consigliabile investire più del 5% dei tuoi fondi con le crypto minuscole".

Credi nella rivoluzione in atto? E cosa pensano i tuoi amici del bitcoin?

"In questo momento penso che sia la rivoluzione di una minoranza. La maggior parte di loro la sente un po' distante, non sanno cosa sia il bitcoin a causa della confusione generata dai media. Pensano che sia una bolla, pensano che serva al crimine o continuano con la storia dell'elettricità. Sono l'unica cosa che ascoltano. E quel poco che sanno riguarda solo bitcoin. L'altro giorno stavo passeggiando con i miei amici economisti in montagna e ho detto loro che stavo facendo un sacco di soldi, per informarli nel caso qualcuno volesse investire. Si sono lanciati alla giugulare ciecamente, non volevano ascoltare. Hanno cominciato a parlarmi dei tulipani in Olanda e a sostenere che si trattava di una bolla, di una truffa. Ho rinunciato, non voglio convincere nessuno, ma sono sicuro che si sbagliano. Personalmente, penso che la finanza decentralizzata possa essere molto utile anche per i paesi con una economia complicata. Molte persone trarranno enormi benefici da questa nuova tecnologia".

Hai trovato qualcosa di interessante nella DeFi?

"Esistono molte opportunità. Chi arriva per primo ne approfitta. Per ora arrivo sempre tardi. Sono molto interessato al tema dell'acquisizione dei token prima che vengano immessi sul mercato. Non sono ancora riuscito ad acquistarne su Coinlist, che è la piattaforma più semplice. Ti iscrivi e tramite lotteria ti danno la possibilità di acquistare 1000 dollari di gettoni. Casper era un caso, mi sono iscritto e sono finito in coda alla posizione 300 mila. Quando il prezzo è uscito aveva fatto un 100x. Se avessi messo mille dollari, avrei raggiunto 100 mila. In un momento di *bull run* tutto va bene, ma quando finisce entreremo in un lungo inverno e bisogna stare attenti. Tra due anni vivremo di nuovo un'ascesa così impressionante come il 2020-21".

Continuerai nel mondo delle cryptovalute?

"Fino a poco tempo avevo programmato di uscire per due anni. Ma ora penso che continuerò perché ci sono molte cose interessanti. Ad esempio, con i miei bitcoin effettuerò un ordine di vendita automatico a 200 mila euro. Se arriva bene, se non arriva aspetterò la prossima salita".

Dove vendi?

"Ora in Binance, prima usavo Coinbase. Ma sono registrato in tutti loro, come crypto.com, Bit2Me e 2gether che sono spagnoli, Kraken, per avere la possibilità di usarli tutti".

Bastian rappresenta una storia vera positiva ed emozionante. Non dimenticare mai, tuttavia, che le più frequenti sono storie di clamorosi fallimenti.

Un tweet probabilmente ironico lo ha riassunto molto bene. "Quattro anni fa mi sono posto l'obiettivo di guadagnare un milione di dollari in cryptovalute. Oggi ho detto a mia moglie che può finalmente smettere di fare i pagamenti della casa. Domani andrò in riabilitazione per la dipendenza dal gioco e la banca verrà a recuperare ciò che è suo. Non usare *apalancamiento*".

Oggi 19 maggio 2021 si è conclusa l'operazione di Bastian. La triste e tempestosa vittoria della dea Avidità ha nuovamente danzato con i suoi veli neri. Il bitcoin dai 64 mila dollari è sceso toccando quota 28 mila. La linea dei 30 mila dollari è stata oltrepassata e la giocata maestra di Bastian Montoya si è conclusa amaramente. Dal potere incassare 500 mila dollari, al registrare una perdita di 12 mila dollari. Un colpo che non avrei voluto documentare. Cattiva notizia.

Una occasione per imparare che quando i frutti maturi pendono dall'albero, devono essere raccolti. Me lo marchierò a fuoco, come motto per la gestione finanziaria del mio futuro. Bastian lo sapeva, che poteva succedere e questo gioco era solo un'altra delle sue avventure e investimenti in cryptovalute.

L'ho incontrato alcuni mesi dopo ed era ancora battagliero, anche più di prima. Con molto entusiasmo stava studiando l'ultima frontiera della speculazione, gli nft. A parte le cryptomonete e i prodotti di finanza decentralizzata adesso compra e vende pinguini, omini punk e perfino disegni fallici. Sembra uno scherzo, ma non è cosí. Queste collezioni assumono un valore crescente, anche se ogni sforzo è vano per comprendere il perché. Il valore nel mondo crypto sta diventando davvero qualcosa di relativo, dando spazio a scambi di qualunque cosa, idea, bene materiale virtualizzato, etc. Un mondo apparentemente impazzito che però a guardarlo bene sta aumentando la possibilità di partecipazione alla finanza mondiale da parte di chiunque abbia un telefono *smart* e la pazienza oltre alla capacità di studiare.

La responsabilità è tutta tua. La banca sei tu.

Uno degli aspetti che meno comprendo della nostra società è la fiscalità. L'atto di pagare alla società per il bene proprio e collettivo dovrebbe essere un atto naturale e semplice da compiere. Invece no. Devi pagare scontrandoti con l'attuale organizzazione che rende complicatissima la contribuzione del cittadino al bene comune, lasciandolo nella costante incertezza.

Pessima strategia. Poco efficace.

Me lo immagino sempre come fosse una trincera per l'allenamento militare collocata proprio davanti alle casse di un supermercato. Immagino i clienti che per arrivare a pagare scivolano con il passo del giaguaro sotto il filo spinato, saltano dei muri alti alcuni metri, si arrampicano sulle corde. etc.

Il sistema di pagamento dei tributi dovrebbe essere semplice, mentre adesso per potere pagare hai bisogno di un gestore, gli oracoli degli esperti, poi esistono mille meccanismi intricati con le ritenute che ti ritornano, l'iva che paghi però non conta perché si compensa, poi l'Irpef che a volte viene restituita, in qualche momento. Sei obbligato a versare in anticipo per l'anno successivo, tenendo presente però il reddito dell'anno precedente. Prima paghi, anche se non riscuoti. Poi a volte ti ritornano qualcosa, a effetto differito di mesi. Incertezza e poca trasparenza. In più in questa nebulosa di leggi, prassi, pareri, giurisprudenza, non sarai mai sicuro di poter stare tranquillo. C'è chi preferisce evitare di addentarsi nella fiscalità per paura di cadere in una rete degna del ragno più aggressivo.

L'imposizione sembra essere il motore. Insieme all'egoismo. Invece di promuovere la collaborazione e la redistribuzione.

Se mi trovo nella situazione di dovere fatturare, insieme a dei colleghi per un lavoro fatto insieme, a un cliente comune, la composizione delle fatture tra di noi e verso il cliente, i costi comuni, diventano un problema burocratico e matematico degno di un trattato di pace. Un caos legislativo che allontana l'individuo dalla ragione reale delle tasse, che non è altro che collaborare per vivere in una società migliore. Almeno in teoria.

Invece, ancora una volta vince l'incertezza della burocrazia, che crea codici e strutture degne di un labirinto.

Se entriamo nel capitolo della fiscalità, in relazione alle cryptomonete ovviamente il discorso non migliora. Capire come dichiarare non è esattamente semplice, anche perché attualmente ci troviamo in un *interregnum* senza regole certe.

Nella maggior parte dei Paesi non esiste ancora una regolamentazione specifica e normalmente si applicano le norme generali della tassazione. Con interpretazioni sempre diverse. Anche nei Paesi dove le cryptomonete sono state regolamentate, come in Giappone, questi redditi vengono classificati come "miscellanea"[268].

In generale bisogna comprendere che il sistema crypto è nato in totale indipendenza e senza l'aiuto di nessuno. Gli investitori hanno rischiato grosso sulla loro pelle per fare crescere questo mondo parallelo. Adesso che arriva il momento espansivo nella società, il sistema vuole inglobare il mondo crypto nei suoi schemi. Ma i suoi schemi non si adattano al mondo crypto, per definizione. Questa frizione è evidente e porta a scontri di vedute tra l'istituzione che usa come sempre la minaccia e il popolo crypto che tra ideologia e confusione cerca di trovare una sua collocazione per continuare a fare quello che sta portando avanti da 13 anni.

In Spagna l'Agencia Tributaria, a prescindere dal mondo crypto, minaccia di far pagare 5 mila euro per ogni movimento non dichiarato fuori dalla Spagna. La maggior parte degli investitori crypto genera una quantità di dati e di transazioni mastodontica, decine di migliaia di movimenti all'anno per ogni singolo investitore. Ha un senso la minaccia dell'istituzione spagnola?

Il senato statunitense ha approvato la legge di infrastruttura che permetterà la raccolta di tributi anche nel mondo crypto. Nella legge però non viene presa in considerazione, nella definizione di cosa fa un broker, la complessità tecnica dei nodi minatori che come abbiamo visto in precedenza sono il punto vitale di ogni blockchain. Se una legge blocca i nodi minatori o rende difficoltoso il loro servizio, non si sta migliorando la società.

Perché l'istituzione centrale non prende in considerazione in modo più

---

[268] Francisco Ossandón Cerda, Magíster en Tributación, Universidad de Chile.

trasparente ed efficiente le necessità del mondo in continuo cambiamento? Perché non è capace. Nel senso che la struttura burocratica non può fare fronte a cambiamenti cosí rapidi e alla quantità di dati del nuovo mondo. La centralizzazione anche per questo è destinata a ridursi drasticamente o a scomparire. Perché non serve più. In futuro sono certo che un algoritmo gestirà tutti queste questioni burocratiche e la gestione dell'algoritmo sarà decentralizzata e partecipativa.

José Antonio Bravo, economista e consulente specializzato in tassazione di cryptoattivi[269], sottolinea come il momento attuale regala una situazione particolare dove "I contribuenti ne sanno più dell'istituzione fiscale". La fiscalità è diventata un business, vista la grande confusione. Gli assessori specializzati sono pochi, la domanda è crescente.

"Bitcoin si basa sulla privacy, mentre il sistema fiscale soprattutto moderno, tende al controllo assoluto, perché il cittadino è da vigilare. Lo Stato è superiore al contribuente. È evidente che sono due mondi in contrasto" spiega José Antonio Bravo, che continua "Contribuire dovrebbe essere visto come utile. Ma molti non si fidano più dello Stato. Siamo nella fase iniziale del mondo crypto, nessuno ha concettualizzato come dovrebbe essere il mondo crypto. In futuro secondo me esisteranno degli Stati che non si identificheranno con i confini geografici, ma si convertiranno in qualcosa più simile a una entità basata sulla libera adesione. Non una imposizione. Un nuovo schema dove se vedo il vantaggio aderisco, altrimenti posso mantenermi al di fuori".

Interessante e probabile sviluppo della nostra società, quella di José Antonio Bravo.

Tornando alla certosina analisi delle sfumature fiscali attuali, la regola generale è che tutti i movimenti che generano un beneficio bisogna dichiararli. Quindi un primo passo sicuro da fare è uno *screenshot* di ogni compravendita. Se diventi un trader sarà divertentissimo avere 20 mila screenshot all'anno. Molto pratico. Una buona opzione è anche scaricare direttamente dalle piattaforme l'*excel* di tutti i movimenti. Su Binance è possibile, almeno nella versione desktop. Anche sui Dex è possibile[270]. Esistono strumenti come cointracking.info che sono pensati specificamente per i *tax reporting*. Su twitter molti ironizzano sulla complessità di questi strumenti.

---

[269] Associato ad Àgora Assessors, fiscalcrypto.io/es.

[270] Per esempio lo strumento zerion.io permette di avere tutti i movimenti effettuati su Uniswap indicando solo l'indirizzo pubblico del proprio wallet.

Ormai la banca sei tu[271], *honores et onera*, ed è tuo dovere avere un archivio delle migliaia di operazioni che hai concluso.

Ho chiesto lumi a uno dei fiscalisti specializzati in crypto. In Italia Giorgio d'Amico.

Le cryptovalute in Italia sono assimilate alle valute estere o vanno, come succede in Spagna, inquadrate nella disciplina della permuta?

"Attualmente le cryptovalute sono assimilate alle valute estere, sulla base di una presa di posizione ufficiale della Agenzia delle Entrate", risponde Giorgio d'Amico.

In pratica come deve comportarsi un investitore in cryptomonete se ha la residenza fiscale in Italia?

"Un investitore italiano deve effettuare diversi adempimenti: 1. Dichiarare ogni anno il valore delle cryptovalute detenute, indipendentemente dall'importo. Questa dichiarazione è solo informativa non comporta il pagamento di imposte. 2. Pagare le imposte sulle plusvalenze realizzate, se l'ammontare complessivo delle cryptovalute detenute (calcolato ai prezzi del 1 gennaio) ha superato il controvalore di 51.645 Euro per 7 giorni di seguito nel corso dell'anno. 3. Pagare le imposte su redditi "di capitale" quali ad esempio *staking*, interessi o altri proventi derivanti dall'impiego di cryptovalute".

Esiste un *modus operandi* differente, dal punto di vista fiscale, per un investitore di hold - a lungo termine - e un trader?

"In linea di massima no, a meno che il trader non si qualifichi come "professionista": in tal caso la tassazione è completamente differente. La qualificazione di "trader" dipende dalle caratteristiche dell'attività svolta (abitualità, prevalenza, mezzi e tempo impegnato etc.)".

Se un investitore non converte le cryptomonete - *stablecoin* comprese - e non invia i benefici al suo conto in banca tradizionale, deve dichiarare?

---

[271] Prima bisogna avere la prova di tutti i movimenti. Poi bisogna calcolare.

Esempio. Ho effettuato quattro acquisti di cryptomonete. Il quinto è una vendita. Calcolo la quantità venduta, calcolo il valore al momento dell'acquisizione, moltiplicando la cifra completa della quantità ottenuta al momento dell'acquisto moltiplicato per il prezzo di acquisto e ottengo il valore di acquisto originario. Vedo la differenza del prezzo di vendita. Sottrai e il risultato se risulta essere un profitto lo dichiari per pagare il 20% in Spagna o il 26% in Italia.

Altro esempio. Compro il giorno 20 di marzo del 2020 con 2 mila euro una quantità di 0,32258 btc. Quando i bitcoin valgono 6200 euro. E vendo il 17 agosto quando valgono 10300 euro. La differenza sarà di 1322 euro che rappresenta quello che devo dichiarare e pagare la percentuale prevista nel mio Paese.

Si calcola cosí. Sottrai il valore di oggi meno al valore iniziale. Nell'esempio 4100 euro. Divido il valore iniziale ossia per 6200 euro e lo moltiplico per 100. 0,66 in questo caso è il risultato. Avevo all'origine 2000 euro moltiplico per 0,66 e arrivo al valore del guadagno.

"Sí. Il trasferimento sul conto è irrilevante dal punto di vista fiscale: ciò che conta è il "realizzo" della plusvalenza, che si ha tutte le volte che la cryptovaluta viene scambiata (sia contro Euro che contro altre crypto)".

Esistono Paesi con una fiscalità più favorevole e Paesi più rigidi?

"Sicuramente esistono Paesi con una fiscalità più favorevole, e probabilmente anche paesi più rigidi. In Italia l'imposta applicata alle plusvalenze è relativamente favorevole (aliquota fissa del 26%) e la soglia di esenzione rappresenta un vantaggio significativo".

Come considera la situazione della fiscalità in Italia in questo momento? In cosa si dovrebbe migliorare?

"Gli Stati vogliono controllare, ma le richieste dei governanti devono essere equilibrate altrimenti, se superano un certo limite, portano i contribuenti ad aggirare le norme. L'interesse è generale non bisogna perderlo di vista. Legge punitiva non ha un effetto positivo. In Italia nel 2011 e 2012 la normativa era molto stringente sui movimenti Italia-estero ed estero-estero con sanzioni fino al 50% e con relativa confisca dei beni. A parte la confusione che generava la sanzione, la Corte di Giustizia Europea stabilì che la sanzione non era equilibrata. Fu abolita. Sul tema fiscale legato al mondo crypto sarebbe auspicabile una maggiore chiarezza su alcuni aspetti pratici, quali ad esempio la qualificazione *professionale* dei trader".

Che differente disciplina fiscale ha un trader "professionale"?

"Per l'investitore che utilizza il suo capitale, l'imposta sostitutiva sulle plusvalenze è del 26%. Non entra nel reddito totale ai fini fiscali. Rientra nella categoria dei redditi diversi. Se sono professionista - e questa definizione non è precisa manifestandosi come uno dei grandi dubbi esistenti in materia - nel testo unico è definita come abituale e prevalente. Se lo faccio in modo abituale e mi occupa la maggior parte del mio tempo, allora. Per essere considerato un professionista, un trader deve iscriversi alla Camera di Commercio e presentare una dichiarazione di redditi d'impresa, deve iscriversi all'Inps, e le tasse ad aliquota marginale che è il 43%, con un regime fiscale che viaggia tra il 60% e il 70%. L'aliquota previdenziale è il 30%. Sottolineo che la confusione tra trader professionista e non professionista, fino a oggi non ha creato problemi concreti".

Un consiglio utile per i nuovi investitori crypto?

"Tenere traccia delle operazioni utilizzando delle piattaforme che permettono di ricostruire lo storico dei movimenti e di valutare la propria posizione anche dal punto di vista fiscale".

Dunque, in Italia, in attesa di una regolamentazione chiara, sulla base dei documenti di prassi dell'Agenzia delle Entrate[272], le cryptovalute sono assimilate a valute estere. Questo comporta l'obbligo di essere dichiarate come investimenti all'estero suscettibili di produrre redditi imponibili in Italia.

Essere proprietario e possedere cryptovalute non genera alcuna tassazione. Però se le cryptovalute possedute hanno un controvalore medio superiore a 51.645,69 euro per almeno sette giorni lavorativi continui, in un periodo d'imposta, viene presunta la finalità speculativa[273] e dunque le plusvalenze generate dalle vendite di cryptomonete devono essere tassate[274].

Quando poi l'investitore vende le sue cryptovalute, paga una imposta se queste superano i 51 mila euro. Sono comunque esenti da Iva[275]. Comunque la questione è ancora complessa perché le regole non sono certe e sarebbe necessario avere delle norme adeguate alla nuova era digitale.

La verità è che è meglio rivolgersi, con in mano tutti gli *screenshot* o l'*excel* delle operazioni, a un esperto di crypto-tasse. Anche se in molti sanno che probabilmente nessuno, al momento, ha la possibilità di accertare tutti i movimenti che vengono effettuati sulla blockchain.

All'impossibilità di essere rintracciati si aggiunge spesso anche la logica ideologica di chi non crede più nella cattiva amministrazione centralizzata e considera il sistema fiscale un foraggiare lo *status quo*. Dall'altro lato molti investitori hanno paura di dichiarare per la poca chiarezza di regole che potrebbero farlo risvegliare aggrovigliato in una matassa inestricabile di intoppi burocratici che sono l'esatto contrario della necessità dell'investimento crypto. C'é anche paura che in futuro le regole cambino e l'investitore si trovi coi riflettori puntati addosso. La sensazione è che avendo regole certe e aliquote adeguate, che facciano magari distinzione tra piccoli investitori e grandi investitori, la collaborazione degli investitori e il pagamento dei relativi tributi potrebbero essere maggiori.

Senza nessun dubbio la lentezza e la diffidenza istituzionale nei confronti del progresso tecnologico è una zavorra da eliminare. Il progresso non si fermerà. E l'adeguamento della società a questa rincorsa verso il nuovo mondo è assolutamente necessario.

---

[272] L'interpello DRE Lombardia 956-39/2018

[273] Ai sensi dell'Art. 67, comma 1-ter, del TUIR (Testo Unico delle Imposte sui Redditi), risoluzione ministeriale dell'Agenzia delle Entrate N72 del 2 giugno 2016

[274] *Bitcoin Facile*, libro di Cristian Palusci.

[275] Sentenza del 22 ottobre 2015 della CGUE, Corte di Giustizia dell'Unione Europea, causa C-264/14 Skattevertket/Hedqvis.

Anche in Spagna ancora esiste un limbo fiscale. "Non esiste una legislazione esplicita, non esiste un articolo che parli delle tasse sulle cryptovalute" assicura Jesús Lorente, di Seico Asesores, esperto di bitcoin e tasse sulle cryptovalute, "In Spagna la prima apparizione è nel disegno di legge antifrode attualmente in Parlamento, dove si specifica che occorre dichiarare il possesso delle cryptovalute nel modello 720". E continua Jesús Lorente, "in assenza di normativa, ci muoviamo con consultazioni vincolanti nei quali l'Agenzia delle Entrate ha espressamente affermato che in assenza di normativa le operazioni con le cryptovalute sono considerate ai fini legali come una permuta e per questo le tasse vanno pagate al momento dello scambio stesso, non quando si tratta di euro. Succede la stessa cosa con una casa, per esempio. Se permuto una casa con un'altra, senza passaggio di denaro, devo dichiararlo comunque. Qualsiasi cambiamento che comporti un beneficio deve essere tassato sul reddito. Questo ha creato molto scalpore. Nei fondi di investimento non viene tassato fino a quando non viene convertito in fiat, ma per le crypto non è stato specificato e per questo si applica la regola generale della permuta".

José Antonio Bravo spiega con chiarezza che "A gennaio e marzo bisogna fare una dichiarazione informativa in cui dichiaro se ho denaro fuori dalla Spagna, ma solo se ho cryptomonete negli *exchange*. Se non lo si dichiara la sanzione è di 5 mila euro, con una penalità minima di 10 mila euro. Un sistema che sarà eliminato dal tribunale di Giustizia dell'Unione Europea. Un regime di sanzioni abusivo" spiega José Antonio Bravo, e sottolinea, "Se ho nel Ledger, il wallet freddo, più di 50 mila euro non devo dichiararlo. Se ho crypto in hold e il valore supera la quota prevista da ogni Comunidad Autónoma, devo dichiararlo, altrimenti no".

Qualunque permuta anche con *stablecoin* bisogna calcolarla. "Se per esempio cambio 5 eth che valgono 4 mila euro, per un valore complessivo di 20 mila dollari e li cambio con btc, se dopo il cambio ricevo 19 mila dollari devo comunque pagare le imposte sul valore iniziale di 20 mila".

In caso di *airdrop*, se ricevo dei token, in questo caso "nel momento in cui lo ricevo devo calcolare il reddito patrimoniale e visto che chi distribuisce sta fuori dalla Spagna, devo riferirmi al valore che aveva al momento della ricezione. A giugno pagherò su quel valore iniziale. Questo beneficio, in questo caso la ricezione dell'*airdrop* di cryptovalute, si somma al reddito di lavoro e attività economica e pagherò le imposte su questo reddito complessivo".

Nel caso dello *staking* e del *farming* le cose si complicano, soprattutto nel caso dello *yield farming*, tra fluttuazioni *impermanent loss*, rendimenti, è un calcolo difficile. "È meglio utilizzare uno strumento come Cointracking per fare tutti i calcoli" dice José Antonio Bravo[276], "Perché il valore si calcola quotidianamente e si tiene presente il valore fluttuante, i rendimenti. Lo strumento offre dati che possono essere trasmessi nella dichiarazione di qualunque Paese e ti permette di avere un documento finale".

La maggior parte degli commercialisti ancora non offrono servizi "chiavi in mano".

Si limitano a indicare come fare. "Anche perché mancano fiscalisti specializzati e non potremmo stare dietro a tutte le richieste, ma ci stiamo attrezzando[277]".

Tutto quello che avviene nel Metaverso riguarda beni immateriali e il valore di costo è il punto di riferimento per la questione fiscale. È un bene intangibile con un valore identificabile.

"Per ora l'autorità non è troppo fiscale, lo è solo su chi riceve denaro sul conto in banca e non dichiara", assicura Bravo.

"Con il decentramento cambia il paradigma dell'economia e se fino ad ora la banca è stata nostro padre, ora la banca siamo noi e questo comporta la responsabilità di dover registrare tutti i nostri movimenti, uno per uno", spiega Lorente, che continua "esiste un software che accumula tutti i dati da Coinbase, da Binance per produrre il calcolo finale. Si presume che se abbiamo più di 50 mila euro in un *exchange* fuori dalla Spagna, dobbiamo dichiararlo. È un modello controverso, criticato dall'Europa e definito illegale, ma è così. L'Agenzia Tributaria spagnola ritiene che una cryptovaluta si trovi all'estero quando le chiavi private si trovano su una piattaforma con sede all'estero. Se ho un *cold wallet* non viene dichiarato nel modello 720. Nel modulo 100 della dichiarazione dei redditi viene indicato quello che abbiamo in tutti i mercati, Dex compresi".

"A oggi, è molto difficile per l'autorità fiscale avere informazioni sulle nostre cryptovalute", assicura Lorente, "Le uniche informazioni che potrebbe trovare sono le monete che sono entrate e uscite dai nostri conti bancari, se l'entità bancaria ha favorito questa informazione. Se poi un giorno con i soldi guadagnati con le cryptovalute vogliamo comprare una casa, ad esempio, dobbiamo dimostrare da dove provengono i soldi e come li abbiamo guadagnati. Per sospetto di riciclaggio di denaro, il nostro conto in banca può essere bloccato. Ci sono anche sanzioni enormi per chi non lo dichiara, sono 5 mila euro per ogni dato non dichiarato, più una sanzione

---

[276] Questo studio offre il servizio su Fiscalcrypto.io [È una informazione per facilitare la soluzione del problema, non è uno sponsor e non ho ricevuto alcun compenso per indicare questo dato, né altri dati di questo libro).

[277] In associazione con criptoservicios.es.

che può arrivare al 150% del non dichiarato. Siamo molto contrari a questo modello perché è totalmente abusivo".

"È una opportunità, un nuovo modo di fare economia - conclude Lorente -, dovremmo cambiare filosofia. Le banche e lo Stato stanno perdendo forza, per questo non sono a proprio agio con il cambiamento, ma come cittadini vinciamo tutti".

Certamente la situazione attuale non è compatibile con un il sistema fiscale arcaico, come quello attuale. Immagina un bambino che inizia a giocare al videogioco Axie Infinity. Il ragazzino minorenne è un vero furetto nel gioco, alza lo spadone galattico ed è pronto a sferrare il colpo di grazia per distruggere il mostriciattolo avversario. Nell'istante del sanguinoso epilogo, mentre celebra la vittoria si apre una intrigante questione fiscale. Perché, come abbiamo visto su Axie Infinity si vince denaro reale, in cryptomonete. Quindi tra i due mostriciattoli in gioco avviene una permuta. Sulla permuta vanno pagate le tasse.

Sono assolutamente convinto che il mondo crypto dovrebbe utilizzare la sua intelligenza collettiva per trovare un modo smart per risolvere il problema fiscale a livello mondiale.

Le Cryptovalute in generale sono esenti da iva perché "relative a divise, banconote e monete con valore liberatorio".

Le domande e i dubbi che rimangono nell'aria e che dovranno essere risolti dal legislatore sono moltissimi.

In una *stories* di Crypto Casey i seguaci della cryptoguru hanno inondato Instagram di domande. Solo per comprendere la quantità di dubbi che sono sorti segnalo qui, a chiosa, solo alcune domande. Quale sarà il lasso di tempo da calcolare per i benefici? In caso di truffa, di *scam,* verrà computato come perdita nel computo complessivo? Come possiamo avere una prova per dare la percentuale ai nostri collaboratori? I regali crypto entrano nella disciplina delle donazioni? Se qualcuno mi invia senza avviso delle crypto sul mio wallet, come si computano nel calcolo fiscale? I benefici del *mining* hanno un disciplina separata? I software di calcolo sono sicuri o per il semplice fatto di dovere dimostrare tutto quello che ho operato rischio di perdere tutto? Se compro per la mia famiglia e trasferisco le cryptomonete a un wallet non mio, devo ugualmente dichiarare? Se perdo l'accesso a un *exchange* come dichiaro tutte le operazioni che concluso lì? Se perdi il wallet come si calcolano le perdite? L'*autocompounding* come si calcola? Lo *yield farming* come si calcola? Lo *staking* come si calcola? Se si paga per i guadagni, dovrebbe essere fatto il calcolo anche per le perdite, vero? Sono i *gas fee* deducibili? Che si fa se il nostro commercialista non è competente sul mondo crypto? I prestiti di BlockFi possono permettere di avere benefici senza essere tassati? Gli Etf come si tassano? Il cellulare, la connessione, e tutto il necessario per operare nel mondo crypto sono deducibili?

In alcuni Paesi il tema è estremamente più semplice. Paesi dove, avendo la residenza fiscale, nessuno è soggetto a "tassazione in relazione alle operazioni di scambio di cryptovaluta in valuta normale e non vi è alcuna imposta sul reddito o imposta sulle plusvalenze sui profitti derivanti dal *trading* di cryptovaluta"[278]. Non si applica neanche l'iva. In pratica nessuna tassazione indiretta o diretta sulle persone fisiche. Come per esempio il Portogallo.

Sarebbe auspicabile creare un regime fiscale separato e adattato al mondo crypto. Il Portogallo rappresenta uno scenario idilliaco. Se si volesse creare un sistema fiscale adattato alle logiche crypto sarebbe possibile trovare schemi adeguati, creando una *task force* di cervelloni ingegneri e fiscalisti. Immaginiamo un sistema che invogli alla partecipazione invece di imporla con metodi coercitivi. Forse nel mondo normale non funzionerebbe, ma nel mondo crypto sarebbe possibile. Un sistema di contribuzione volontaria. Nel futuro, come ha indicato José Antonio Bravo, è molto probabile che l'idea geografica scompaia ed esisteranno network costituiti in base all'adesione volontaria. Se considero che ci sia un vantaggio partecipo, altrimenti resto fuori, con le responsabilità e i vantaggi connessi.

Mentre il mondo normale continua con il suo regime fiscale tradizionale, negli investimenti crypto potrebbe essere una idea, in questo caso come puro esempio di logica, permettere la contribuzione volontaria in cambio di token. Oltre alla contribuzione proporzionale od obbligatoria, più pago e contribuisco volontariamente, più vengo ricambiato con token che posso utilizzare per la sanità, per l'amministrazione, etc., con dei *benefits* stabiliti nello *smart contract* che danno ai possessori diritti che si attivano automaticamente. Un token che si acquisisce pagando i tributi, calcolato con un valore di cambio molto favorevole. Se si volesse comprare il token al di fuori della contribuzione volontaria, nel cryptomercato, questo risulterebbe molto più caro. Se l'Italiacoin, o Spaincoin, per esempio, fosse attraente e funzionasse, sarebbe un *win-win*, con un vantaggio in termini di tempo, di semplicità e di soddisfazione collettiva.

---

[278] *In quali paesi gli investimenti in cryptovalute non sono tassati?*, Fiscomania.com, 21 giugno 2021.

TRADE III
Finale felice?

Il 10 aprile si è verificata una dinamica interessante. Alle 7 di mattina mentre guardavo il grafico il prezzo di bitcoin ha toccato i 61 mila dollari. Di nuovo sulla vetta, dopo quattro settimane di attesa. Di nuovo vicini al massimo storico. L'ho visto in diretta e stavo lì con il dito pronto su "vendere", per chiudere la mia posizione aperta da settimane.
Non ho venduto. Il motivo è sempre la speranza che arrivi a un prezzo maggiore e raggiungere cosí maggiori profitti. Errore. Avidità.
Quando è in vetta la scelta più intelligente è vendere. Perché dopo ogni vetta segue una caduta, che è un ottimo momento per acquistare nuovamente.
Sto allenando con il passare dei giorni, delle settimane, la mia personale naturalezza nel trarre benefici ogni volta che si presentano. L'avidità è la cosa più normale per l'essere umano contemporaneo.
Paradossalmente, più ti lasci guidare dalla pancia, più rischi, meno ottieni. Più ti abitui a vincere continuamente, più l'avidità passa in secondo piano. La paura di realizzare un profitto è qualcosa di molto comune, che ho potuto osservare anche nella mia esperienza. Investi per guadagnare, e quando i frutti sono lì pronti per essere raccolti, aspetti e aspetti perché domani probabilmente la cornucopia sarà ancora più opulenta. Ma la mattina tutti i frutti sono caduti, marciti e hai perso tutto. Con il tempo, ascoltando i consigli dei guru, ogni volta che la situazione si mostra favorevole è meglio raccogliere dei benefici, sia se stiamo investendo in spot, sia nel caso di hold.
Con bitcoin ed ether il ragionamento è un po' più complesso, perché bitcoin può diventare un hold a lungo termine e venderli significherebbe perdere le quote e personalmente credo che sia importante possedere delle "azioni" di

questo nuovo mondo. La speculazione comunque è sempre un tema congenito all'investimento e recuperare l'investimento è il primo obiettivo. Ossia non perdere nel mercato.

La prospettiva di mantenere dei bitcoin congelati nel wallet per anni e aspettare che arrivi al millantato milione di dollari è una strategia vincente, assumendosi il rischio che in qualche momento tutto potrebbe sempre crollare. È improbabile, ma sempre possibile, come in qualunque altro aspetto della nostra vita. Un altro buon motivo per vendere una parte è per far crescere i propri fondi. Come? Vendendo poco prima dell'arrivo del lungo inverno. Per ricomprare al prezzo più basso possibile. Aumenta lo stress, aumenta la necessaria attenzione a tutto quello che succede, ma è una formula decisamente dogmatica di ogni trader.

La strategia di uscita è qualcosa che ho sviluppato in molti mesi, come l'intero *network* di persone che hanno contribuito direttamente o indirettamente allo sviluppo di questo libro, e sono giunto a una conclusione di cui parlerò a breve. Prima devo occuparmi della mia posizione aperta da settimane, per chiuderla. Una maratona iniziata la notte del 23 febbraio e che mi auguro si concluda nel migliore dei modi.

Il 12 aprile, c'era ancora chi mandava bitcoin a 22 mila dollari e chi attendeva la salita a 70 mila. Sto meditando di prendere il prossimo treno verso l'alto e ho deciso di giocare molto, molto duro. "Molto duro" per me significa una cifra a cinque zeri, con il famoso *apalancamiento*.

Alle 9 di mattina di martedì 13 aprile, senza avere dormito, ho visto in diretta l'inizio della nuova cavalcata, il mondo crypto era pronto a celebrare una gran notizia. Siamo tutti pronti alla partenza del razzo, il prezzo schizzerà perché nell'aria si respira una delle notizie più importanti.

La più grande piattaforma per il commercio di cryptomonete Coinbase, nata nel 2012 sull'onda di bitcoin, uno dei migliori *exchange* di cryptomonete del mondo, con un volume di transazioni nel 2020 di 445 miliardi di dollari, sta per fare il grande passo. Nel primo trimestre del 2021 ha registrato 56 milioni di utenti, 7 mila tra clienti istituzionali, banche, fondi di investimento ed *hedge fund*, un fatturato nel *first quarter* del 2021 di 1,8 miliardi con un utile netto di quasi 800 milioni di dollari.

Domani 14 aprile 2021 Coinbase debutterà nel Nasdaq.

In Times Square, nel cuore di New York, campeggia sugli enormi screen pubblicitari un iconico "In Satoshi we trust".

L'accettazione e il riconoscimento degli agenti economici mondiali è la benedizione definitiva di questa rivoluzionaria tecnologia finanziaria.

Il popolo della CryptoGiungla respira una profonda boccata d'ossigeno.

Bitcoin penetra nella rete finanziaria mondiale dalla porta grande. In meno di dieci anni di vita Coinbase, fondata da Brian Armstrong e Fred Ehrsam, è arrivata quasi a 100 miliardi di dollari, superando la Borsa di New York e il Nasdaq messi insieme, è un segno inequivocabile della forza attrattiva delle cryptomonete.

L'avvento in Borsa segue altre notizie che hanno ravvivato un solido interesse nei confronti di bitcoin. Goldman Sachs, una delle banche di investimenti più grande del mondo, ha dichiarato di essere pronta a offrire ai clienti privati dei veicoli d'investimento per bitcoin e altri attivi digitali. Morgan Stanley ha un piano per offrire a clienti ricchi l'accesso a tre fondi di investimento che permetteranno la proprietà di bitcoin. Paypal e Visa hanno iniziato a utilizzare le cryptomonete come forma di pagamento.

Finalmente la storia ricorderà che il bitcoin è arrivato a 63 mila dollari. E noi stiamo *surfando* sulla cresta dell'onda.

Il dilemma viene sempre dall'avidità. Domani salirà il prezzo, dovrei caricare ancora, comprare ancora, per tagliare il traguardo dei 63 mila con i maggiori benefici possibili.

La situazione che si è venuta a creare adesso dopo le burrasche delle settimane precedenti, che mi hanno visto come un guscio di noce tra le onde, è la migliore che si possa immaginare. Ho potuto mettere lo *stop loss* a un livello che mi garantisce di avere benefici in caso di discesa repentina del prezzo e voltando lo sguardo in avanti si apre un cammino sconosciuto ed emozionante verso l'alto. L'entusiasmo si impossessa delle mie ore.

Come spesso avviene, quando nel grafico del prezzo di una cryptomoneta si rompe una resistenza anteriore bisogna aspettare, perché in quel momento la dinamica più comune è l'entrata in gioco degli "orsi". Gli orsi vendono e vendono. Sono i detrattori incalliti che portano giù il prezzo. Ma questo è un *bull run*, una corsa da tori. I tori sono quelli verdi che hanno l'ottimismo nelle vene e comprano, continuano a spingere e comprano per arrivare a vedere questo progetto collettivo realizzarsi. In molti in realtà vedono solo la Ferrari che avranno sotto casa come obiettivo, volendo essere franchi.

La tensione sale con le ore. Si avvicina il grande momento.

Sono pronto alla cavalcata ma ho deciso di non esagerare, non sembra poi cosí chiaro che il bitcoin schizzerà verso l'alto, sembra più in bilico con poco volume. L'euforia per la grande notizia è stato un flop, bitcoin non riesce a sfondare il suo tetto precedente. Sta lì fermo, scende un poco, sale un poco. Está "rangueando", ossia sta in attesa andando su e giù su uno stesso livello di prezzo. Lo fa per generare dubbio. Il dubbio è il motore della nostra esistenza. Come il grafico di bitcoin (e di qualunque altro valore suppongo) rappresenta visivamente la nostra esistenza. Sempre pronta a sognare, sempre pronta a finire nel fango. Costantemente un equilibrio instabile e imprevedibile. Quando diventi anziano ti abitui alla volatilità, prendi tutto per quello che è, ossia un momento perverso di speculazione.

Passano 24 ore, siamo vicini al massimo e le ultime notizie sono confortanti perché anche se gli indicatori del grafico cominciano a dare segni di insofferenza, ossia dovrebbe scendere il prezzo, il bitcoin sta reggendo la pressione *vendedora* e mantiene la posizione. Significa che andrà verso l'alto. Per prepararmi all'evento e per alimentare l'avidità ho iniettato nuova linfa nel mio budget, con il pericoloso *apalancamiento*.

Sono entrato in pompa magna, con il massimo budget utilizzato fino ad ora. Senza stress. Senza preoccupazione. Con calma e con tutto sotto controllo, senza la possibilità di perdere perché ho un ottimo *stop loss* al prezzo di entrata, ma solo con il gusto di osservare come si concretizza una vittoria campale.

Sto attento ogni minuto, con gli occhi incollati al grafico e sono riuscito a vedere finalmente in diretta la salita alla vetta dei 64,3 mila dollari. La cavalcata delle Valchirie di sottofondo. Arrivati a 64 mila ho venduto la metà del budget, sperando che l'altra metà corresse verso l'alto un po' di più. In fondo tutti vogliono i 70 mila.

Dopo una grande salita del prezzo, c'è sempre una nuova discesa. Molti si spaventano e credono sempre che la discesa sia verso lo zero, in picchiata. Ma non è così.

Mentre si svolge questo *bull run* covo la strategia per un colpo grosso. Lo *stop loss*, sui 59,8 mila dollari, il mio prezzo di entrata, è lontano. Ho un certo margine per entrare con una forte leva. Appena il grafico di 4 ore si allineerà e manderà segnali di una nuova salita investirò la mia giocata più importante. Intanto, per evitare di perdere la mia posizione abbasso un poco lo *stop loss* per evitare di essere buttato fuori.

Il 15 aprile l'euforia si toccava con mano. Il mondo si riempiva di progetti e desideri. Un popolo intero celebrava un presente migliore. I guru in festa, ma non si trattava di gente importante. Non è un ambiente *posh*. Tutto il contrario, non ci sono grandi studi dietro questo enorme gioco virtuale. Il trader, come dice Nassim Nicholas Taleb in *Antifragile*, è un essere senza una precisa definizione. Non ha studiato nulla di specifico. Non è particolarmente interessante. È un mix tra un "animale da videogioco" e un "cane da caccia".

Oggi è il giorno della gloria. Chi in pochi mesi o in pochi anni ha cambiato la sua maniera di pensare e di percepire il mondo è elettrizzato per un nuovo traguardo.

La libertà finanziaria passa attraverso momenti come questi, senza dovere essere soggiogato da un lavoro che ti occupa la maggior parte del tuo tempo e delle tue energie. Molto spesso nella nostra società questo si associa a un fenomeno strabiliante, occidentale, dei "lavori di merda" descritti dall'antropologo David Graeber, come abbiamo visto in precedenza.

Ti alzi di mattina, in automatico gestisci il tuo cambiamento di livrea, poi passi la giornata con persone che odi, ma con le quali hai imparato a convivere e soprattutto a lottare. Una lotta continua di tutti contro tutti. Nei corridoi verdastri, negli uffici grigi. Torni a casa e vedi la tv. In cambio compri quello che vuoi. Ma se sei un lavoratore, non hai il tempo per godere del tuo benessere materiale. Allora il corpo se ne accorge e cominci a stare male. Per stare bene prendi un milione di pillole colorate e vai come un razzo. O bevi. O fumi. O tutto insieme. Poi esci col petto bene in vista e ti siedi con le gambe a cavalcioni per bere un drink con il tramonto nel locale dove costa di più. Così almeno sarà servito a qualcosa lavorare così tanto. Poi torni a casa e vedi la tv. O ascolti musica nel migliore dei casi. In ogni caso non hai tempo e non hai forza. Perché tutte le energie sono spese per convivere con persone che odi, con le quali però hai imparato a resistere. E ogni giorno tocchi con mano il sogno di qualcosa che hai già raggiunto, il sogno è quello che hai già, ma non hai tempo per godertelo. E soprattutto, se sei sincero con te stesso, non ti soddisfa per niente.

Il 18 aprile proprio una ora prima di prendere un volo per Madrid, la candela rossa ha iniziato a fiammeggiare non avevo mai assistito a una discesa così repentina. Nemmeno il precedente record negativo successo appena tre mesi prima, il 23 febbraio. In meno di 5 minuti il prezzo è sceso da 62 mila dollari a 54,9 mila dollari. Una discesa vertiginosa.

A quota 62 mila ho avuto l'impulso di vendere per incassare benefici e avevo uno stop a 59,8 mila dollari, il mio prezzo d'entrata. L'errore è stato togliere questo paracadute. L'ho tolto per evitare che una "stupida" miccia della candela rossa mi togliesse dal gioco in pochi minuti. Ma adesso mi trovo di nuovo per la terza volta nella pericolosissima situazione del 23 febbraio. Ancora una volta una noce nell'Oceano. Avendo tolto lo *stop loss* in un momento di leggerezza imperdonabile, ancora una volta mi trovo con le spalle scoperte in balia delle onde. Ancora una volta se bitcoin scende troppo perdo tutto quello che ho guadagnato fino ad ora, più tutto il mio budget. Questa volta il pericolo è maggiore perché sono entrato *apalancado* come mai fino ad ora. Molta carne al fuoco e l'ennesima mossa imprevedibile del bitcoin.

Ho sbagliato. Dannazione, se scende a 48 mila dollari sono tagliato fuori. Una sconfitta imperdonabile e indelebile. Una macchia nera nel mio giovane percorso. Anche se so, in piena coscienza, che non sono un trader, non ho nessuna voglia di uscire dai giochi in rosso.

I trader che seguo investono in ogni operazione 5%, 10%, 15%, in rari casi fino al 30% del loro budget e fanno un calcolo delle probabilità e del rischio. Mentre io sto giocando con troppa forza su bitcoin. Se va male, va molto molto male.

Fortunatamente sono riuscito a chiudere tutte le altre operazioni aperte con profitto e sono rimasto solo con l'attivo principale, bitcoin.

Si apriranno dei giorni di grandi analisi e prospettive altalenanti. Ancora una volta mi trovo in questa pericolosa posizione.

Non avrei dovuto togliere lo *stop loss* mi ripeto. Mi condanno perché non imparo. Avrei dovuto imparare dalle due grandi cadute avvenute a febbraio e marzo.

Non avrei dovuto togliere lo *stop loss* ripeto una e un'altra volta dentro di me.

Lo *stop loss* non si toglie anche per un'altra ragione, oltre al pericolo di perdere tutto. La ragione è chiara. Adesso avrei avuto l'opportunità di comprare sui 55 mila dollari e mi avrebbe dato un grande vantaggio per la prossima operazione.

Ho bruciato questa opportunità per non proteggermi, come era auspicabile. Mentre scrivo, in questo breve lasso di tempo, il bitcoin è sceso ancora toccando 50,8 mila dollari. Sono a un passo dalla sconfitta. È una caduta clamorosa. Peggio di quella già vissuta a febbraio. In pochi minuti ha perso più di 12 mila dollari. Rimarrà sulla bacheca dele giornate nere del bitcoin. E ancora una volta sono involontariamente protagonista.

In questo preciso istante sto perdendo come mai fino a oggi nella mia esperienza da cryptotrader. Cominciano ad affiorare di nuovo i mostri e gli spiriti danzanti. I sensi di colpa e il sudore freddo. Tutti i sintomi del *fud* sono in me.

Spero di ricordarli, perché imparare una strategia significa non ritrovarsi mai più in questa situazione.

Il prezzo è arrivato a un passo dal liquidare tutto il mio budget. Un piccolo passo per perdere tutto. A un passo dal vanificare tutte le operazioni positive di questi mesi. Non voglio raccontare questo finale.

La liquidazione del tuo account è la cosa peggiore che possa succederti. E sono a un passo dall'essere travolto.

Dopo il terzo tonfo che vivo in diretta sono un po' più freddo e sicuro di cosa succederà. Se in questi giorni tocca 48 mila sarò fuori.

Racconterò su queste pagine la storia più classica, triste e frequente nella CryptoGiungla, la sconfitta clamorosa del neofita. Per questo il gioviale Elon Musk dall'alto della sua torre di miliardi disse "Non vendete la vostra casa per investire in bitcoin".

Leggo le notizie. Otto miliardi di dollari liquidati in una ora negli otto *exchange* più grandi. Su Twitter aumentano i post in turco, quindici su venti vengono da lì. Bitcoin in questi giorni è stato proibito in Turchia, però il collasso si produce dopo l'arrivo della notizia che il Tesoro degli Stati Uniti sta accusando varie istituzioni finanziarie di aver favorito riciclaggio di denaro tramite le cryptomonete. Per altri la colpa è del blackout elettrico in Cina. Sinceramente le notizie adesso non fanno la differenza.

21 aprile. Il grafico giornaliero segna una tendenza al rialzo. Mentre il grafico di 4 ore indica una tendenza al ribasso.

Il signor Jaime continua con il suo "lo ve' allí" e continua a ripetere martellando le sue congetture a una media di 5 mila anime pronte ad affrontare la notte in una grande pesca. Ha molto della pesca il trading. La pazienza e la tecnica. Devi sapere aspettare il momento, la corrente, devi sapere osservare. E ogni giorno porti a casa un buon bottino. Anche se in verità la maggior parte dei protagonisti perde i suoi soldi.

Mi trovo ancora una volta sospeso e arriva una nuova notizia negativa. Nel grafico settimanale "rango o caída" confermato. Bitcoin comincia a dare i segni della grande caduta preventivata. Spero non mi travolga proprio ora. "Da qui a quattro mesi può scendere" dice Jaime. Questo significa che giugno, luglio, agosto, forse pure settembre del 2021 saranno dei mesi di discesa del prezzo di bitcoin a livelli più bassi del consueto, talmente bassi da attirare tutti gli investitori, holder e trader, pronti a comprare dai pessimisti cosmici e a rimpinguare le proprie casse. Chi vuole comprare ha una estate perfetta davanti.

22 aprile. *TradingLatino* avverte sulla caduta libera. Insinua la possibilità di un lungo periodo di caduta del prezzo. Contemporaneamente Jose Mazzucco disegna un futuro prossimo in salita.

Se seguo le indicazioni di *TradingLatino* perdo gran parte del mio capitale, però salvo il resto. Se seguo Jose Mazzucco chiuderò in positivo o perderò tutto. Se seguo l'istinto antifragile devo giocarmela a tutto o niente.

23 aprile. Il giorno più buio. Devo partire, ho un aereo tra poche ore. Se succede qualcosa durante il volo perdo tutto. Sono incollato da giorni al grafico. Congetturo su cosa fare. Sono troppo *apalancado* per questa situazione di volatilità estrema. Se bitcoin vira verso i 49 mila euro sono liquidato. Non penso ad altro e l'umore ne risente.

Non posso volare in questa situazione, non posso viaggiare pensando a questo. La paura sta prendendo il sopravvento insieme alla stanchezza, al poco sonno. Sono in preda alle onde dell'Oceano come una noce, ancora una volta.

Prima di salire sull'aereo se non succede qualcosa di buono, amputerò una parte dei benefici e cederò alla pressione. Una scelta per nulla facile. Perderò la metà dei miei profitti raccolti in questi mesi.

La decisione più dura della mia avventura è stata presa. Con una perdita oscena ho venduto e chiuso la posizione. Nel computo generale mi mantengo in positivo, ma ne ho perso una gran parte. Ho commesso un errore a togliere lo *stop loss* e sto pagando le conseguenze.

Sono triste o amareggiato? No. Inviperito per l'errore grossolano? Sì, ma me ne farò una ragione.

Sono subito concentrato su cosa fare per recuperare di nuovo la quota che per ora ho lasciato nel mercato. Aspetterò un poco per non entrare per spirito di rivalsa, aspetterò il momento migliore ed entrerò di nuovo nell'oscuro mare in tempesta.

29 aprile. È da giorni che il prezzo si mantiene nel *rango*. Secondo l'esperienza di Jaime questo significa che malgrado il movimento fosse diretto a una caduta sta resistendo. La forza dei compratori non permette che il prezzo scenda. Quindi la probabilità più alta è di salita del prezzo. Così dice lui. Io, che voglio recuperare ciò che ho perso, entro in questa situazione di incertezza, per essere pronto alla salita verso i 59 mila dollari. Alle 19:10 del 29, il messaggio Telegram di Jontrader mi mette in allerta, mentre scrivo. "Rivedremo bitcoin a 49 mila euro". Il prezzo è sceso a 52,7 mila dollari. La previsione di Jontrader preannuncia una nuova rovina per me. Non avrei dovuto aprire una nuova operazione in una situazione di così alta incertezza. Almeno non su Quantfury con *apalancamiento*. Su Binance, acquistando monete reali, sì. Ma al casinò no. Chi avrà ragione *TradingLatino* o Jontrader? Alle 19:17 la forza acquisto ha disegnato una sequenza di candele verdi, la lotta tra pessimisti e ottimisti è nel suo momento cruciale. Alle 19:20, *TradingLatino* lancia un segnale su Telegram dicendo che teniamo aperta la posizione. Il prezzo continua a salire.

Il giorno dopo, il 30 aprile, il grafico prende un colpo al rialzo. Il Latino aveva ragione.

Cominciavo a riguadagnare tutto quello che avevo perso.

Come finirà?

In questi giorni la notizia è tutta incentrata sulla parola "controllo".

Il governo spagnolo, in attesa delle indicazioni europee, si è lanciato per obbligare le piattaforme di trading e i wallet spagnoli a registrare l'identità dei propri utenti e l'obbligo di segnalare movimenti sospetti di riciclaggio di denaro. L'argomento del riciclaggio è la chiave del "controllo". E anche l'argomento del terrorismo.

Giorno 6 maggio finalmente la luce. Sul mio account di nuovo il verde che segnala i benefici. Ma troppo poco e sono comunque tentato di vendere per raccogliere qualche piccola soddisfazione, ma l'avidità antica e prepotente compagna non me lo ha permesso.

Alle 20:38 del 6 il prezzo è crollato di nuovo. Tutti gli esperti che ho sentito durante il giorno aspettavano una salita.

Questa parte è stata difficile da comprendere.

Le previsioni per i prossimi giorni è di salita del prezzo. Lo si evidenzia dal grafico giornaliero. Nelle prossime ore, incertezza. Nei prossimi mesi un calo significativo. In altre parole, una metafora della vita. Se voglio vendere bitcoin, devo farlo ora o aspettare l'ultimo forte rialzo, se ce ne sarà uno, previsto nelle prossime settimane. Poi ci sarà una forte caduta.

Tutto questo senza tener conto che, forse, domani assisteremo a un tonfo di 10 mila dollari e conseguente liquidazione del mio conto, perché ancora in *apalancamiento* e senza *stop loss*.

Dopo tanto tempo la mia gestione del rischio è ancora kamikaze. L'avidità vince. E l'avidità può portarti nei punti più reconditi dell'inferno. Nella religione e nel trading. C'è anche la possibilità che io concluda tutto questo con un trionfo rotondo che sarà la base della mia forza finanziaria nei movimenti dei prossimi mesi. Essere un kamikaze, ossia rischiare, ha anche il suo lato positivo.

Bitcoin è di nuovo in calo. Ho comprato di nuovo. Il mio budget è in pericolo e allo stesso tempo in potenza promette un grande profitto. Il 7 maggio alle 18:48 è iniziata una impennata cruciale. In pochi minuti il prezzo è arrivato a 58,7 mila dollari. Subito arrivano due messaggi, uno dal gruppo privato di Jaime Merino in arte *TradingLatino*, l'altro di José Mazzucco del canale Bitcoin senza frontiere.

Jaime: "Vendi bitcoin".

Jose: "Compra bitcoin".

Un esempio chiarissimo di come tutto sia interpretabile. Ogni strategia ha una ragione e un modo per svilupparsi. Il grafico del prezzo ha molteplici interpretazioni. E soprattutto, nessuno sa cosa accadrà.

Da giorni ho posizionato gli ordini di vendita con uno schema che penso abbia un senso[279]. Finalmente sono uscito dall'ennesimo punto di rischio massimo. Ho già recuperato la perdita di qualche giorno fa.

---

[279] Ecco lo schema: la parte comprata a 55 mila dollari, con ordine di vendita a 58,5 mila dollari. Un 40% del totale restante da vendere poco prima dei 60 mila, dove troverà sicuramente resistenza e un 60% sui 60,890 mila dollari visto che secondo le previsioni la prossima resistenza è a 61 mila dollari.

Manca un ultimo passo.

Lunedì 10 maggio, l'incertezza ci spinge verso l'altcoin. Compro qtum. Ed entro in una nuova operazione in bitcoin sopra i 57 mila dollari.

Giorno 13, ora 2 del mattino. Apocalypse Now. Bitcoin precipita a 45.000. Un bagno di sangue. La comunità crypto di Twitter incolpa Elon Musk, il quale ha annunciato che Tesla non accetterà più pagamenti in bitcoin finché il problema energetico non sarà risolto e cercherà una nuova cryptovaluta che consumi meno energia. Musk sembra agire sotto la pressione di poteri superiori in questa *boutade* su una questione controversa, ma non così sicura, come abbiamo visto.

Questo tonfo mi porta a prendere una bella batosta dalla cryptomoneta qtum, operazione segnalata da Mazzucco due giorni fa. Una bella perdita. Un secondo di odio dedicato a Mazzucco. Anche se sappiamo che la responsabilità è di chi investe.

Giorno 14. Mi sento come se fossimo alla fine di un ciclo. E l'anno dell'euforia sta finendo. Bitcoin si è abituato a navigare intorno ai 50 mila dollari, senza toccare i 70 mila, 80 mila, 100 mila previsti che tutti sognavano. Jaime ha lanciato la sua perentoria indicazione di vendere il 75% dei bitcoin per circa 56 mila.

Cosa farò?

Il gioco comincia a farsi pesante. Jaime annuncia che presto inizieremo a investire al ribasso, invece che al rialzo. Inizieremo a deporre le corna di toro per travestirci da orsi. Come vampiri trarremo benefici dal sangue della discesa del bitcoin.

In questi giorni bitcoin si è stancato di sé stesso. Quantfury non sembra una buona opzione per questi giorni di incertezza. Da oggi, fino alla fine del "lungo inverno" di bitcoin, comprerò e venderò in spot senza *apalancamiento*. Utilizzerò Quantfury solo ogni tanto o sperimenterò Bingbon per la prima volta, per un gioco al ribasso con *apalancamiento*.

Chiudo il cerchio di questa intensa esperienza con una buona dose di soddisfazione. Con una vincita totale di questi mesi molto cospicua per le mie aspettative. Sto chiudendo il primo ciclo di una esperienza molto utile, indimenticabile dove ho visto l'oscurità che esiste sull'orlo dell'abisso. E ho visto lontana la luce della speranza.

Studiando molto, avendo amici ingegneri, sapendo calcolare le probabilità con un *excel*, avendo un'adeguata formazione psicologica, puoi ottenere molti benefici dal cryptotrading con *apalancamiento*.

Se ti piace l'incertezza della CryptoGiungla e non hai paura di restare senza punti di riferimento classici, se sei anti-fragile, puoi trovare un'oasi di libertà e indipendenza nel mondo delle cryptovalute, sia dal trading che dai prodotti di finanza decentralizzata. Un mondo che favorisce la diffusione della finanza. Un mondo in cui ogni persona avrà un portafoglio con molte valute o token diversi, molto valore da scambiare. Non solo pochi come lo sono stati fino ad ora.

Ho anche capito che CryptoGiungla non perdona ed è molto facile scivolare verso la rovina. Per evitare ciò, devi studiare e andare avanti con i piedi di piombo. Devi avere un paracadute gigante dietro di te. Non vale la pena scommettere niente che tu non voglia perdere.

Già la prima edizione del libro, in un delirio di profili di colore e una certa stregoneria informatica, è stato sfornato e stampato. E oggi, 19 maggio, l'improbabile, ma possibile, è appena successo. Bitcoin con in spalla il parapendio è partito da 61 mila di qualche settimana fa per attorcigliarsi e arrivare fino a 50 mila dollari. Ho già smesso di seguirlo, ho perso un po' la concentrazione, per il *rush* finale della chiusura di questo libro.

Proprio ieri, Mr. Mazzucco, di *Bitcoin sin Fronteras*, ha tenuto una audioconferenza su Telegram con altri trader del mercato "normale" e ho sentito un tono di voce strano. Stava cantando un *requiem* con le sue parole. Il mio quinto senso e mezzo annunciava un bagno di sangue. Oggi 19 maggio 2021 sarà ricordato nella storia del bitcoin. La tristezza ci ha abbracciato come fosse miele. Sento le lacrime di tanti investitori, piccoli e grandi, rovinati da un declino storico che ci ha riportato a livelli inferiori alle attese.

Il primo pensiero va a Bastian, che purtroppo ha perso la sua eterna tranquillità finanziaria, la sua mossa da maestro è stata vanificata. Mezzo milione di euro bruciati senza un vero perché. Un vero peccato. Il mio pensiero va a Javi che, come sempre, con il suo equilibrio e la sua genialità, ha centrato il bersaglio vendendo tutto per comprare casa. Il mio pensiero va a Jaime, *TradingLatino*, che ci ha sorpreso vendendo il 75% dei loro bitcoin a 55 mila dollari. Aveva ragione lui. E ora con le casse piene di profitti ricomprerà al punto più basso. La dea dell'avidità, nella mia piccola esperienza, mi ha segnato. Avrei dovuto raccogliere i frutti quando l'albero era pieno. Questi guadagni torneranno, ma avrei potuto raddoppiarli se avessi venduto buona parte del mio investimento.

Penso alle posizioni aperte nel broker, come Quantfury. Ho fatto bene a uscire in un momento doloroso. È stato difficile, ma ho fatto bene. Alla fine sono riuscito ad andare in positivo e, soprattutto, non ho perso.

Ho imparato due cose molto importanti. Il trading non si basa sul fare soldi, si basa sul saper gestire il rischio. E per incassare i profitti non appena appaiono. Lo terrò presente per il prossimo futuro. Spero.

Perché mentre tutti piangono, ho pronti i miei fondi per prepararmi all'acquisto. Quando tutti vendono è il momento di comprare. Ma bisogna aspettare che tocchi il fondo e non è facile capire quando sarà questo momento.

Un'altra cosa che mi colpisce. Oggi tutti mi mandano messaggi, vogliono sapere cosa succede, come interpretare la caduta rovinosa. È interessante come i sapori forti, soprattutto quelli più negativi, suscitino un enorme interesse.

Confesso che la telefonata che mi ha sorpreso di più è del figlio di un amico, un ragazzo giovane e molto in gamba, che mi ha chiamato per sapere se è un buon momento per comprare la moneta "meme" doge. Non dispenso consigli di investimento. Il ragazzo è molto intelligente, gli ho spiegato che oggi è un buon giorno per guardare il grafico in Tradingview, il grafico btc/usdt, per fissarlo bene nei ricordi, perché le candele rosse oggi hanno fatto piangere molte persone. Bisogna investire con attenzione, con conoscenza e con una buona gestione del rischio. In altre parole, inietta nel circo solo ciò che non ti dispiace perdere.

Panem et circenses. Pane e Circo. Pane e divertimento. Adrenalina. Tutto questo tempo è sprecato in confronto a questioni più trascendenti che potrebbero davvero migliorare la nostra esistenza? Me lo chiedo ogni giorno. Ma è anche vero che in una situazione al limite come quella che viviamo bisogna trovare vie importanti, solide, con prospettiva, per non finire nel baratro. Bisogna lottare, affrontare il sistema attuale nel migliore modo possibile perché il progresso è necessario e anche se in molti sono convinti che gli eventi succedano da soli, questo non è vero. Il mondo crypto sta insegnando che se non sei preparato avrai un futuro incerto e che il progresso è qualcosa di collettivo. Il cervello collettivo, ultraconnesso ci traghetterà nella nuova era.

Il comportamento quotidiano è lo specchio di una popolazione capace di giocarsi la vita di fronte a delle lineette verdi o rosse che compongono una logica impalpabile e lontana chiamata mercato. Il mercato ha un carattere ed è il frutto della mentalità di chi ne fa parte. Il mercato nella sua essenza "è fatto per perdere. Per toglierti il tuo capitale e darlo a un altro", ammette e ripete nel suo sermone quotidiano il *TradingLatino*[280]. Dall'altro lato esiste chi crede[281] che sia un errore "pensare che per guadagnare soldi qualcun altro debba perderli. Al contrario affinché qualcuno guadagni, qualcun altro deve prima riuscire a creare un valore maggiore rispetto a quello precedente. L'unico modo per guadagnare di più e per guadagnare continuamente nel tempo, è che tutti guadagnino".

---

[280] Youtube www.youtube.com/watch?v=pCDCvGrFpfU&t=3161s dell'1 aprile 2021

[281] *Sabiduría financiera, el dinero se hace en la mente*, libro di Raimon Samsó.

Non avrei mai creduto di finire nell'arena del trading. Non avrei mai potuto immaginare un mondo cosí caotico dove tutto vale. Dove l'informazione diffusa ha mescolato cosí tanto le carte che il bene e il male sono diventati una cosa sola.

Nella giungla devi vivere senza timori, devi lanciarti nei ruscelli e difenderti dalle belve. Devi dormire con un occhio solo. Tu sei tutto quello che esiste, perché da una momento all'altro puoi essere divorato dai tuoi simili. Nella giungla puoi vedere il panorama dall'alto di una montagna o appeso a un albero.

Puoi essere te stesso e coltivare il tuo destino. Puoi stare in armonia con tutto quello che hai attorno e imparare da ogni movimento di vita che ti accompagna.

Adesso che ho vissuto questa intensa e memorabile esperienza, non credo che sia finita qui.

Adesso che ho imparato a fare i primi passi, aspetterò la prossima caduta per ricomprare. Per poi aspettare un nuovo memorabile traguardo.

Crypto To the Moon

La storia non è finita qua e la versione italiana del libro ha preso il suo tempo. Il mondo cambia rapidamente e quello crypto va a una velocità tremenda. Se a maggio i dubbi sul futuro crypto potevano essere vivi, adesso che infiliamo la dirittura d'arrivo del 2021 il mondo crypto è stato benedetto dalle alte sfere del mondo. Quasi trecento milioni di persone hanno operato con cryptomonete. La capitalizzazione di mercato ha superato il record raggiungendo i 3 mila miliardi di dollari. Bitcoin è tra i primi sei asset più grandi del mondo, superando Facebook e Tesla. I Paesi del mondo corrono per cercare una regolamentazione di questo tsunami, ma per ora brancolano nel buio. I mezzi di comunicazione comprendono solamente la parte speculativa ignorando la logica del cervello collettivo e della decentralizzazione. Quindi, non hanno ancora capito di cosa tratti la rivoluzione, il cambiamento di paradigma crypto. Bitcoin ha superato il record di maggio e ha sfiorato i 70 mila. Ma proprio in queste ora ha iniziato la sua discesa verso il lungo inverno. Manca poco per una valle di lacrime che durerà forse degli anni. Come abbiamo discusso, l'*halving* è un momento importante nel ciclo del bitcoin. I minatori che creano bitcoin in cambio di una ricompensa ogni 4 anni vedono diminuire il tasso di crescita nella creazione di bitcoin. Ridurre l'offerta rende il bene più prezioso, portando a una maggiore domanda e quindi a una rivalutazione del prezzo.

Tradizionalmente, dopo questi rialzi post-dimezzamento sono arrivati lunghi inverni ribassisti nel prezzo della valuta.

Quello che accadrà nel 2022 è una grande incognita. Il gran numero di investitori istituzionali, grandi aziende, stati e adozione da parte della società rende questo possibile inverno una grande incognita. Il calo sarà così grande come nei cicli precedenti? Esisterà davvero una caduta del genere? E se sì, durerà quanto i cicli precedenti? Nessuno lo sa. Stiamo affrontando un terreno sconosciuto per bitcoin.

In questi mesi ho imparato che il trading con *apalancamiento* è una roulette russa. E che i trader seri utilizzano più lo Spot, ossia comprano e vendono cryptomonete quasi ogni giorno per avere un aumento di capitale lento ma più sicuro. Ho anche imparato che il vero investimento sta nelle offerte di risparmio dove non rischi nulla (a parte l'improbabile, ma possibile arrivo di un hacker) e ricevi per i tuoi depositi un ottimo 8% o 20%[282]. Ho compreso in questi mesi l'importanza collettiva e i benefici finanziari della DeFi, finanza decentralizzata. Fare *staking* o *yield farming*, come abbiamo visto in precedenza, è terribilmente interessante sia per la contribuzione allo sviluppo di progetti interessanti e per il funzionamento dell'intero ecosistema crypto, ma anche per i guadagni che si possono realizzare. Lo *staking* della cryptomoneta cake per esempio dà un rendimento del 73% su Pancakeswap. Lo *staking* di axs su binance ti dà in cambio un 116%. Cercare progetti interessanti e contribuire può portare a grandi benefici economici per l'investitore.

In questo panorama la roulette russa di Quantfury o Bingbong è un dettaglio quasi per neofiti o, in ogni caso, una parte marginale per gli investitori. In questi mesi d'autunno le sconfitte su Quantfury si sono ripetute e ho lasciato nel mercato tutto quello che avevo guadagnato nei mesi precedenti. Ma non ho perso e questo è già un ottimo traguardo. Adesso inizia una rivincita personale. Ma non presterò più molta attenzione a questa formula. Ormai in questi mesi ho capito che è molto più interessante partecipare alla crescita dell'universo crypto e del Metaverso, che stare dietro a un gioco d'azzardo. L'esempio del dominio .Eth e dei token Ens raccontato in precedenza è lo specchio di quali conseguenze ha la nuova mentalità decentralizzata.

Una grande novità è stata la scelta del *TradingLatino* di attivare una conversazione quotidiana con i suoi seguaci, uno spaccato trasversale di società dove gli investitori rischiano 100 dollari o 100 mila dollari e condividono senza battere ciglio ogni informazione utile per avere la meglio nel mercato. La strategia spot è più lenta, ma ha i suoi ottimi benefici. La

---

[282] Per esempio depositando *stablecoin* su BlockFi o Anchor Protocol.

DeFi ha un orizzonte infinito di opportunità di investimento. Gli nft sono la forza trainante del mondo crypto e si aprono nuovi scenari incalcolabili con questo nuovo metodo di interscambio di valore. Investire nel Metaverso sembra essere una grande idea. Con le idee sempre più chiare mi preparo ad affrontare il lungo inverno durante il quale il "re della foresta" bitcoin scenderà negli abissi per riprendere le forze. Ma quanto scenderà? Fino ai 50, ai 40, ai 30, ai 20 mila dollari? Nessuno lo sa. E in molti credono che chiuderemo l'anno sfondando i 100 mila dollari. L'aspetto più importante è vedere dove ci porta questa rivoluzione. La più inaspettata, la meno comprensibile. La più pacifica ed efficace. Nei prossimi dieci anni vivremo in un mondo nuovo e molto probabilmente con più alternative, con più libertà di scelta rispetto al claustrofobico sistema attuale.

La rivoluzione non è più quella della Bastiglia. E i feudi di cui parlo non sono di pietra.

E non sembra per nulla un grandissimo privilegio potere entrare lì dentro.

C'è sempre stata tanta fila per entrare, tutti volevano e vogliono entrare nel feudo, ma la fila negli ultimi anni appare sempre meno folta.

La rivoluzione in atto non si compie assaltando con i sanpietrini i palazzi feudali, ma si fa pantofole sul divano, a mare su una barca, in mezzo alla campagna della Transilvania, nella riserva naturale di Es Trenc o nelle cliniche mediche della città di Gaborone in Botswana. Un mondo collaborativo e diffuso è quello dove confluisce una nuova maniera di pensare covata per 30 anni.

Collaborare nel sistema attuale è perfino un segno di debolezza.

Nel mondo parallelo la convivenza è un valore che non limita la tua libertà. La tua libertà e quella degli altri convive perfettamente.

Nel nostro mondo attuale l'imposizione invece è ben vista. Se imponi sei forte e questa logica ci porta a essere una specie animale molto frustrata. Seguendo questa logica avrai sempre qualcuno che decide per te.

È come stare tutta la vita in casa con papà, che ti protegge, però impone le sue regole obsolete. E papà è un tipo ansioso.

Il popolo di internet sembra sia capace di fare tutto da solo. E sta rivendicando con i fatti il diritto di scegliere la propria maniera di vivere, in un contesto dove tutto si regge sull'obbligazione. Il nuovo popolo al potere sta dimostrando ai *baby boomers* che sono andati fuoristrada e che "the game is over". In più lo fa senza infrangere le regole, senza imporre niente. La rivoluzione è entrata lentamente in modo liquido nelle nostre vite. Internet è uno Stato che rappresenta il mercato più grande del mondo. Un popolo indipendente e ricco. È un mare pieno di pirati, dove le regole importanti mettono tutti d'accordo. È un gioco di strategia collettivo che dimostra l'inefficienza della antica logica del feudo.

Il mondo crypto ha creato un vincolo tra le menti del globo e ha permesso la creazione di una intelligenza collettiva, forte e decisa.

La fiamma del feudo si sta spegnendo poco a poco.

Nove pagine sono bastate per cambiare il corso della storia.

La rivoluzione in atto consiste in un nuovo strumento. Uno strumento utile, facile da usare, complesso da programmare, ostico da capire senza studiare, ma su cui sta lavorando molta gente sveglia di tutto il mondo e insieme stanno generando valore.

Questo è il valore che ha dietro il bitcoin.

Blockchain è il cavallo di Troia del Sistema. Perché la trasparenza è incompatibile con il feudo. E questo nuovo metodo che favorisce gli scambi tra persone è veloce, aggiorna continuamente la sua struttura a votazione della comunità, risolve i problemi in base alle necessità reali della massa, promette di cambiare definitivamente la maniera di relazionarci.

È facile oggi immaginare centinaia di milioni di persone che come trottole quotidianamente generano energia umana e alimentano un totem di una nuova generazione. Il totem della decentralizzazione, della collaborazione e della redistribuzione. Il totem di un mondo dove la strategia di convivenza è cambiata. Dove ognuno apporta per quello che è, per quello che sa, per quello che ha. A ciascuno il suo posto naturale. Proprio come previsto da Platone.

THE END

Aiuta e contribuisci attivamente all'informazione decentralizzata, compra
una o più copie di questo libro per regalarle.
Raccomanda questo libro tra le persone che conosci o sui tuoi social.

Promuovi l'importanza del punto di vista umanista nel progresso di questa
rivoluzione e aiutarmi a creare una Dao dell'informazione. Collabora
inviando i bitcoin ed ether che ritieni appropriati a questi indirizzi.
Puoi segnalare l'invio su crypto@kantfish.com.
Stiamo in contatto anche per qualunque altro buon motivo.

CryptoGiungla
Manuale di CryptoSopravvivenza